La Kabbale et sa symbolique

Du même auteur

Les grands courants de la mystique juive, *Payot, 1950.*

Les origines de la Kabbale, *Aubier-Montaigne, 1966.*

Le messianisme juif. Essais sur la spiritualité du judaïsme, *Calmann-Lévy, 1974.*

Fidélité et utopie. Essais sur le judaïsme contemporain, *Calmann-Lévy, 1978.*

Le Zohar : le livre de la splendeur, *Seuil, 1980.*

Du frankisme au jacobinisme : la vie de Moses Dobruska alias Franz Thomas von Schonfeld alias Junius Frey, *Seuil, 1981.*

Walter Benjamin. Histoire d'une amitié, *Calmann-Lévy, 1981.*

Sabbataï Tsevi : le Messie mystique. 1626-1676, *Verdier, 1983.*

De Berlin à Jérusalem : souvenir de jeunesse, *Albin Michel, 1984.*

La mystique juive : les thèmes fondamentaux, *Cerf, 1985.*

Petite Bibliothèque Payot/12

Gershom Scholem
La Kabbale et sa symbolique

Traduit de l'allemand par
Jean Boesse

Cet ouvrage (titre original : *Zur Kabbala und ihrer Symbolik*) a été publié en 1966 dans la Bibliothèque scientifique Payot. La présente édition en reprend le texte intégralement.

Introduction

La Kabbale, littéralement « Transmission » (à savoir la transmission des choses divines), concerne la Mystique juive. Son histoire est longue et elle a, au cours de nombreux siècles, exercé une forte influence sur certains milieux du peuple juif désireux d'une compréhension plus profonde des formes et des représentations traditionnelles du Judaïsme. Une très volumineuse bibliographie a conservé depuis le Moyen Age le plus reculé le dépôt des écrits souvent considérables des kabbalistes. L'ouvrage central de ce mouvement est un livre qui remonte à la fin du XIIIe siècle : le *Zohar* ou « Livre de la Splendeur ». Dans la conscience des milieux les plus étendus, il a pendant longtemps été mis au rang d'un texte sacré d'une valeur incontestée, revêtu d'une autorité canonique. Le fait a été prouvé encore de nos jours, lorsque, à la suite de la fondation de l'État d'Israël, les Juifs du Yémen, une communauté isolée et tout particulièrement retranchée de l'Arabie du Sud, arrivèrent à peu près au complet en Israël sur les « tapis magiques » des avions. Ils avaient dû laisser sur place presque tous leurs biens et avoirs ; beaucoup cependant apportaient avec eux, parmi les quelques petits objets dont ils n'avaient pas voulu se séparer, un exemplaire du *Zohar*, dont l'étude est restée jusqu'à nos jours vivante pour eux.

Mais ce monde a été perdu par le Judaïsme européen. La science du Judaïsme, relative à la connaissance du comportement et de l'histoire et à la physionomie historique du Judaïsme est devenue — notre génération mise à part — relativement inaccessible à la compréhension des documents de la Kabbale. Car, lorsque les Juifs d'Europe occidentale, au tournant du XVIIIe siècle, se placèrent délibérément sur la voie de la culture européenne, la Kabbale fut une des premières et principales victimes qui tombèrent sur ce chemin. Désormais ressenti comme étranger et gênant, le monde de la mystique juive, avec sa symbolique compliquée, fut désormais jugé étrange et troublant, et de ce fait vite oublié.

Les kabbalistes avaient bien tenté d'approfondir ou au moins de décrire le mystère du monde comme un reflet des mystères de la vie divine. Les images dans lesquelles se condensaient leurs expériences s'enchaînaient profondément avec les expériences historiques du peuple juif et aussi avec les expériences qui, au XIXe siècle, semblaient avoir perdu leur actualité. Un tel monde avait conservé durant des siècles la plus grande actualité, ce qui permettait aux Juifs de se comprendre eux-mêmes. Maintenant elle se trouvait comme engloutie dans le tourbillon des temps modernes, à un point tel qu'elle s'est dérobée quasi totalement, et pour des générations, à une compréhension réelle. Ce qui restait offrait l'aspect d'un impraticable champ de décombres, surgi des broussailles et dans lequel seulement, ici ou là, l'étonnement récusateur des lecteurs occasionnels mais instruits provoquait d'insolites images du sacré, insultantes pour une pensée raisonnable. La clef pour comprendre les œuvres des kabbalistes semblait perdue. On se trouvait désemparé et embarrassé devant un monde où il s'agissait moins de notions qu'on pût expliquer que de symboles d'une espèce très particulière : des symboles dans lesquels les expériences spirituelles des mystiques étaient presque inextricablement mêlées aux vicissitudes historiques de la communauté juive, ou présentaient en fait avec elles une indéchiffrable unité.

C'est cet entremêlement, en plus de deux éléments souvent séparés dans l'histoire de la mystique religieuse, qui a marqué le caractère spécifique de la Kabbale Juive. Ce qui, de plus, la fait apparaître complètement étrangère au regard de l'esprit quelque peu familiarisé avec la mystique chrétienne ; il n'y a donc rien d'étonnant que ce même esprit en vienne à la classer en dehors des catégories courantes de la « mystique ». Plus la parcelle de réalité historique donnée aux Juifs dans les tempêtes de l'exil s'avère réduite, misérable et cruelle, et plus sa transparence devient profonde, plus exact son caractère symbolique et plus brillante l'espérance messianique qui la fait jaillir et la transforme. Au cœur de cette réalité historique, comme un tableau de la régénération, se trouvait le mythe de l'exil et du salut, qui a pris chez les kabbalistes de si puissantes dimensions et qui rend compréhensible l'œuvre historique efficace qui leur revient. L'élément personnel s'est effacé d'une façon frappante dans les livres des kabbalistes ; il faut se concentrer très attentivement pour le percevoir parmi tous les déguisements possibles. Certes, il est arrivé, ici ou là, à un kabbaliste de ne pas maintenir sa personne et ses idées *au-dessus* de son propre cheminement vers Dieu, comme cela s'est produit la plupart du temps. Ce n'est toutefois pas dans ce genre de documents que réside la grande importance de la Kabbale, mais en ce qu'elle permet de comprendre de la « psychologie historique » du monde juif, le particulier se confondant ici avec le tout. C'est la source de la grande fascination qu'exercent de ce point de vue les grands symboles de la Kabbale, pour l'historien non moins que pour le psychologue. Ici la loi de la Tora a pris la dimension symbolique et la loi du cosmique, et l'histoire du peuple juif celle de la marche du monde.

En une génération, qui a vu l'histoire juive traverser une crise inouïe, le monde conceptuel qu'évoquent ces anciens ésotéristes juifs n'est plus si surprenant.

Nous voyons avec d'autres yeux, et les symboles naguère verrouillés prennent pour nous une valeur d'ouverture et d'éclairement. C'est ici que la responsabilité du savant prend toute sa dimension, car c'est à lui qu'il appartient de préserver la connaissance critique aussi bien dans ce travail d'exhumation que pour venir à bout de ses résultats. Car la fascination qui émane de domaines comme la Kabbale a attiré sous son charme, bien avant que les historiens se tournent vers elle, charlatans et cerveaux confus. L'étude approfondie de la Kabbale n'a guère bénéficié de cet apport. Mais l'effort pour comprendre ce qui s'est produit ici dans les cœurs du peuple juif ne peut renoncer à la clarté de la vision et à la critique historique. Car les symboles aussi se sont développés et se sont rassasiés de l'expérience historique. Aussi, leur compréhension exige-t-elle une disponibilité « phénoménologique » pour une vision globale, et des aptitudes à l'analyse historique. Les deux se complètent et se pénètrent, en une combinaison prometteuse de résultats fructueux.

Un mystique est quelqu'un à qui il a été donné une expérience immédiate, et sentie comme réelle, de la divinité — réalité dernière — ; ou bien quelqu'un qui, du moins, cherche consciemment à la saisir. Une telle expérience peut lui être venue par un éclairage soudain, une illumination, ou comme l'aboutissement de longues préparations, peut-être très compliquées, par lesquelles il a cherché à saisir ou à obtenir un tel contact avec la divinité.

Du point de vue historique, une telle recherche du divin s'accomplit presque exclusivement dans le contexte d'une certaine tradition. Les exceptions appartiennent en général à l'époque moderne où les liens avec les anciennes traditions disparaissent. L'autorité religieuse inhérente à une telle tradition a été établie longtemps avant l'apparition de la mystique et elle a été reconnue par une longue suite de générations et de sociétés entières. Cette autorité se fondait sur certaines expériences de la communauté et sur une influence réciproque entre elle et ses membres, qui ont interprété pour elle leurs expériences fondamentales, leur permettant ainsi de mieux s'exprimer, les rendant donc, pour ainsi dire, formulables.

Il existe ainsi une échelle des valeurs adoptée par la tradition, et aussi un groupe de doctrines et de dogmes proposés comme des déterminations authentiques concernant le sens de l'expérience religieuse reconnue comme valable dans une société donnée. Il existe encore une somme de gestes et de rites qui, dans le sens de la tradition, sont capables de transmettre des valeurs et expriment l'esprit et le rythme de la vie religieuse. Il est possible qu'il y ait des médiums très différents investis d'une autorité religieuse. Ils peuvent être d'un caractère impersonnel, comme par exemple un livre sacré, ou d'un caractère nettement personnel ; c'est ainsi, par exemple, que dans la religion catholique, le Pape décide en dernier ressort de ce qu'on doit considérer comme valable à l'intérieur de la tradition catholique. Il peut aussi y avoir des mélanges et des combinaisons des deux types ; ainsi, l'autorité peut se fonder sur le « consensus » d'une assemblée de prêtres ou d'autres personnages religieux, dont l'accord ou le consentement crée une autorité, et même — comme dans l'Islam — sans que de tels personnages, porteurs de l'autorité, aient besoin de s'assembler officiellement pour la renforcer ou en formuler le contenu.

C'est dans le contexte de telles lois et d'une telle autorité traditionnelles que s'exerce l'activité du mystique. Quand il laisse de côté cette relation, qu'il abandonne la société à elle-même, alors il ne tient pas à communiquer à autrui son expérience personnelle et nouvelle ; et quand il trouve la paix dans la méditation solitaire et dans l'approche du divin, il n'y a plus aucun problème car, justement, il n'entreprend pas de communiquer son expérience. Il est certain qu'il y a eu dans toutes les religions de tels mystiques obscurs.

Les derniers siècles du développement de la mystique juive ont même engendré le type du « juste ignoré » (*nistar*) ; un type qui impressionne énormément et touche profondément la conscience du peuple. Une vieille tradition de l'époque du Talmud raconte qu'il y a 36 justes sur lesquels repose la durée du monde. Dans l'acception mystique de cette phrase, ils deviennent des « justes ignorés », c'est-à-dire des hommes dont le caractère est ignoré de leur prochain — et peut-être parfois d'eux-mêmes. Personne ne sait, personne ne peut savoir ce que sont en réalité ces saints sur lesquels repose le monde. S'ils perdaient leur anonymat, qui est inhérent à leur être, ils ne seraient plus rien.

L'un d'eux est peut-être le Messie, et c'est seulement parce que les temps ne sont pas dignes de lui qu'il continue de se cacher. La légende du Judaïsme plus tardif était inépuisable, surtout dans l'Est hassidique, dans la description de ces hommes les plus obscurs qui soient, dont l'activité, parce qu'elle s'exerce totalement hors de la vue de la société, n'est pas atteinte par l'ambiguïté à laquelle ne peut échapper toute activité publique. Le « juste ignoré » est, au fond, celui qui, dans un sens authentique, fait de la religion une chose individuelle ; du fait que l'accès à la société lui est *par définition* refusé, il reste aussi au-delà de la problématique qui est inséparable de cet accès.

Mais ne nous trompons pas. L'histoire des religions n'a pas de rapports avec ces saints muets et anonymes, quelque immense que puisse nous apparaître la valeur de leur être. Elle s'occupe de ce qui arrive quand l'homme essaie d'entrer en communication avec autrui. Mais cette communication, comme on en convient généralement, est, dans le cas du mystique, tout à fait problématique. Dans l'histoire des religions la mystique représente, comme un ensemble de plusieurs phénomènes religieux, la tentative de communiquer à autrui, et d'interpréter pour lui les chemins que les mystiques ont suivis, les illuminations qu'ils ont reçues et les expériences qu'ils ont péniblement acquises. Sans cet effort, la mystique n'apparaît pas dans l'histoire. Et c'est justement dans cet effort que s'accomplit la rencontre ou plutôt le choc de la mystique et de l'autorité religieuse.

Ce sont quelques-uns des aspects fondamentaux du problème qui se pose ici, et que je voudrais exposer dans ces pages.

Avant tout, il faut partir du fait que toute mystique a deux aspects fondamentaux qui se contredisent ou se complètent : un aspect conservateur et un aspect révolutionnaire. Il ne sera pas superflu que je m'explique plus clairement sur ce point. Quel en est le sens exact ?

On a dit que la mystique essaie toujours de mettre du vin nouveau dans de vieilles outres, bien qu'un passage célèbre de l'Évangile nous mette en garde justement contre cela. Il me semble que cette façon de s'exprimer met, en fait, le doigt sur le problème qui nous occupe précisément ici. Comment est-il possible qu'un mystique soit un conservateur, un champion et un interprète de l'autorité religieuse traditionnelle ? Comment réussit-il à mener à bien ce que les grands mystiques du Catholicisme, les Soufis du type de Ghazzali et la plupart des kabbalistes juifs ont pu réaliser ? La réponse est que ces mystiques semblent redécouvrir en eux-mêmes les sources de l'autorité traditionnelle. Leur chemin les a reconduits au jaillissement de la même source ; et comme l'autorité leur montre le même visage, qu'elle a déjà eu pour des générations avant eux, rien ne les pousse à la changer ; ils essayent au contraire de la maintenir strictement telle qu'elle est.

Quelquefois, cette fonction conservatrice de la mystique a été introduite directement dans la définition de l'idée de mystique, point de vue restreint qui me semble douteux. C'est ainsi par exemple qu'un auteur américain définit l'activité de la mystique religieuse : « La conscience d'obtenir du Présent un centre d'actions par lequel on s'efforce de conserver des valeurs socialement reconnues (1). »

Une telle fonction conservatrice de la mystique est rendue possible par le fait que l'expérience mystique fondamentale, primordiale, a deux aspects. Elle n'a en elle-même aucune expression adéquate ; l'expérience mystique est, au fond, sans forme. L'essence de cet « état d'un être touché par la divinité » (avec l'intensité la plus grande et au degré le plus profond), où il est seul, a un sens qu'on peut de moins en moins limiter et éclaircir ; il est, de même, impossible de le définir objectivement, car son sujet transcende sa nature selon chaque catégorie, de Subjectif et d'Objectif, que suppose chaque définition.

D'autre part, cependant, cette expérience peut être interprétée, c'est-à-dire revêtue d'un sens, d'une manière variée. Au moment même où le mystique s'efforce d'éclairer, par la réflexion, sa propre expérience, de lui donner une expression, et même bien plus lorsqu'il entreprend de la communiquer à autrui, elle s'exprime nécessairement à lui dans le cadre des symboles et des idées conventionnelles.

Il est vrai qu'il reste toujours quelque chose que le mystique ne peut communiquer d'une façon suffisante. Cependant, lorsqu'il s'y efforce — et c'est justement cet effort qui nous le fait connaître — il interprète sa propre expérience dans une langue, avec des images et des idées qui ont été créées avant lui et pour lui.

Cette nature amorphe de l'expérience mystique, ce que l'on appelle « l'Épreuve Mystique », est d'une importance fondamentale pour le problème que nous considérons ici. Elle signifie en même temps « une plasticité en principe infinie de cette expérience » à son dernier degré, à condition qu'il y ait en général un tel degré dans le développement de cette expérience. Quand on considère la mystique religieuse dans la plénitude des formes sous lesquelles elle apparaît, on trouvera toujours, aux diverses étapes de l'expérience mystique, une destruction progressive de l'apparence des formes du monde des expériences, et conformément à cela un établissement des formes mystiques, qui accompagnent la dissolution des formes du monde naturel aux différents niveaux ou stades de la conscience. Presque tous les mystiques qui nous sont connus ont décrit ces structures, ces formes, à peu près comme des figurations de lumières ou de sons, qui, ensuite, au cours de leur progression, sont à leur tour réduites dans l'Immuable. Ces structures sont sans exception déterminées par les symboles de l'autorité religieuse traditionnelle. Seuls les éléments formels les plus généraux restent les mêmes sous leurs différentes formes. Je peux ici me référer aux développements de Mircea Eliade dans son traité sur la symbolique de la lumière, où le sujet qui nous occupe a été analysé de façon pénétrante par l'exemple concret de la symbolique de la lumière (2).

Car il est évident que la lumière et le son, et même le nom

de Dieu, ne sont que des représentations symboliques de cette réalité dernière, qui apparaît toujours, à son stade fondamental, comme informe, amorphe. Mais il y a plus : il surgit toujours dans ce processus de l'élévation et de la diminution alternées des structures, des hypothèses sur la nature de la réalité, qui sont déterminées par des traditions philosophiques, d'où elles tirent originellement leur autorité, et qui, de façon étonnante (mais peut-être pas si étonnante!), sont exactement confirmées par l'expérience mystique.

Cela vaut aussi pour des conceptions qui nous paraissent tout à fait fantastiques, comme mainte thèse des kabbalistes, ou comme la théorie des Bouddhistes sur l'identité entre Skandhas et le Bouddha, de même que pour les hypothèses philosophico-théologiques des mystiques catholiques (par exemple celle de la Trinité) ; aussi semblent-elles confirmées par l'expérience mystique comme toutes les hypothèses de ce genre.

C'est ainsi que le mystique tire généralement de son expérience une confirmation de sa propre autorité religieuse ; sa théologie et ses symboles se trouvent en même temps projetés dans ses expériences mystiques, mais n'en proviennent pas ([3]). Or, face à cela, on trouve un autre aspect de la mystique : justement parce que le mystique est ce qu'il est, parce qu'il se trouve dans un rapport fécond et immédiat avec l'objet de son expérience, il transforme et altère le sens de cette tradition d'où il tire sa vie. Il représente un facteur non seulement dans le processus de conservation de la tradition, mais en même temps dans le processus qui la développe et la pousse en avant. Les valeurs anciennes, vues avec d'autres yeux, acquièrent un nouveau sens, même quand ce n'était pas concerté, et souvent inconsciemment.

Le mystique peut même se sentir appelé, par sa compréhension et son interprétation de sa propre expérience, à remettre en question l'autorité religieuse qu'il avait affirmée jusqu'alors.

A côté de l'aspect conservateur existe, tout aussi possible, un aspect révolutionnaire, cause de conflits. Car l'accès à la même source d'expérience qui *dissimule* dans l'un des cas la position conservatrice, établit dans l'autre l'ambition contraire. Sa propre expérience peut prendre la place de celle qui est prescrite par l'autorité, précisément parce qu'elle semble remonter à la même autorité. Ainsi naissent des aspects révolutionnaires de la mystique, et des groupes qui acceptent les symboles au moyen desquels un mystique de ce type transmet son expérience.

On peut aussi en arriver à ce fait, qu'un mystique, dans une telle orientation révolutionnaire, réclame un titre prophétique et une fonction prophétique, comme réformateur de sa société. Cela nous amène à une question qu'il nous faut, au moins brièvement, débattre. C'est une vieille controverse dont on peut en effet discuter indéfiniment : révélation prophétique et expérience mystique peuvent-elles, ou doivent-elles, être identifiées ? Aussi fermement que je puisse prendre le parti de ceux qui contestent cette identité, et n'attendre de telles hypothèses aucun éclaircissement utile des phénomènes, je voudrais pourtant indiquer ce paradoxe de la prophétologie médiévale, paradoxe riche d'enseignements particulièrement dans ce contexte. Pour la pensée systématique, issue de sources grecques, un phénomène tel que la prophétie biblique était difficile, et franchement inacceptable, au sein d'un tel contexte d'idées ; on peut donc estimer que, dans la philosophie médiévale des Arabes et des Juifs, fut développée de la même façon une théorie de la prophétie, qui aboutit justement à une identification du Prophète avec le Mystique. Dans ce sens, Corbin a aussi analysé et développé de façon très claire la prophétologie, qui se présente, au fond, comme une hiérarchie mystique d'expériences et l'illuminations, qui s'élèvent par degrés (4). Les stades de la conception prophétique de la Bible et du Coran ont tous été interprétés, de toutes parts, comme porteurs d'un message, jusqu'à en devenir si obscurs, qu'ils n'indiquent plus finalement comme idéal que l'authentique type du Mystique, même quand ils le décorent du titre de Prophète.

Le prophète que Dieu choisit parmi les cultivateurs de sycomores, comme Amos, et dont il fait le vase contenant son message, est étiqueté de tout autre façon par la prophétologie philosophique : c'est celui qui reconnaît, qui parcourt toujours plus parfaitement le chemin de l'éducation et de l'initiation spirituelles, jusqu'à ce que la prophétie, à la fin d'un long chemin de préparation, lui soit conférée, comme une intégration avec « l'Intellect Actif », une émanation divine ou un degré de la révélation. Quelle que soit la prudence avec laquelle les auteurs s'expriment, cette théorie de la prophétie comme intégration avec « l'Intellect Actif » a toujours en soi quelque chose d'une *unio mystica*, mais cependant pas au dernier degré. En cela il n'existe aucune différence entre une doctrine aussi radicalement spiritualiste que la prophétologie des Ismaélites et une doctrine construite aussi rationnellement que celle de Maïmonide.

Mais la prophétie dans son sens originel représente quelque chose de tout à fait différent. Le prophète entend un message intelligible et peut également recevoir une vision tout aussi intelligible, qui ne montre, ni dans sa réception, ni dans sa mémoire, de traits intelligibles. Un tel message prophétique constitue sans aucun doute une prétention directe à l'autorité religieuse. Elle apparaît ainsi dès le commencement et se distingue, dans ces traits qui lui sont originels, comme fondamentale, en effet, à l'expérience du mystique. Et pourtant, il ne devrait venir à l'esprit de personne de nier que le prophète possède une expérience directe de la divinité. Apparemment, il s'agit ici d'une catégorie d'expériences essentiellement différentes, et je doute qu'on puisse, avec raison, appeler un prophète : un mystique. L'expérience d'un mystique est (on l'a déjà dit plus haut), selon sa nature, tout à fait différente, indéterminée et inarticulée. L'indéterminé, ce qui comprend tout en soi, fait contraste avec le contour très net de l'expérience prophétique. Et c'est pourtant justement cet élément indéterminée, incapable d'expression, qui constitue la plus grande difficulté de l'expérience mystique. Elle ne se laisse pas simplement traduire en images et en notions déterminées, très souvent elle résiste même à chaque effort pour lui conférer, après coup, un contenu positif. Quoique beaucoup de mystiques aient entrepris un tel effort de « traduction » et aient tenté de donner une forme et une figure à leur expérience, il reste toujours, au fond de ce que le mystique a à dire, cette expérience informe, que nous entreprenions de l'interpréter comme *unio mystica* ou comme « simple » *communio* avec la divinité.

Mais c'est justement l'absence de formes de son expérience qui devient, chez le mystique, une puissance qui le pousse en avant dans la compréhension de son monde religieux et de ses valeurs, et c'est cette dialectique qui détermine par la suite le problème de son rapport avec l'autorité religieuse, et qui lui confère son importance. A la limite de ces éléments progressistes de la mystique apparaît le cas radical du mystique qui n'altère pas seulement l'autorité religieuse, en la réinterprétant, mais prétend aussi en fonder une nouvelle, qui repose sur sa propre expérience. Et, dans le cas extrême, il élèvera même la prétention d'être au-dessus de toute autorité, d'être sa propre loi. Le caractère amorphe de l'expérience fondamentale peut certes mener à la dissolution de toute forme dans l'interprétation même. C'est cette perspective, anéantissante, mais toutefois apparentée à l'impulsion fondamentale du mystique, qui nous rend compréhensible le cas limite du mystique nihiliste, comme héritier des commotions mystiques, parfaitement légitime quand bien même il serait refusé avec horreur par chacun. Tous les autres mystiques recherchent à nouveau leur chemin dans la forme, un chemin qui conduit vers la communauté. Celui-là seul qui a fait l'expérience de la diminution de toute forme comme valeur suprême, essaie de la conserver dans un esprit non-dialectique, au lieu de la prendre, comme les autres mystiques, comme une impulsion à l'élévation d'une nouvelle forme. C'est ici qu'apparaît la destruction de toute autorité religieuse au nom de l'autorité elle-même, comme la représentation la plus parfaite de l'aspect révolutionnaire de la mystique.

2

Un rôle décisif dans ce rapport entre la mystique et l'autorité religieuse est accordé au point suivant : là où l'autorité religieuse est mentionnée dans les Saintes Écritures, dans des documents de caractère révélateur, la question se pose du rapport de la mystique avec cette autorité historiquement constituée. Le problème qui surgit ici pourrait à lui seul prétendre occuper la totalité de cet ouvrage. Mais je pourrai être très bref, car il a été traité très clairement dans l'œuvre de Goldziher sur l'interprétation islamique du Coran (1920) et celle de Henry Corbin sur la Gnose shî'ite et ismaélite ([5]) ; moi-même ai d'ailleurs entrepris une analyse détaillée de son rapport avec la mystique juive ([6]).

Le résultat de la rencontre du mystique avec les Écritures Saintes de sa tradition, est, en peu de mots, le suivant : la refonte du Texte Sacré et la découverte en lui de nouvelles dimensions ; autrement dit, le texte sacré perd sa forme et en prend une autre sous le regard du mystique. Ici le problème du sens devient central. Le mystique transforme le texte sacré, et le moment décisif de cette métamorphose est le suivant : le mot de la révélation, mot net, sévère, qui ne peut pour ainsi dire être équivoque ni incompréhensible, est maintenant « infiniment » rempli de sens. La parole, que réclame l'autorité suprême, est découverte, elle s'ouvre et rencontre l'expérience du mystique. Elle ouvre le chemin à une conscience intérieure infinie, dans laquelle se révèlent toujours de nouvelles significations possibles. Un mystique hassidique, R. Pinchas de Koretz, l'a précisément exprimé, quand il interpréta la formule par laquelle commencent toujours, dans le *Zohar*, le saint livre des kabbalistes, les exégèses mystiques des Écritures et les commentaires du Rabbi Simon Ben Iochai, *Rabbi Schim'on palach*, « Rabbi Simon commença son discours par le verset... », quand il donna donc de cette formule une traduction littérale : « Rabbi Simon ouvrit le verset ». La sainteté du texte est justement contenue dans sa capacité d'une telle métamorphose.

La parole de Dieu doit être infinie, ou, en d'autres termes, la parole absolue est encore sans signification en elle-même, mais elle est « enceinte » de signification. Elle se disloque dans ces couches infinies du sens, dans lesquelles, considérée par l'œil de l'homme, elle se revêt de formes définies et douées de sens. Ainsi est indiqué le « caractère-clé » fondamental de l'exégèse mystique. Comme une clé ouvrant la révélation : ainsi se présente la révélation « nouvelle », que le mystique a reçue. Bien plus, la clé elle-même peut être perdue, il reste toujours le désir infini de la chercher. Ce n'est pas seulement la situation dans laquelle les œuvres de Kafka montrent les impulsions mystiques ; arrivées pour ainsi dire au point nul, même à ce point nul où elles semblent disparaître, elles restent encore infiniment actives.

Mais c'est déjà là la situation des mystiques talmudiques du Judaïsme, comme l'un d'eux, il y a dix-sept siècles, l'a déjà formulé anonymement et, à une place obscure, de façon prestigieuse. Origène relate, dans son commentaire des psaumes, qu'un savant « hébraïque », certainement un membre de l'académie rabbinique de Césarée, lui a dit que les Écritures Saintes ressemblaient à une grande maison avec beaucoup, beaucoup de pièces ; devant chaque pièce se trouve une clé, mais ce n'est pas la bonne. Les clés de toutes les pièces ont été échangées, et il faut (tâche à la fois grande et difficile) trouver les bonnes clés qui ouvriront les pièces (7). Cette ressemblance, que la situation kafkaïenne tire déjà de la tradition talmudique en plein développement, sans que d'aucune façon elle perde de sa valeur, nous montre à quel point le monde kafkaïen appartient profondément à la généalogie de la mystique juive. Le Rabbi, dont la parabole a impressionné si profondément Origène [8], possède encore la Révélation, mais il sait bien qu'il n'a plus la bonne clé, et il est à sa recherche.

Une autre formulation de ce caractère de « clé » de la Tora est développée dans les écrits de la kabbale lourianique [9]. Chaque mot de la Tora a six cent mille « visages », sens ou entrées, d'après le nombre des Enfants d'Israël qui se trouvaient sur le mont Sinaï. Chaque visage est visible pour l'un d'entre eux seulement, tourné vers lui seul, et ne peut être ouvert que par lui. Chacun a son propre accès, non-interchangeable, à la Révélation. L'autorité n'est plus constituée par un « sens » non-interchangeable et non-équivoque de la communication divine, mais par une plasticité infinie. A l'intérieur du rapport mystique avec le texte saint, on peut aussi distinguer clairement les deux attitudes possibles, la conservatrice et la révolutionnaire. L'attitude conservatrice reconnaît pleinement la validité de la cohérence (historique et objective) du sens, que conservent des textes comme, par exemple, la Tora ou le Coran, sans toutes les limitations temporelles. Elle conserve justement, dans cette acception, dans cette conservation totale de l'autorité traditionnelle dans le temps, une liberté presque illimitée (à partir de là) dans le rapport avec les Écritures, comme dans la littérature des mystiques, où elle surprend toujours, une liberté même du désespoir, comme dans cette parabole du château avec ses clés échangées. La reconnaissance du sens inchangé et valable de l'autorité traditionnelle, tel est le prix que l'exégèse du mystique paie pour sa transformation du contenu des textes. Tant que ce cadre n'est pas brisé, le stade conservateur et le stade progressiste restent, chez ce type de mystique, en équilibre, ou, peut-être mieux, dans une tension fertile. La liberté incroyable avec laquelle Maître Eckhart, ou l'auteur du *Zohar*, ou les grands mystiques Soufis lisent leurs textes canoniques, à partir desquels ils semblent bâtir leur propre monde est, encore de nos jours, fascinante pour le lecteur de tels écrits. Par contre, à l'intérieur de la reconnaissance de ce même Livre Saint comme autorité religieuse, l'attitude révolutionnaire sera aussi inévitable, si le mystique fait sauter ce cadre qui précise le sens du Mot, et ainsi le supprime.

Une telle suppression, sous une reconnaissance persistante et simultanée de l'autorité, est rendue possible par le fait que le sens du Mot est considéré comme simplement inexistant ou seulement déterminé dans le temps, de sorte que l'interprétation mystique peut prendre sa place. L'histoire religieuse du Judaïsme, après l'établissement du canon biblique, nous offre deux exemples classiques de ces deux possibilités de rapport avec le Texte Sacré. Je veux parler de l'attitude des auteurs de textes exégétiques des rouleaux de la Mer Morte, datant bien sûr d'avant le Christ, et de celle de saint Paul. On n'a pas encore décidé si l'on croit ou si l'on peut interpréter les rouleaux de la Mer Morte dans un sens exact, comme des témoignages d'un comportement intellectuel mystique. L'incertitude dans l'interprétation de ces textes, et précisément de l'élément religieux personnel qui s'y trouve, est provisoirement telle qu'une décision semble encore lointaine ([10]).

Mais si l'hypothèse devait être vérifiée, que nous avons affaire, dans les chefs de cette secte, à des mystiques (et pas seulement des réformateurs conservateurs), alors cette littérature nous donnerait un excellent exemple, et même l'exemple le plus ancien, d'un comportement conservateur en face du Texte Sacré, accompagné en même temps d'une grande liberté dans l'exégèse, qui redécouvre la situation historique et l'âme des sectateurs dans les Textes Sacrés et les en tire. Même quand les hymnes qui expriment la religion personnelle de cette société — ou peut-être celle d'un de ses chefs — se rapportent à des illuminations mystiques et en reçoivent leur impulsion dernière, le monde de ces croyants reste totalement enfermé dans le cadre de l'autorité traditionnelle ; il reste strictement conservateur, même quand il le transforme en vérité. Il ne peut être question d'une abrogation de l'autorité, quand le but est bien plutôt de l'ériger à nouveau dans toute sa rigidité.

Il en va tout autrement de Paul, l'exemple le plus éminent de mystique juif révolutionnaire que nous connaissions. Paul a une expérience mystique dont l'interprétation, chez lui, conduit à une totale suppression du cadre de l'autorité transmise. Il n'est pas en état de la conserver, mais comme, en même temps, il ne veut pas renoncer au caractère d'autorité de l'Écriture Sainte en tant que telle, il est obligé de l'expliquer comme étant limitée dans le temps et, par là, abrogeable. Une exégèse purement mystique de la Parole ancienne vient remplacer le cadre originel, et fonde alors la nouvelle Autorité qu'il se sent appelé à ériger. Le choc du mystique avec l'autorité religieuse s'exerce chez lui dans toute sa force. La violence incroyable avec laquelle Paul se met à lire l'Ancien Testament, « à contre sens », pourrait-on dire, ne montre pas seulement à quel point son expérience était inconciliable avec celle du sens du texte ancien, mais aussi avec quelle constante fermeté il persistait à ne pas tenter de construire un nouveau rapport avec l'Écriture Sainte, même dans des exégèses purement mystiques. Le prix en est ce paradoxe du Texte Sacré totalement éclaté, qui étonne toujours le lecteur des lettres de Paul. La nouvelle autorité qui est érigée, et dont les lettres de Paul se servent maintenant comme d'un Texte, est de nature révolutionnaire. Elle rompt avec celle qui fut constituée dans le Judaïsme, parce qu'elle a trouvé une autre source, mais elle s'investit aussi désormais d'une partie du monde des images de l'ancienne autorité, qui s'est alors dissoute dans le spirituel pur. Ce qui importe dans tous ces points de vue, c'est que le mystique retrouve son expérience dans le Texte Sacré. Son éclat l'atteint-il de loin, ou bien le tire-t-il à lui ? on ne peut souvent en décider. Le caractère général des exégèses mystiques consiste dans l'extraordinaire précision avec laquelle, après l'éclatement de l'Écriture, elles font du texte lui-même un *corpus symbolicum*. Plus ces exégèses mystiques sont précises, plus grandes sont alors les chances d'une reconnaissance durable d'un texte ainsi transformé, même dans son sens littéral, et qui ne constitue que la porte par laquelle entre le mystique, mais une porte qu'il garde toujours ouverte. Dans une exégèse mémorable par le *Zohar* de Genèse 12. 1, ce comportement du mystique s'exprime très brièvement. La parole de Dieu à Abraham : *Lech l'cha* ne veut pas seulement dire dans son contexte : « Va », c'est-à-dire qu'elle se rapporterait à l'émigration de celui qui s'en va dans le monde sur l'ordre de Dieu ; on peut aussi la lire, dans le sens mystique littéral : « Va vers toi », vers ton être propre.

3

Deux facteurs, surtout, sont décisifs pour le caractère conservateur que la mystique présente si souvent dans l'histoire : l'éducation du mystique lui-même et la personnalité de son chef spirituel, dont je reparlerai. Quant à l'éducation du mystique, ce dernier porte presque toujours un lourd héritage séculaire. Il a grandi à l'intérieur du cadre d'une autorité religieuse reconnue, et même lorsqu'il s'est accoutumé à considérer les choses de manière indépendante, et à chercher son propre chemin, toute sa pensée et surtout son imagination restent emplies d'éléments transmis. Il ne peut ni facilement rejeter cet héritage de ses ancêtres, ni même désirer le faire. Pourquoi alors un mystique chrétien a-t-il toujours des visions chrétiennes et non celles d'un Bouddhiste? Pourquoi un Bouddhiste voit-il les figures de son propre panthéon et non, par exemple, celles de Jésus ou de la Madone? Pourquoi un kabbaliste rencontre-t-il sur son chemin vers l'illumination le prophète Elie, et non pas un personnage d'un monde qui lui est étranger? La réponse est, naturellement, que l'expression de leurs expériences se transforme immédiatement en symboles traditionnels de leur monde propre, même quand les objets de cette expérience sont au fond les mêmes, et non réellement très différents, comme maints explorateurs de la mystique, particulièrement du côté catholique, l'admettent volontiers. Le non-catholique considérera très sceptiquement l'effort, souvent entrepris, pour démontrer cette différence fondamentale des expériences des mystiques (que fait remarquer la doctrine catholique), parce qu'il distinguera des degrés et des stades réellement différents dans l'expérience mystique, et des possibilités d'interprétation de cette expérience encore plus infinies, sans méconnaître pour cela son unité ([11]).

Il nous faut peut-être, ici, poser la question de savoir ce qui se passe véritablement lorsqu'apparaît une mystique *sans* liaison avec aucune autorité religieuse quelle qu'elle soit. Ce problème de l'interprétation sécularisée de l'expérience mystique amorphe se pose assez souvent depuis l'époque des Lumières. Son acuité disparaît en partie par le fait que les auteurs expriment leurs expériences mystiques d'une manière totalement sécularisée, et qui se détache de toute autorité transmise, ou la rejette, mais revêtent pourtant l'interprétation littérale de leurs expériences avec des images traditionnelles, comme Rimbaud et comme (de manière bien plus durable) William Blake. Il est vrai qu'il se reconnaissent eux-mêmes comme des hérétiques « lucifériens », mais leur imagination est encore remplie des images de la tradition, tradition officielle de l'Église catholique, ou, comme chez, Blake, celle de la Providence souterraine ésotérique, hermétique et spiritualiste. Ici, la puissance de la tradition se vérifie encore par les révolutionnaires eux-mêmes qui cherchent leur autorité dans leur décision personnelle, et en donnant un sens séculier à leurs visions. Ce problème se pose d'une façon extrêmement intéressante justement dans le cadre de la culture anglo-saxonne, où l'histoire de la mystique trouve, après Blake, chez Walt Whitman, Richard Bucke et Edward Carpenter, des représentants résolus, à l'expression puissante, d'une mystique totalement sans autorité et totalement sécularisée.

Le meilleur exemple de l'interprétation purement naturaliste du sens de l'expérience mystique, même quand on la ressentait avec une puissance accablante, se trouve illustré par l'œuvre, très répandue en Amérique du Nord, du médecin canadien Richard Maurice Bucke, l'ami et exécuteur testamentaire de Walt Whitman. Bucke eut, en 1872, une expérience d'illumination mystique qui le bouleversa profondément, et il s'efforça de rendre de plus en plus clair, dans les dix années suivantes, non seulement le sens de sa propre expérience, mais celui de toutes les autres grandes expériences mystiques, qu'il se sentait pressé de reconnaître comme valables. Il consigna ses résultats dans son ouvrage « Cosmic Consciousness » (12).

On voit alors que des expériences mystiques authentiques peuvent être interprétées, par le porteur de telles expériences lui-même, d'une façon purement immanente et naturaliste, sans qu'aucune autorité religieuse joue un rôle, en quelque sens que ce soit, dans cette interprétation. Mais, ici, la théorie scientifique acceptée, la théorie d'une philosophie de la Nature, détermine elle aussi l'interprétation de l'expérience mystique, exactement comme les théories correspondantes des Bouddhistes, des Néoplatoniciens et des Kabbalistes déterminent les leurs. Pourtant, pour un auteur de la fin du XIXe siècle, le darwinisme seul représente la théorie qui lui offre les instruments et les concepts de son interprétation. Dans le sens du darwinisme, il voit l'expérience mystique comme le seuil d'un nouveau stade, de plus en plus général, de la connaissance humaine dans le processus de son développement. L'apparition de nouveaux genres dans le règne animal s'annonce d'abord en mutations, qui n'apparaissent que chez des exemplaires solitaires de vieilles espèces, de même que l'état extrême de la connaissance que Bucke nomme « connaissance cosmique » est seulement accessible à quelques exemplaires du genre humain : l'apparition de ce changement de la connaissance, qui s'annonce imminent pour toute l'humanité, accordé jusqu'alors seulement à quelques spécimens du genre humain, est considéré ainsi comme une expérience mystique. Leur explication du sens de la religion est une erreur (historiquement compréhensible) des générations précédentes. Le caractère d'autorité de l'expérience mystique est légitime, mais il faut le saisir autrement : c'est l'autorité de la prochaine phase de développement de la connaissance qui s'annonce ici. Les développements de Bucke me semblent (aussi naïfs et insoutenables qu'ils paraissent au lecteur cultivé de nos jours) apporter beaucoup de lumière et d'explications pour toute considération de l'interprétation mystique de soi-même. Elles sont un témoignage précieux pour cette capacité infinie de recevoir des interprétations, qui est inhérente à l'expérience mystique amorphe.

Pour revenir au problème qui nous occupe, nous trouverons encore un autre point important. Même le fait qu'en général le mystique, abstraction faite des cas particuliers dont nous venons de parler, est naturellement, de par son éducation, influencé et souvent totalement imprégné par les conceptions et les symboles traditionnels, ce fait continue a ne pas être considéré comme une garantie suffisante. Le danger d'une déviation, hors de l'autorité traditionnelle dans l'incontrôlé et l'incontrôlable, est trop inhérent à l'expérience mystique.

L'éducation religieuse du groupe laisse toujours la porte ouverte à de nombreuses aventures de l'esprit qui s'opposent aux représentations et aux doctrines reconnues, ce qui est propre à provoquer un choc entre le mystique et l'autorité religieuse, telle qu'elle est constituée dans son groupe. Cela doit être considéré comme l'un des facteurs décisifs qui ont contribué à cette formation de l'opinion que, dans la mystique, un chef spirituel, un Gourou, comme disent les Indiens, est absolument nécessaire. Le Gourou remplit, il est vrai, avant tout, *prima facie,* une fonction psychologique. Il empêche que le disciple qui s'exerce à connaître le monde de la mystique ne s'égare et ne se mette lui-même en danger. Car celui qui cherche seul son chemin peut facilement s'égarer, et même tomber dans la folie, car le chemin du mystique est pavé et bordé de dangers ; il longe les abîmes de la conscience et a besoin d'un pas mesuré et sûr. Les Yogis, les Soufis et les Kabbalistes réclament un tel guide intellectuel, de même que les manuels de la mystique catholique. Sans ce guide on court le danger de se perdre dans le désert de l'aventure mystique. Il faut que le guide soit capable de créer le juste équilibre dans l'esprit du mystique, mais lui seul connaît ces applications pratiques de l'Enseignement qu'on ne peut plus apprendre dans les livres. Outre cela, le Gourou remplit une autre fonction dont il est beaucoup moins question, mais qui n'est en aucune façon non réaliste : il représente l'autorité religieuse dans sa constitution traditionnelle. Il conduit et détermine l'explication de l'expérience mystique, dès avant son établissement. Il la conduit dans des voies acceptables pour l'autorité établie. Comment y parvient-il ? En préparant le disciple à ce qu'il doit s'attendre à rencontrer sur son chemin et à son arrivée. Dès le début il donne sa coloration traditionnelle à l'expérience mystique, aussi amorphe qu'elle soit, dans la conscience du novice. Regardons par exemple les célèbres *Exercices spirituels* d'Ignace de Loyola, ce manuel d'une valeur inestimable de la mystique catholique. Dès le commencement il imprègne, par des images de la Passion du Christ, la conscience de l'homme qui se consacre à la contemplation. Il montre exactement ce à quoi le contemplateur doit s'attendre et il entreprend de produire exactement les phénomènes que lui promet la contemplation. Il en va de même, pour prendre un exemple dans la mystique juive, de cette analyse hassidico-kabbalistique des phases de l'exaltation et de l'extase, que contient un document célèbre de l'école *Chabad* du hassidisme en Russie blanche ([13]). Il décrit pour celui qui parcourt le chemin de la contemplation les phases exactes par lesquelles il doit passer, s'il veut maintenir sa marche dans le sens des représentations, rigoureusement judaïques, de la crainte pure et du pur amour de Dieu, et veut éviter de se perdre dans l'errement incontrôlé des effusions sentimentales. Il donne les symboles kabbalistiques traditionnels avec lesquels on peut décrire ou interpréter ce cheminement d'un mystique juif vers l'expérience de la divinité, et il assure ainsi, autant que possible, la conformité avec l'autorité, précisément aux tournants les plus dangereux de ce chemin.

Les compromis entre la mystique et l'autorité religieuse transmise pour lui permettre de demeurer dans ce cadre ont, naturellement, selon les conditions du groupe religieux isolé, la possibilité de variations innombrables. Comme illustration, très instructive, d'un tel compromis, je voudrais évoquer cette représentation kabbalistique du *Gilluj Elijahu*, la « révélation du prophète Elie ». Nous avons ici un parfait exemple du fait que l'aspect « conservateur » et l'aspect « progressiste » de la mystique se trouvent unis dans un seul symbole d'expression puissante. Quand les premiers kabbalistes apparurent sur la scène de l'histoire juive, à la fin du XIIe siècle, dans le Languedoc, ils ne prétendirent pas avoir parlé sans intermédiaire avec Dieu. Ils gardèrent bien plutôt une attitude évasive et employèrent une symbolique qui est très caractéristique du problème qui nous occupe ici. Ils cherchaient à transmettre un message, qu'apparemment ne leur ont apporté ni les médiums ni les voies de la tradition, moyens généralement accessibles et reconnus. D'autre part, il leur était impossible, en tant que Juifs orthodoxes, de fonder leur prétention sur une expérience mystique, qui prendrait la même valeur que la révélation sur laquelle repose l'autorité religieuse du Judaïsme. C'est que toutes les religions monothéistes ont une certaine notion des choses, que je pourrais décrire comme une philosophie de leur histoire, une représentation du développement de l'histoire, qui leur défend d'ajouter un seul degré de valeur, et le même, à toutes les révélations qui ont été apportées à travers différentes époques, ou qui leur auraient été possibles. Ils insistent toujours sur le fait que la première grande révélation a pris aussi la première place. A partir de là, vont toujours en décroissant le rang et le degré auxquels cette révélation est encore acceptable comme une expression légitime du fondement d'une telle religion ; ils apparaissent de moins en moins faibles et autoritaires.

Cette idée, qui semble inhérente à toutes les religions monothéistes, constitue naturellement un grand problème pour le mystique, parce que sa propre expérience religieuse se présente à lui, fraîche et non affaiblie, accompagnée de la plus haute conscience de sa valeur. Ici, les compromis étaient inévitables, du moins pour la reconnaissance des différences de degré, qui devait exercer une influence sur la terminologie religieuse. C'est ainsi que, par exemple, dans le judaïsme rabbinique, au sein duquel se développait la mystique kabbaliste, on reconnaissait comme authentiques, différentes expériences possibles de révélation, et cela sous forme autoritaire : celles de Moïse, des Prophètes, du Saint-Esprit (qui s'exprime dans les hagiographies de la Bible), de ceux qui entendirent la « voix céleste » (le *bath kol*, qui a dû être perceptible à l'époque talmudique), et enfin la « Révélation du prophète Elie ». Chacune de ces phases représente un certain degré d'autorité de la Révélation inférieur par rapport à la précédente. Le principe demeure : il est impossible à chaque génération de faire chaque expérience, mais il existe toujours, pour le mystique, la possibilité de rendre son expérience perceptible dans le cadre de la tradition, s'il prend soin de la définir en concordance avec cette échelle décroissante des valeurs.

C'est pourquoi les kabbalistes ne réclamaient plus que le rang, apparemment bien modeste, de « récepteurs » d'une « révélation du prophète Elie ».

Il est d'ailleurs, de ce fait, très compréhensible que le moment visuel dans une telle expérience, ne possède qu'une signification accessoire en face du moment auditif, parce que l'expérience mystique se légitime pour le mystique juif, comme le fait d'entendre la Voix, bien plus que dans leurs explications, en tant que vision de lumière ; cela, bien sûr, avant tout sous l'influence de cette théorie de la prophétie, à influence toute mystique, dont nous avons parlé plus haut.

Or, le prophète Elie représente dans la tradition juive, depuis les origines du Judaïsme rabbinique, une figure particulièrement et étroitement liée aux intérêts de ce Judaïsme ; il est le porteur des messages divins à travers toutes les générations. Les vrais fidèles le rencontrent dans la vie de tous les jours, non moins que dans la vision, et c'est lui qui, à la fin des jours, conciliera toutes les opinions, traditions et dogmes opposés entre eux, tels qu'ils s'expriment dans la tradition juive ([14]). Cet être, présenté comme l'ardent protecteur de l'idéal de la piété juive, le gardien messianique et le garant de la tradition juive, n'est pas une figure dont on puisse concevoir qu'elle ferait, pour l'objet de sa communication et de sa révélation, quoi que ce soit de fondamentalement contradictoire avec une telle tradition. Une révélation kabbalistique du prophète Elie représente ainsi une interprétation de l'expérience mystique qui, d'après sa nature, tend bien plutôt à confirmer l'autorité, qu'à l'ébranler.

Quand nous recherchons les premières personnalités dans l'histoire de la Kabbale, pour lesquelles fut réclamée l'accession à un tel rang, il est clair qu'il s'agit de Rabbi Abraham ben David de Posquières et son fils Isaac l'Aveugle. Abraham ben David (mort en 1198) était la plus grande autorité rabbinique de sa génération dans le Sud de la France, un homme qui était profondément enraciné dans la sagesse et la culture talmudiques. Mais il était en même temps un mystique, qui concevait son expérience selon des notions conservatrices et non équivoques ([15]). Il raconte lui-même dans ses écrits que le Saint-Esprit est apparu dans la maison où il donnait son enseignement ; mais les kabbalistes disaient que c'était le prophète Elie qui lui était apparu. Cela seul pourrait déjà garantir le fait qu'il ne pouvait exister aucune contradiction entre le savoir traditionnel de ce Rabbi et la traduction de son expérience mystique en conceptions nouvelles. Et quand son fils, un mystique purement contemplatif, sans prétention particulièrement forte à relever d'une autorité rabbinique, poursuivit le chemin de son père, la même exigence fut réclamée de lui. Les doctrines formulées par lui et ses disciples furent considérées comme des compléments légitimes de la doctrine rabbinique, dont les adhérents ne risquèrent pas de tomber en conflit avec l'autorité transmise. Le fait que les symboles, à travers lesquels cette nouvelle révélation se communiquait, se trouvèrent cependant dans une tension plus vivante (mais en aucune façon dangereuse) avec cette autorité transmise, montre quelle importance durent avoir les forces qui ont pu s'insérer dans cette mystique, et en même temps demeurer dans le cadre de l'ancienne autorité.

Le même phénomène que nous trouvons ici, au début de la Kabbale, se retrouve dans une figure aussi centrale de son évolution ultérieure qu'Isaac Louria, au XVIe siècle. Louria représente dans leur développement ultime les deux aspects du problème que nous observons ici. Il est dans tout son comportement un parfait conservateur. Il accepte chaque autorité religieuse établie dans le Judaïsme, et il entreprend de corroborer l'importance religieuse d'une telle autorité, en lui prêtant une forme supérieure et un sens encore plus profond. Mais les idées, par lesquelles il entreprend cette action en apparence strictement conservatrice, sont d'une espèce totalement nouvelle et doublement surprenante par leur insolence et leur audace. Et pourtant, elles furent placées, avec tout ce qui se manifeste de nouveau en elles, dans un contexte traditionnel, avec l'autorité d'une révélation du prophète Elie et considérées ainsi. Une considération qui, grâce à l'impression faite par cette personnalité marquante et grâce à son comportement, fut largement reconnue. Ainsi, la propre source d'inspiration de Louria acquit de droit une nouvelle autorité.

Mais les catégories traditionnelles, qui sont employées

ici pour définir une telle autorité, ne doivent pas nous aveugler sur le fait que, une fois acceptée, cette théorie a changé et altéré le Judaïsme tardif, même là où elle s'abstenait de prétendre à un tel changement. La réserve dans la description des sources de son inspiration, qui reste en concordance avec l'idée, une fois acceptée, des niveaux de la Révélation dans l'histoire, perd une partie de sa signification. L'expérience mystique qui continue cette source, reste toujours aussi authentique que n'importe quelle source, et son rang aussi élevé que celui de n'importe quel phénomène antérieur dans le monde du Judaïsme rabbinique.

4

En liaison avec cette question concernant le sens conservateur et la fonction de la mystique, il existe un autre point très important. J'ai dit précédemment que le mystique, de par son origine et son éducation spirituelles, est préparé à traduire spontanément son expérience en symboles traditionnels. Ici, nous nous heurtons de nouveau au problème du symbolisme, que nous ne discuterons pas à nouveau dans ce contexte. Il est naturellement clair que la question, concernant la signification des symboles, offre une somme infinie d'aspects, et si nous mettons en relief, dans le contexte du problème qui nous occupe ici, un seul de ces aspects, nous ne voulons pas dire pour autant que tous autres aspects, dans d'autres contextes, seraient moins importants ou moins valables. D'après leur nature propre, les symboles expriment quelque chose d'inexprimable dans le monde de l'exprimable. Mais cet aspect, pour ainsi dire tourné vers l'intérieur, n'est pas tout. Ils ont en même temps un rôle dans le domaine de la société humaine. On peut dire qu'opérer à travers un élément conservateur de traditions ([16]) est même une des fonctions capitales du symbole religieux. La plénitude de sens, que les symboles semblent diffuser, donne une vie toujours renouvelée à la tradition, qui tombe facilement dans l'engourdissement, jusqu'au moment où les symboles eux-mêmes meurent ou se transforment.

Le mystique qui donne une nouvelle signification symbolique aux Textes sacrés, aux dogmes et au rituel de sa religion (et c'est justement ce qu'ont fait presque tous les mystiques et ce que précise leur influence dans l'histoire des religions), découvre une nouvelle dimension, une nouvelle profondeur, dans sa propre tradition. Tandis qu'il emploie des symboles pour décrire sa propre expérience et formuler la représentation qu'il s'en fait, il entreprend en réalité de confirmer l'autorité religieuse par sa réinterprétation, en considérant comme symbole le contenu de la tradition, ou en s'efforçant de l'éclairer par de nouveaux symboles. Dans cette opération, qui inaugure une dimension symbolique, il altère cependant l'autorité religieuse, et sa symbolique est l'instrument de cette altération. Il s'incline devant cette autorité avec une pieuse vénération mais cette attitude dissimule à peine le fait qu'il la transforme, et souvent d'une manière audacieuse ou quelquefois définitive. Il emploie d'anciens symboles et leur donne un sens nouveau, il se plait même à employer de nouveaux symboles en y ajoutant un sens ancien ; dans les deux cas nous nous trouvons devant un processus dialectique, dans lequel se développent l'aspect conservateur de la mystique et son aspect récent et fécond, dans leur rapport réciproque.

Une autre question se pose ici : serait-il juste et convenable de distinguer, entre ces deux aspects du comportement envers l'autorité, une sorte de processus, conscient d'un côté, inconscient de l'autre ?

Pourrait-on dire que l'autorité religieuse représente une puissance consciente dans l'esprit du mystique, alors que son conflit avec elle s'enracine dans les domaines inconscients de son expérience ? Il y a des arguments en faveur de cette conception. Sans doute, chez bien des mystiques, la frontière entre le conscient et l'inconscient s'identifie avec celle qui sépare leurs tendances conservatrices ou progressives. Pourtant, ce serait une simplification excessive du problème. En règle générale, il est absolument impossible de définir aussi simplement cette frontière. Enfin, ce conflit se déroule assez souvent en pleine lumière et est provoqué par le mystique tout à fait consciemment. Le mystique sait alors qu'il lui faut s'opposer à l'autorité, qu'il doit en fonder une nouvelle, ou encore qu'il est appelé à l'abolir entièrement. C'est, par exemple, le cas chez les grands chefs des Anabaptistes, dont l'inspiration mystique est indéniable, et celui des Quakers, pour ne citer que quelques exemples particulièrement nets du domaine chrétien ; il en est exactement de même pour les chefs du mouvement sabbatianiste et du Hassidisme dans le Judaïsme. Les catégories psychologiques ne sont pas du tout identiques aux catégories historiques.

Les mystiques se sont assez souvent donné beaucoup de mal pour soutenir leurs conceptions dans le cadre de l'autorité transmise, et n'ont été amenés à un conflit ouvert avec l'autorité constituée que parce qu'ils se heurtèrent, dans leur société, à une opposition particulièrement forte, qu'ils ne purent vaincre. Mais s'il n'avait tenu qu'à eux, ils auraient évité ce conflit, qu'ils n'avaient pas cherché. Dans bien des cas, on peut prouver qu'ils ne commencèrent à interpréter leurs propres idées d'une façon de plus en plus radicale, que lorsqu'un tel conflit leur était imposé vraiment contre leur volonté.

Le journal de John Wesley, le fondateur du Méthodisme, en offre peut-être la meilleure illustration. On a rarement décrit avec une telle clarté comment un mystique appartenant à la doctrine de la renaissance chrétienne, empêtré comme il l'est dans la dialectique de son entreprise, fait, pourrait-on dire, des pieds et des mains pour ne pas entrer en conflit avec l'autorité anglicane ; comment ce combat lui est imposé, non pas de l'intérieur, mais de l'extérieur, et comment il l'accepte alors en pleine conscience et le livre jusqu'au bout. On peut penser, pour autant que les documents connus permettent un jugement, qu'il en est à peu près de même pour un des chefs éminents de la Gnose, tel que Valentin. Quelque chose de semblable se produisit dans l'histoire du Hassidisme, dont les premiers chefs étaient bien loin de l'idée d'un conflit avec l'autorité rabbinique. Quand, cependant, ce conflit leur fut imposé, certains d'entre eux laissèrent libre cours à leur mystique spiritualiste, jusqu'au moment où ce mouvement aboutit finalement à une attitude de compromis habile avec leurs adversaires rabbiniques, attitude d'abord hésitante et qui alla ensuite en se stabilisant toujours davantage. La séparation entre le processus conscient et le processus inconscient ne joue guère de rôle pour la compréhension de ces faits, pour autant que je puisse le préciser.

Naturellement, une question se pose ici : quelles sont les circonstances dans lesquelles s'élève justement un tel conflit, et quelles sont les occasions décisives pour une telle naissance? Quel est le type de mystique qui provoque un conflit avec l'autorité, et celui qui ne le provoque pas? Il n'existe, hélas, pas de réponse totalement satisfaisante à ces questions. L'apparition d'un tel conflit est essentiellement imprévisible, et ne dépend pas, de façon décisive, de la personnalité du mystique ou de sa doctrine. Il relève entièrement des circonstances historiques, dont les rapports avec la réalité religieuse (rapports si constamment changeants, qu'on ne peut préciser aucun dénominateur général et non-équivoque) décident du résultat des rencontres entre le mystique et la communauté. Seule la connaissance de tous les facteurs historiques et des circonstances spécifiques, au milieu desquels les mystiques entreprennent d'agir, permet une réponse. Dans ce contexte, les seules exceptions représentent bien les mystiques que l'on devait peut-être traiter d'originellement rigoureuses (au sens anglais de ce terme, *radicals*), en tant que qualité spécifique de la personne qui n'appartient pas aux seuls mystiques. Il y a suffisamment de gens qui ont naturellement tendance à formuler leurs idées de manière radicale, qui ne considèrent favorablement aucune autorité, quelle qu'elle soit, et qui trouvent la folie de leurs congénères absolument insupportable. Ils n'ont pas besoin d'entrer dans le cercle mystique pour s'opposer à l'autorité. Mais s'ils deviennent mystiques, cette tendance se dessine naturellement avec beaucoup de netteté, comme le montre très clairement l'exemple de George Fox au début du Quakerisme anglais.

Rien n'est plus caractéristique, dans ce que nous venons de dire, que le fait que les doctrines mystiques ne sont « en soi » matière à conflit que dans les cas les plus rares, ceux de la mystique nihiliste. Les doctrines qui ont été soutenues très énergiquement à une certaine époque et en un certain lieu, sans avoir mené à quelque conflit, provoquent, dans d'autres circonstances historiques, les luttes les plus violentes. La dialectique du symbolisme, dont il a été question plus haut, est certainement toujours en question : mais a-t-elle été amenée jusqu'à un conflit ouvert avec l'autorité? Cela ne dépend aucunement d'elle-même.

L'histoire de la mystique catholique en connaît des exemples célèbres, et l'historien de la mystique reçoit peu d'avantages des efforts des apologistes pour prouver qu'il s'agirait en réalité de doctrines seulement semblables d'apparence, mais essentiellement différentes, et qui dans certains cas auraient été reconnues par l'autorité, en d'autres cas condamnées comme hérétiques. L'histoire de la mystique quiétiste dans l'Église est bien l'exemple le plus probant de ce qui a été dit plus haut ([17]). Car ce ne sont pas les positions originelles des représentants de la mystique quiétiste dans l'Église espagnole qui avaient changé lorsqu'on condamna Madame Guyon, mais la situation historique. Ce heurt, un des plus dramatiques de l'histoire de l'Église, montre comment un tel conflit pouvait être provoqué aussi contre la volonté de l'intéressé principal, quand une situation historique, transcendant totalement les doctrines mystiques, le rendait désirable.

Il en est de même de maintes théories hassidiques. Quand Israël Baal-Schem, le fondateur du Hassidisme polonais au XVIIIe siècle, proposa la thèse mystique de la « communion » avec Dieu (*debekuth*), plus importante que l'étude des Écritures, cette thèse fit naître une opposition considérable et fut citée par tous les textes polémiques comme la preuve de ses tendances subversives et antirabbiniques. Mais la même thèse exactement avait été lancée par une non moindre autorité de la mystique juive, Isaac Louria lui-même, deux siècles plus tôt à Safed, sans susciter la moindre opposition. Ce n'est pas la thèse elle-même qui a changé, mais le climat dans lequel elle est historiquement employée et proclamée.

Dans ce qui précède nous avons exposé principalement la façon dont le mystique lui-même se représente le comportement de l'autorité. Comment l'autorité, pour sa part, s'efforce-t-elle de faire rentrer d'elle-même les aspirations et les aventures du mystique dans le cadre traditionnel? Nous avons trouvé jusqu'ici au moins deux points de vue sur la question. Nous avons vu qu'elle cherche d'abord, par le biais de l'éducation et de la personnalité du guide spirituel, à les imprégner de la valeur de la tradition et de ses symboles. Dans ce contexte il va de soi qu'elle tient beaucoup à mettre autant de barrières que possible sur les pas du « candidat » au chemin mystique. En général, l'autorité n'encourage jamais ces entreprises, et quand les barrières effraient le pèlerin et le forcent à se contenter de l'ancienne route, parce que les nouvelles lui sont rendues inaccessibles, il en va d'autant mieux du point de vue de l'autorité.

Il faut avant tout ranger dans cette catégorie l'antipathie évidente des grandes religions institutionnelles pour les mystiques laïcs, c'est-à-dire pour des mystiques illettrés, qui sont si enflammés par l'intensité de leur saisissement, qu'ils croient pouvoir renoncer aux voies traditionnelles et approuvées par l'autorité. Pour un tel homme, dans l'attente d'une illumination mystique, le danger d'un conflit avec l'autorité était d'autant plus précis qu'il avait moins de culture et de formation théologiques. Tous les manuels de la mystique qui ont été écrits du point de vue de l'autorité traditionnelle, en fournissent une illustration, tout à fait indépendamment de leur doctrine spécifique du moment. Dans le Judaïsme, par exemple, on cherche à prévenir tout conflit possible en prescrivant que l'accès au domaine de la pratique et de la spéculation mystiques soit exclusivement réservé à des savants talmudistes parfaitement cultivés. C'est dans ce sens que fut cité dans tous les livres l'avertissement de Maïmonide : « Personne n'est digne d'entrer dans le paradis (c'est-à-dire le domaine de la mystique) s'il ne s'est auparavant rassasié de pain et de viande », c'est-à-dire de la sobre nourriture de l'érudition rabbinique ([18]).

Dans la réalité historique, il est vrai, de tels avertissements ont eu beaucoup moins d'importance que dans la littérature. L'histoire des grandes religions est remplie de phénomènes issus de la mystique laïque et des mouvements qui en découlent. Dans l'histoire des sectes chrétiennes (des Gnostiques aux Alumbrados espagnols et aux mouvements sectaires des quatre derniers siècles dans le Protestantisme plus récent, en passant par les Frères du libre Esprit), on peut suivre la force de pénétration de cette mystique laïque.

Il est vrai que, dans le Christianisme, de tels mouvements gardent, en fait, la marque de l'hérésie. Il en allait autrement (du moins en partie) dans le Judaïsme. Bien que beaucoup de grands kabbalistes aient entièrement répondu à cette exigence de Maïmonide, née d'un esprit conservateur, il y eut pourtant des kabbalistes qui ne possédaient qu'une faible science rabbinique ou qui, en tout cas, n'avaient fréquenté aucune école talmudique convenable. Même le plus célèbre de tous les mystiques juifs des derniers siècles, Israël Baal-Schem, le fondateur du Hassidisme polonais, en est un exemple typique. Sa « connaissance » au sens traditionnel du mot était très limitée ; il n'avait pas eu de maître humain pour lui montrer le chemin, il ne s'appuyait sur personne, en dehors de son Gourou spirituel, le prophète Achia de Siloh, avec lequel il gardait continuellement un contact visionnaire et spirituel. En bref, c'était un parfait mystique laïc, et pourtant le mouvement inauguré par lui, dans lequel cet élément laïc surgissait toujours et constituait au moins l'un des facteurs décisifs de son développement, réussit à obtenir de haute lutte des droit identiques, dans le cadre de l'autorité transmise, tout en acceptant naturellement un certain compromis. Dans le Judaïsme, d'autres mouvements mystiques où l'élément laïque jouait de même un rôle important (comme par exemple le mouvement sabbatianiste), n'y ont pas réussi et ils furent amenés à entrer en conflit avec l'autorité rabbinique.

Enfin, il faut encore parler d'une autre circonstance qui permet à l'autorité religieuse, surtout dans les religions monothéistes, de prévenir tout conflit avec le mystique. Cet effort tend à charger les mystiques d'une responsabilité sociale, à les contraindre, au lieu de respirer l'atmosphère sectaire des communautés pneumatiques des « éclairés », à entreprendre plutôt une action dans la communauté des « non éclairés », voire des espris simples.

Dans le Christianisme où, dès le début du monachisme, les modes d'organisation des « pneumatiques » étaient toujours vivants, ce comportement n'est pas toujours aussi net que dans le Judaïsme. Là, nous trouvons, dès l'époque talmudique, une répugnance évidente à laisser le mystique seul avec ses semblables et à lui garantir des possibilités d'organisation propre. On met toujours en relief que l'expérience du mystique, « l'amour divin », doit se confirmer dans la relation avec la société humaine et son action sur elle, et non dans une fusion totale entre l'individu et son Dieu. Ici, je ne veux parler que d'une forme générale de cette perspective, qui se révèle très féconde pour la contemplation et la phénoménologie de la mystique dans les grandes religions, et je renonce à exposer plus précisément la dialectique de cette situation et les différentes formes de son évolution historique. Pour « l'apprivoisement » du mystique, dans le cadre de l'autorité religieuse, elle exprime en tout cas un moment décisif.

En un contraste absolu et inconciliable avec tous ces efforts de compromis, ou d'autres tentatives pour briser la tension entre le mystique et l'autorité religieuse, se trouve cependant le phénomène limite du nihilisme mystique, de la négation de toute autorité au nom de l'expérience ou de l'illumination mystiques elles-mêmes. Le mystique nihiliste semble le plus libre, on est tenté de dire que c'est lui qui approche le plus près de ses aspirations ; en effet, comme il a réalisé la réduction de toute forme comme la plus haute valeur de l'expérience mystique, il accomplit alors une réduction du rapport avec le monde extérieur, et cela signifie, avant tout, la réduction des valeurs et de l'autorité, qui garantit la validité des valeurs. En fait, à l'égard du temps historique, il est le plus gêné et le moins libre des hommes ; car la réalité historique dans la constitution de la société humaine l'empêche beaucoup plus que tous les autres mystiques d'énoncer librement sa pensée. Sans doute est-ce là la raison pour laquelle les documents de la mystique nihiliste sont les plus rares. Leur caractère destructif annonçait l'anéantissement, la répression par les puissances de l'autorité, ou bien provoquait une ambiguïté d'expression, qui rend toujours douteuse l'interprétation du texte. Ainsi peut-on, par exemple, s'expliquer que la discussion concernant le caractère nihiliste de certaines doctrines mystiques, comme celle des Ismaélites, des Druses en particulier, mais aussi celle de groupes tels que l'ordre derviche des Bektaschis, n'ait pas encore trouvé une conclusion non-équivoque. Les documents sont construits d'avance, de façon à rester ambigus, ce qui a toujours renforcé le soupçon du nihilisme mystique qui se trouve présent partout.

Pour l'expression exacte de la mystique nihiliste nous ne possédons, pour autant que je puisse en juger (les sources originales du nihilisme gnostique du IIe siècle étant perdues) ([19]), aucun document plus marquant que le « Livre des Paroles du Seigneur » polonais, dans lequel les disciples de Jacob Frank (1726-1791) ont consigné les enseignements de leur maître, selon ses propres paroles ([20]).

J'ai analysé ailleurs les conditions dans lesquelles cette éruption du nihilisme mystique est devenue possible, précisément au sein du Judaïsme rabbinique, c'est-à-dire d'un groupe particulièrement énergique, autoritaire et solidement organisé ([21]). Le messianisme et la mystique ont une part égale dans la cristallisation de ces idées qui proviennent de l'aile radicale du mouvement sabbatianiste dans le Judaïsme ([22]). Ce qui nous intéresse ici, c'est la manière dont l'expérience mystique du contact des hommes avec la source originelle de la vie se condense dans un symbole, qui contient en lui la destruction nihiliste de l'autorité. La liberté messianique dans la rédemption et le contenu de l'illumination, qui concerne l'essence de cette liberté, se cristallisent autour du symbole de la vie. Le mystique rencontre la vie dans l'expérience mystique. Mais cette « vie » n'est pas ici la plénitude harmonique du rapport de toute chose avec Dieu, rapport qui se réalise dans ses propres lois, c'est-à-dire l'image d'un monde réglé par une autorité et établi de façon permanente, c'est quelque chose de bien différent. Quelque chose qu'aucune loi, aucune autorité n'enchaînent, et qui croît et se transforme librement, la fusion sans frein et la négation continuelle de toute forme qui en surgit, qui détermine cette notion de vie. Ce n'est pas un élément réglé par des lois, mais au contraire l'élément anarchique qui se veut libre de tout lien et dans la promiscuité de tout Être qui est présent dans cette vie, qui gronde dans « l'abîme » où le mystique est appelé et condamné à plonger. La vie, comme le contenu de la dernière expérience humaine, c'est-à-dire mystique, est un « continuum » de l'anéantissement où les formes ne disparaissent et d'où elles ne surgissent que pour être saisies et détruites. C'est la plénitude destructive de l'anarchie qui a pour Frank toute la splendeur lumineuse et la gamme positive de sons qui résonnent dans ce mot « vie ». Le mystique nihiliste ne descend pas seulement dans l'abîme où naîtra la liberté du vivant. Il ne passe pas seulement en revue toutes les figures et formes extérieures, telles qu'elles s'offrent à lui, sans se lier à elles ; il ne nie pas seulement des valeurs et des lois et ne les abroge pas seulement dans l'expérience de la « vie », mais il les foule aux pieds, il les profane pour obtenir l'élixir de vie. C'est ici que, sous une forme particulièrement pénétrante de l'interprétation d'un symbole, l'élément de l'expérience mystique activant la vie a été lié à ses contenus destructifs possibles. Or, il va sans dire que ce rapport, non dialectique comme nous l'avons remarqué plus haut, du mystique avec son expériencc, s'exprime, depuis le début de la société humaine, comme une chute dans le démoniaque. C'est à cause de ces tensions gigantesques, que l'on trouve dans l'histoire de la religion juive, que cette vision excessivement destructive a retrouvé ici-même son expression la plus libre, en s'évadant des frontières du Judaïsme et en se dressant contre sa loi.

5

Ce problème de l'autorité et de la mystique a été résumé d'une manière extrêmement expressive et saisissante dans un jugement transmis ([23]) par un des grands saints du Hassidisme, le Rabbi Mendel Torum de Rymanow (mort en 1814), jugement que je voudrais essayer d'expliquer ici de façon définitive. Qu'y a-t-il, peut-on demander, de réellement divin dans la Révélation, telle qu'elle fut accordée à Israël sur le Sinaï, révélation qui est, bien entendu, un fragment extrêmement précis de la doctrine et un appel à la société humaine, révélation extrêmement articulée dans toutes ses pièces, qui ne représente en aucune façon un mot d'ordre mystique, qui reste indéfiniment compréhensible ? Il y a déjà dans le Talmud ([24]) une discussion sur cette question de l'expérience d'Israël pendant la réception des Dix Commandements. Que pouvaient-ils, en vérité entendre, et qu'ont-ils entendu ? Selon certains, tous les Commandements leurs seraient venus par le médium ininterrompu de la voix divine. Selon d'autres, ils n'auraient reçu directement de la bouche de Dieu que les deux premiers Commandements — « C'est Moi, ton Seigneur et ton Dieu » et « Tu n'auras pas d'autre Dieu à côté de Moi » (Ex. 20 : 2-3). Mais alors, la puissance accablante de cette expérience aurait été trop forte pour le peuple, et ils n'auraient pas pu supporter la voix divine. Ainsi auraient-ils dû s'en tenir à Moïse, dont la médiation leur permit de recevoir alors les autres Commandements. Seul, Moïse pouvait supporter la puissance de cette voix et répéter alors d'une voix humaine ces paroles de l'autorité suprême que sont les Dix Commandements.

Cette fonction de Moïse comme interprète, pour le peuple, de la voix divine, fonction dont Maïmonide avait déjà eu des idées tout à fait pertinentes ([25]), pouvait encore être étendue ; et c'est exactement ce qui fut attribué à Rabbi Mendel de Rymanow, qui, au fond, ne fait qu'exprimer la pensée de Maïmonide de façon plus élaborée. Selon lui, les deux premiers Commandements ne proviennent pas d'une révélation directe à toute la communauté d'Israël. Tout ce qui leur fut révélé, ce qu'Israël entendit, n'était autre que cet *Aleph* avec lequel commence le premier commandement dans le texte hébraïque de la Bible, l'*Aleph* du mot '*Anochi* — « Je ». Cette phrase me semble en vérité remarquable, et me donne matière à réflexion. C'est que la consonne *Aleph* ne représente en hébreu que le premier mouvement du larynx dans la prononciation (comme l' « esprit doux » en grec), qui précède une voyelle au commencement d'un mot. Cet *Aleph* représente donc, pour ainsi dire, l'élément d'où provient chaque son articulé ; en effet, les kabbalistes ont toujours considéré la consonne *Aleph*, comme la racine spirituelle de toutes les autres lettres, qui contient dans son essence tout l'alphabet, et, par là, tous les éléments du langage humain ([26]). Entendre l'*Aleph*, c'est proprement ne rien entendre, il représente la transition vers toute langue compréhensible, et on ne peut certainement pas dire qu'il intervienne dans un sens spécifique, avec un caractère nettement déterminé. Avec sa proposition audacieuse de la révélation proprement dite à Israël comme étant celle de l'*Aleph*, Rabbi Mendel réduisait ainsi cette révélation à une révélation mystique, c'est-à-dire infiniment remplie de sens en soi, mais sans signification spécifique. Il représente quelque chose que, pour fonder une autorité religieuse, on devrait traduire dans une langue humaine : c'est ce que fit Moïse dans le sens de cette conception. Chaque formule, qui fonde l'autorité, ne serait alors qu'une interprétation de quelque chose qui la transcende — interprétation qui, aussi valable et élevée qu'elle soit, reste cependant humaine. Une expérience mystique a, une fois dans l'histoire, été accordée à tout un peuple qu'elle a lié à Dieu. Mais le véritable élément divin de cette révélation, cet *Aleph* formidable, ne suffisait pas en lui-même à exprimer le message divin, et ne pouvait, en tant que tel, être supporté par la communauté. Le prophète était appelé à expliquer à la communauté le sens de chaque voix inarticulée. C'est l'expérience mystique qui donne le jour à l'autorité et l'affranchit d'elle.

NOTES

(1) K Wright, « A Student's Philosophy of Religion », New York 1938, p. 287, définit la notion de la mystique comme « the endeavour to secure consciousness of the presence of the Agency through which (or through Whom) the conservation of socially recognized values is sought ».

(2) Cf. « Eranos-Jahrbuch » XXVI/1957, p. 189-242.

(3) J'emploie ici une expression, dont je remercie l'auteur de l'article : G. A. Coe, « The Sources of the Mystic Revelation », publié dans le « Hibbert Journal », vol. VI (1907/08) p. 367.

(4) « Eranos-Jahrbuch » XXVI/1957, p. 57-188.

(5) Cf. l'article précité de H. Corbin.

(6) Cf. le chapitre suivant.

(7) Origène, « Selecta in Psalmos » (Psaume I), dans Migne, « Patrologia Graeca,» vol. 12, col. 1080. F. I. Baer a insisté sur ce passage important dans son article en hébreu dans « Zion », vol. 21 (1956), p. 16.

(8) Origène nomme cette parabole « une doctrine extrêmement riche d'ex pression ».

(9) Cf. les exposés concernant ce problème dans le chapitre suivant.

(10) L'aisance et la finesse expressive des traductions de ces textes se trouvent quelquefois dans un rapport réciproque avec le style sévère et un certain manque de clarté dans les textes hébreux originaux. La splendeur de l'Hymne mystique relaté par la traduction extrêment impressionnante d'un de ces textes les plus importants, par Theodor H. Gaster, « The Dead Sea Scriptures », New York 1956, p. 109-202, est capable de provoquer l'admiration du lecteur du texte hébreu original.

(11) C'est donc l'œuvre apparue tout récemment, extrêmement intéressante et invitant à des commentaires, de R. C. Zaehner, « Mysticism Sacred and Profane, An Inquiry into some Varieties of Praeternatural Experience » (Oxford,

1957), qui est bien la plus instructive à propos du contexte et du contenu de l'objet de l'expérience mystique. La séparation des phénomènes mystiques en phénomènes naturels, extraordinaires et surnaturels a trouvé, au cours des dernières trente années, dans la littérature inspirée du Catholicisme, une grande extension sur ce thème, et se trouve fréquemment utilisée. Cette séparation reste au fond extrêmement hasardeuse.

(12) Cf. Richard Maurice Bucke, « Cosmic Consciousness, A Study in the Evolution of the Human Mind ». Ce livre parut d'abord en 1901; j'emploie la 18e édition, New York, 1956.

(13) « Kuntras ha-Hithpa'aluth », par Rabbi Bear, fils de Rabbi Schne'ur Salman de Ladi, imprimé dans le volume « Likkute Be'urim, Varsovie, 1868.

(14) Cf. L'article « Elijahu » dans « Encyclopaedia Judaica ». Le Judaïsme dans l'histoire et le temps présent, vol. VI (1930), col. 487-495.

(15) Cf. Le chapitre sur Abraham ben David dans mon livre en hébreu « Reschith ha-Kabbalah » (Les débuts de la Kabbale), Jérusalem 1948, p. 66-98.

(16) Pour une discussion sur la fonction du Symbolisme dans la religion, cf. le Symposium « Religious Symbolism », publié par F. Ernest Johnson, New York, 1955. Il est vrai que je ne partage en aucune manière l'opinion démontrée par le Prof. Abraham Heschel dans ce livre, selon laquelle le Judaïsme rabbinique est une religion constituée au-delà des catégories du symbolisme.

(17) Il est intéressant, ici, de comparer par exemple deux exposés totalement différents, comme ceux de Heinrich Heppe, « Geschichte der quietischen Mystik in der Katholischen Kirche », Berlin 1875, et de Ronald A. Knox « Enthusiasm, A Chapter in the History of Religion with Special Reference to the Seventeenth and Eighteenth Centuries », Oxford 1950.

(18) Maïmonide, « Mischneh Torah Hilchoth Jessode ha-Torah », IV, 13.

(19) Des exposés pleins de valeur concernant l'analyse des possibilités du nihilisme dans la mystique gnostique se trouvent développés en particulier par Hans Jonas, « Gnosis und spätantiker Geist », vol. I, Göttingen 1933. Mais ici aussi nous n'avons que des citations et des rapports qui sont passés par l'intermédiaire des adversaires catholiques. Des textes originaux complets n'ont pas été conservés. Cf. aussi Herbert Liboron, « Die karpokratianische Gnosis », Leipzig 1938.

(20) Les communications et citations détaillées de ce texte extrêmement important se trouvent jusqu'à présent dans l'œuvre en deux volumes d'Alexandre Kraushar, « Frank i Frankiści Polscy », Cracovie 1895. Les manuscrits utilisés par Kraushar ont disparu au moment de la destruction presque complète des bibliothèques polonaises pendant la deuxième guerre mondiale. Les manuscrits presque complets de ces annotations très étendues ont été trouvés récemment dans la bibliothèque de l'université de Cracovie.

(21) Cf. mon ouvrage « Le mouvement Sabbataïste de Pologne », Revue de l'Histoire des Religions, volume 153/154, surtout la dernière partie, vol. 154, p. 42-77.

(22) Cf. Aussi l'exposé détaillé dans mon ouvrage en hébreu, en 2 vol., « Schabbetai Zwi », Tel Aviv, 1957.

(23) Dans l'ouvrage de Ahron Markus, « Der Chassidismus », Pleschen 1901, p. 239 ; le livre « Torath Menachem », d'une collection de conférences par Rabbi de Rymanów.

(24) Makkoth. 24 a.

(25) Maïmonide, « Führer der Unschlüssigen », II. 33. Dans la traduction allemande par Adolf Weiss, Leipzig 1924, vol. II, p. 227/28. Maïmonide soutient l'opinion selon laquelle dans tous les passages de la Révélation, où il est dit que les Israélites entendirent des mots, il faut traduire qu'ils entendirent le soninarticulé de la voix, mais que c'est Moïse qui a pris les mots (dans leur articulation expressive) et les a communiqués aux Israélites.

(26) Ainsi Jacob Kohen de Soria, au début de sa déclaration kabbaliste de l'alphabet hébreu, que j'ai publiée dans « Madda'e ha-Jahaduth » II (1927), en particulier la p. 203.

(27) Après la publication des cas exposés, mon ami Ernst Simon me fit remarquer que cette opinion serait appuyée aussi, sous une forme très précise et rappelant la formulation mystique, par Franz Rosenzweig dans une lettre à Buber, écrite en 1925. Dans cette lettre, Rosenzweig conteste que la Révélation du Sinaï soit une législation. La Révélation contient elle-même son propre contenu; avec « wa-jered » (il descendit, dans Exode 19:20), elle est, en réalité, déjà complète. Déjà avec « wa-jedabber » (il parla, Exode 20:1) commence l'interprétation, qui s'interrompt avec « 'anochi » (avec le « Moi (je) » au début des Dix Commandements). Cf. Franz Rosenzweig, « Briefe », Berlin, 1935, p. 535.

2. Le sens de la Tora dans la mystique juive

1

La mystique juive représente la totalité des efforts pour interpréter, dans le cadre des idées et des notions mystiques, le sens du Judaïsme rabbinique, tel qu'il s'est épanoui dans la période du second Temple et plus tard. Un tel développement ne pouvait avoir lieu avant que ce processus d'épanouissement ait atteint un certain degré de durée et de stabilité. Cela vaut aussi bien pour le type du Judaïsme législatif, que Philon d'Alexandrie a entrepris d'expliquer, que pour le type plus développé du Judaïsme talmudique, qui a donné un cadre aux démarches intellectuelles des kabbalistes du Moyen Age. Je n'ai pas l'intention de traiter ici le problème historique du développement de la mystique juive, en particulier de la Kabbale. Je l'ai fait ailleurs et en particulier dans mon livre sur « Les grands courants de la mystique juive » (trad. française Payot, Paris). D'autre part, les données que je veux examiner ici ont une place capitale dans la mystique juive.

Dans une conception religieuse, fondée sur la révélation divine et les Saintes Écritures qui déterminent son contenu, le problème de la nature essentielle de la révélation dans les Textes Sacrés a une importance fondamentale. Bien plus, dans les moments de crise — et la mystique comme phénomène historique est un produit de crise —, ces questions deviennent particulièrement pressantes. Les mystiques sont des hommes qui découvrent, par leur propre expérience intime et leur spéculation sur ces expériences, de nouvelles interprétations de leur religion traditionnelle. Si cette sorte d'expérience et de spéculation ne les amène pas à rompre le cadre des institutions traditionnelles de leur religion, la première question qui se pose nécessairement ici est la suivante : comment peuvent-ils trouver leur propre expérience reflétée et anticipée dans les Textes Sacrés de leur tradition? Non moins importante est également la question de l'accord de leurs conceptions avec celles qui sont acceptées par leur propre tradition. ([1]) C'est naturellement un lieu commun, que des explications allégoriques naissent toujours spontanément lorsque des idées nouvelles se heurtent avec celles d'un texte sacré auxquelles elles semblent opposées ; opposition qui doit être aplanie d'une manière quelconque. Ce qui vaut d'une explication allégorique est encore plus nettement vrai, en un sens plus précis, de l'interprétation mystique d'un tel texte.

Je n'ai pas l'intention d'examiner ici l'exégèse mystique dans son application concrète à la Bible. Il existe une littérature extrêmement riche dans laquelle les mystiques juifs ont cru pouvoir interpréter le texte biblique suivant leur propre pensée ; leurs interprétations donnent lieu à une littérature d'une grande richesse. Une très grande partie de l'immense littérature kabbalistique se compose de commentaires des livres bibliques, en particulier du Pentateuque (la « Tora écrite »), des Psaumes, du Cantique des Cantiques, du livre de Ruth et du prédicateur Salomon. Parmi les kabbalistes, de nombreux créateurs ont considéré ce procédé comme une façon géniale d'exprimer leurs propres idées, et, en même temps, de les laisser, en apparence, découler du texte même de la Bible. Il n'est pas toujours facile de dire, à un moment donné, si c'est le texte biblique qui a provoqué cette exégèse, ou si l'exégèse est un moyen artificiel pour transporter, dans le texte, de nouvelles pensées indépendantes ; ou bien encore de les développer à partir du texte, en jetant ainsi un pont sur l'abîme qui s'ouvre entre les anciennes et les nouvelles conceptions concernant les problèmes bibliques. Cette formulation de ce qui se déroule réellement dans l'esprit du mystique, est peut-être trop dictée par la raison. En fait, le mystique agit en grande partie inconsciemment, et peut-être ne discerne-t-il point l'opposition entre l'ancien et le nouveau, que l'historien fait ressortir avec empressement. En représentant de sa propre tradition religieuse, il se laisse pénétrer complètement par elle ; bien des choses, qui semblent au lecteur moderne des déformations fantaisistes du texte, sont pour lui liées d'une façon toute naturelle à sa propre conception de l'essence du Texte Sacré. Car la première chose que l'on puisse dire, en toute certitude, d'un kabbaliste, c'est qu'il est et aspire à être un traditionaliste, comme on le voit dans la notion même de « Kabbale », qui est une des expressions hébraïques signifiant « tradition ». Il est donc important de comprendre les concepts fondamentaux, sur lesquels repose une telle exégèse, concrètement appliquée, de la mystique. La question de la nature de ces concepts fondamentaux sera examinée ici.

Pour l'explication de ce concept nous n'en sommes pas réduits aux conjectures et aux conclusions tirées de son application pratique ; nous possédons, au contraire, des traités très précis et très clairs sur cette question. La spéculation mystique sur l'essence de la Tora est liée au développement de certains principes généraux. Beaucoup de ces idées se sont développées d'une manière toute particulière et n'appartiennent pas au bien commun de tous les kabbalistes. Elles restent au contraire caractéristiques de certaines directions particulières inhérentes à la Kabbale. Il n'est pas sans intérêt de voir comment des idées si différentes restent dépendantes des principes fondamentaux à partir desquels elles se sont développées.

On a beaucoup écrit sur l'exégèse allégorique de Philon d'Alexandrie et sur ses conceptions. Je ne veux pas m'engager ici plus avant dans ces problèmes. Sans doute rencontrerons-nous, dans la discussion des représentations spécifiques des kabbalistes quant au sens de la Tora, maints parallèles surprenants avec certains passages de Philon, et il n'y a que peu de temps qu'un chercheur aussi éminent que I. F. Baer a entrepris de montrer la grande affinité structurelle et même l'identité des conceptions de Philon et de celles des kabbalistes, telles que je les ai développées ici, et d'y voir des développements tout à fait légitimes de la vraie pensée rabbinique, supposée par la Halacha mais jamais clairement développée dans cette forme, sur l'essence de la Tora ([2]). Ce parallélisme ne remonte cependant pas, pour autant que je puisse voir, aux contacts et filiations historiques entre Philon et les kabbalistes du Moyen Age, bien qu'il n'y ait pas manqué d'efforts dans ce sens (et qui me semblent être totalement vains) ([3]). Pour autant qu'il y ait eu, en fait, des parallèles de ce genre, ils reposent sur la parenté de leur expression. Les kabbalistes se sont en effet exprimés d'une manière incomparablement claire et pénétrante, on le verra d'ailleurs ; et la lecture de Philon, à la lumière de cette formulation, ne manque pas de séduire. Par l'identité d'expression, et plus encore par la structure fondamentale de la conception mystique de l'essence des Écritures Saintes, s'expliquent aussi les parallèles entre plusieurs écrits kabbalistiques sur la Tora, et ceux de la mystique islamique sur le Coran, ou encore ceux des mystiques chrétiens sur leur Canon biblique.

Un examen des circonstances historiques, dans lesquelles se sont développées certaines idées kabbalistiques, peut nous montrer s'il y a des filiations historiques entre la spéculation judéo-kabbalistique et la spéculation non-juive sur l'essence des Écritures Saintes. Je crois pouvoir montrer qu'il y a eu effectivement, au moins dans un cas, celui de la doctrine du sens quadruple de l'Écriture, une telle filiation. Mais avant de m'engager dans le sujet qui nous occupe ici, il me faut faire une autre remarque. L'ensemble, ou du moins la partie la plus essentielle des spéculations et des doctrines kabbalistiques, se rapporte au domaine des émanations divines ou *Sefiroth*, par lesquelles se développe la puissance créatrice de Dieu. Quels que soient les moyens que les kabbalistes ont pu chercher pour décrire cette sphère — et il y en a eu beaucoup pendant la longue histoire de la spéculation kabbalistique — c'est toujours vers ce domaine que se dirige, avant tout, leur intuition, et c'est lui qu'ils décrivent en langage symbolique, car la perception directe n'en est pas accessible à l'esprit humain. Pour autant que Dieu se révèle entièrement, il le fera par médiation et par le déploiement de cette puissance créatrice qui est sienne. On considère le Dieu, dont parle la religion, sous un ou plusieurs de ces aspects de son Etre, où les kabbalistes voyaient les différents degrés du processus de l'émanation divine. C'est ce monde qu'ils considèrent comme le monde des *Sefiroth*, et qui embrasse ce que les philosophes et les théologiens ont appelé le monde des attributs divins, mais qui apparaît cependant aux mystiques comme la vie divine elle-même, pour autant qu'elle se rapporte à la création. La dynamique cachée de cette vie fascine les kabbalistes, qui la trouvent reflétée dans ce domaine de la création. Mais cette vie n'est pas en soi quelque chose de détaché de la divinité, subordonné à elle ; c'est plutôt la révélation de cette racine obscure, dont on ne peut rien dire puisqu'elle n'apparaît jamais, pas même symboliquement, et que les kabbalistes appelèrent *En-Sof*, l'Infini. Mais cette racine cachée et les émanations divines ne font qu'un. Il est inutile que je m'engage ici dans ces paradoxes et ces mystères de la théologie kabbalistique qui s'occupe des *Sefiroth* et de leur nature.

Je dois m'occuper maintenant d'un point plus important. Le processus décrit par les kabbalistes comme l'émanation de « l'Énergie » divine et de la « Lumière » divine peut, au même titre, être considéré comme un processus dans lequel se déploie le Langage divin. De là, naît un parallélisme fondamental entre les deux séries de symboles les plus importants, dont les kabbalistes ont choisi de décrire les représentations. Ils parlent d'attributs et de sphères de lumière, mais dans le même contexte ils parlent aussi de noms divins et de lettres, ces lettres avec lesquelles les noms divins sont formés. On trouve ensemble, dès la première apparition des doctrines kabbalistiques, ces « deux façons de parler ». Le monde secret de la divinité est un monde du langage, un monde des noms divins, qui se développent selon leur propre loi. Les éléments de la langue divine apparaissent comme les lettres de la Sainte Écriture. Les lettres et les noms ne sont pas seulement des moyens conventionnels de communication. Ils sont bien plus que cela. Chacun d'eux représente une concentration d'énergie et exprime une plénitude de sens qu'il est absolument impossible de traduire, du moins complètement, en langage humain. Il y a naturellement une différence visible entre ces deux sortes de descriptions. Quand les kabbalistes parlent d'attributs divins et de Sefiroth, ils décrivent ce monde caché sous dix aspects ; mais quand ils parlent de noms divins et de lettres divines, ils doivent nécessairement revenir aux vingt-deux consonnes de l'alphabet hébreu, avec lesquelles est écrite la Tora, c'est-à-dire, selon leur idée, dans lesquelles son essence obscure est devenue communicable. Pour résoudre cette contradiction notoire, on a proposé plusieurs solutions. On pouvait dire, par exemple, que les lettres et les *Sefiroth* sont des aspects différents de la plénitude de la puissance divine, et donc incapables d'être identifiées l'une avec l'autre d'une façon mécanique. Dans le contexte de telles considérations, l'analogie qu'on peut indiquer ainsi entre création et révélation est considérable. Le processus de création, qui avance de degré en degré et qui se reflète dans des mondes extra-divins, et naturellement également dans la nature, n'est par conséquent pas différent du processus qui trouve son expression dans des paroles divines et dans les documents de la Révélation, où cette langue divine se serait condensée.

Ces réflexions nous conduisent au centre de notre sujet. Le sens mystique de la Tora se trouve dans un rapport nécessaire avec les conceptions de son essence divine. Les kabbalistes ne sortent pas de la notion du sens communicable. Naturellement, la Tora a une signification pour nous. Elle présente une communication en langage humain. Ce n'est là cependant, comme nous le verrons, que le plus extérieur des différents aspects, sous lesquels on la considérera. Ce que sont exactement ces différents aspects, on le verra par la suite.

Il y a trois principes fondamentaux qui jouent un rôle dans les conceptions kabbalistiques sur la nature véritable de la Tora. Ils ne sont pas nécessairement liés entre eux, quoiqu'ils apparaissent souvent ensemble dans nos textes, et il est facile de voir comment on peut les lier les uns aux autres. Je voudrais définir ces principes dans l'ordre suivant :

1 – Le principe du nom de Dieu.
2 – Le principe de la Tora considérée comme organisme.
3 – Le principe de l'infinie plénitude de sens de la Parole divine.

Historiquement, et sans doute aussi psychologiquement, ils n'ont pas tous la même origine. Si nous entreprenons d'analyser ces principes, il sera bon de ne pas oublier cette circonstance importante.

2

Cette conception du nom de Dieu comme suprême concentration de puissance divine, représente une liaison entre un monde d'idées qui originellement était en relation avec la magie, et des représentations qui sont en rapport avec la spéculation mystique proprement dite. Dans l'histoire de la Kabbale la plus ancienne, on peut suivre très facilement ce rapport. Mais remontons aux origines et à la préhistoire de la Kabbale. L'image d'une structure et d'une essence magique de la Tora apparaît déjà dans un « Midrasch » assez précoce. Rabbi Eleasar donne à ce verset du livre de Job (28 : 13) : « L'homme n'en connaît pas le prix », le commentaire suivant : « Les différents chapitres de la Tora ne sont pas donnés dans le bon ordre, car s'ils étaient donnés dans le bon ordre, alors chacun pourrait, en les lisant, ressusciter les morts et faire des miracles. C'est pourquoi on a caché le bon ordre et la succession juste de la Tora, et ils ne sont connus que par le Saint, loué soit-il, dont il est écrit (Esaïe 44 : 7) » : Qui, comme moi, peut les lire, les annoncer et les ordonner ([4]) ».

Il est évident que ces mots ont un fort accent magique et impliquent une idée correspondante de la Tora. En fait, il est bien connu que l'on a employé la Tora pour des buts magiques, à l'époque hellénistique et plus tard, aussi bien dans des cercles juifs que dans des cercles non-juifs ; on invoquait des êtres divins par les noms qui se trouvaient dans la Tora, ou bien des noms magiques qu'on dérivait de combinaisons de lettres. Dans un cas isolé, les méthodes de la combinaison, grâce auxquelles on tire de la Tora ces noms à l'action magique, sont pour nous souvent incompréhensibles. Il existe, parmi les textes hébraïques et araméens de l'époque talmudique tardive et de l'époque post-talmudique, quelques écrits qui indiquent l'emploi spécifique de ces noms magiques, dont on prétend qu'ils sont empruntés à certains passages de la Tora et du Livre des Psaumes. L'introduction à l'un de ces textes — le livre *Schimmusche Tora*, c'est-à-dire, littéralement : le livre des applications théurgiques de la Tora — raconte comment Moïse monta aux cieux pour recevoir la Tora, comment il s'entretint avec les anges et comment il reçut enfin, de Dieu, non seulement le texte de la Tora, comme nous le lisons, mais aussi ces combinaisons secrètes de lettres qui forment dans leur ensemble un aspect différent et ésotérique de la Tora ([5]). Cette source littéraire fut également connue des premiers kabbalistes de Provence et d'Espagne, vers l'an 1200. Moïse ben Nachman (Nachmanide), un des kabbalistes éminents des premiers temps, se réfère à ce livre dans le prologue de son commentaire célèbre de la Tora. Il dit : Nous possédons une tradition authentique qui assure que toute la Tora se compose de noms de Dieu, et cela de telle façon, que les mots que nous lisons peuvent aussi être distribués de toute autre manière, et ainsi en noms ésotériques. Dans la déclaration hagadique, qui dit qu'à l'origine la Tora aurait été écrite avec du feu noir sur du feu blanc ([6]), nous avons apparemment une confirmation de notre opinion que l'écriture s'est accomplie de façon continue et sans division en mots ; il fut donc possible de les lire comme une suite de noms ésotériques (*'al derech ha-schemoth*), de même que dans la méthode traditionnelle comme des récits et des commandements. Ainsi, la Tora fut-elle donnée à Moïse sous une forme dans laquelle la division en mots la faisait lire comme des commandements divins. En même temps, cependant, il gardait oralement sa tradition comme lecture d'une suite de noms. Ce fondement ésotérique de la Tora explique, selon Nachmanide, pourquoi il faut appliquer la plus grande diligence à étudier la tradition massorétique, qui concerne la nature et les détails de l'orthographe du texte biblique et en particulier le rouleau de la Tora, et qui se rapporte souvent à des lettres isolées, et explique aussi pourquoi un rouleau de la Tora devient inutilisable pour l'emploi synagogal dès qu'on écrit un caractère en trop ou en moins. Chaque lettre compte. Cette idée de la valeur infinie de la Tora, même dans sa forme écrite, et selon laquelle il fallait considérer tous les détails et anomalies possibles, est très ancienne. Dès le IIe siècle, Rabbi Meir, un des maîtres les plus importants de la Mischna, raconte : « Quand j'apprenais chez Rabbi Akiba, j'avais l'habitude de mettre du vitriol dans l'encre, et il ne disait rien. Mais quand j'allai chez Rabbi Ismaël il me demanda : « Mon fils, quel est ton travail ? » Je lui répliquai : « Je suis copiste de la Tora ». Il me dit alors : « Mon fils, sois attentif dans ton travail, car c'est un travail divin ; si tu omets une seule lettre ou si tu en écris une en trop, tu détruiras le monde entier... (7) »

La place du mot chez Nachmanide montre indéniablement l'influence de la tradition magique, qui était naturellement beaucoup plus ancienne que la Kabbale. Mais, de là, il n'y avait plus qu'un pas vers une conception encore plus radicale : la Tora ne se composerait pas seulement des noms de Dieu, mais formerait, en réalité, dans son ensemble, le seul nom sublime de Dieu. Cela n'est plus une thèse magique, mais une thèse purement mystique. Elle apparaît d'abord chez les kabbalistes espagnols, et il semble même que la transition entre les idées anciennes et nouvelles ait eu lieu dans le cercle des professeurs de Nachmanide. Esra Ben Salomon, un contemporain aîné de Nachmanide, qui fréquentait le même cercle de kabbalistes que lui, dans la ville catalane de Gérone, a commenté un certain passage du *Bereschith Rabba* du Midrasch, où il est dit qu'il y a cinq fois le mot « lumière » dans le récit de la création du premier jour, parce que cela correspond aux cinq livres de la Tora. « Combien riches sont les paroles de ce sage, et ses paroles sont en effet très vraies, car les cinq livres de la Tora sont « le nom » de l'Etre Saint, loué soit-Il (8), ». La lumière mystique qui brille dans ces livres est donc le seul nom sublime de Dieu. Cette thèse se retrouve souvent chez les membres du cercle kabbalistique de Gérone, et fut reçue de leur tradition par l'auteur du *Zohar*, le livre classique de la Kabbale espagnole [9]. Je présume que cette nouvelle représentation était bien connue de Nachmanide, mais qu'il craignait d'exprimer une thèse mystique si riche de sens, dans une œuvre qui était destinée à un large public non-initié à la doctrine kabbalistique. L'affirmation que la Tora, d'après son essence, ne serait autre que le seul nom sublime de Dieu, était certainement une déclaration audacieuse qui méritait une explication. Ici, on conçoit la Tora comme une unité mystique dont la fin n'est pas en premier lieu de transmettre un sens spécifique, mais plutôt d'exprimer la puissance et le plein pouvoir de Dieu, qui semblent être concentrés dans son « Nom ».

Toute cette conception de la Tora ne signifie pas seulement qu'il s'agit d'un nom qui pourrait être prononcé en tant que tel et n'a rien à voir avec l'acception rationnelle d'une possible fonction sociale d'un nom. Le sujet de la Tora comme nom de Dieu est de dire que Dieu a exprimé en elle son Etre transcendant, du moins cette partie ou cet aspect de son Etre qui peut être révélé à la création et à travers elle. Bien plus, comme la Tora fut déjà considérée par l'ancienne Hagada comme l'instrument de la création, au moyen duquel le monde commença d'exister [10], il faut considérer cette nouvelle conception de la Tora comme un élargissement et une réinterprétation mystique de sa conception antérieure. Car l'instrument qui a fait naître le monde est ici beaucoup plus qu'un simple instrument, du fait qu'il représente, comme nous venons de le dire, la puissance divine elle-même, concentrée, telle qu'elle est exprimée dans le Nom. Cette idée, cependant, en implique encore une autre. Un autre Midrasch ancien dit que Dieu regarda dans la Tora et créa le monde [11]. L'auteur de cette phrase a sans doute cru que la loi qui régit la création elle-même et, en conséquence, le Cosmos et la nature, était déjà préfigurée dans la Tora et pouvait ainsi être vue par Dieu quand Il la lut, même si cet aspect de la Tora nous demeure caché. Cette idée est, en effet, formulée par Philon, lorsqu'il explique ainsi le fait que le code de Moïse commence par raconter la création du monde : « Moïse voulait décrire la genèse du grand état mondial (*Megalopolis*) parce que ses propres lois étaient le simulacre le plus précis de la constitution de la nature entière [12] ». Dans la conscience des kabbalistes, toutes ces anciennes notions transmises dans la tradition hagadique se sont réunies en une seule idée. Le nom contient une puissance, mais en même temps, il embrasse aussi les lois secrètes et l'ordre harmonique qui régissent toute existence et la pénètrent. De plus, les kabbalistes pouvaient lire, dans les livres ésotériques et apocalyptiques de l'époque talmudique, que le ciel et la terre ont été créés par le nom de Dieu ([13]). Il était facile de combiner des déclarations de ce genre avec l'idée de la Tora comme instrument de la création, instrument qui était justement ce nom sublime de Dieu.

Cette idée fondamentale de la Tora, comme nom de Dieu, fut la source de plusieurs autres développements des kabbalistes. Il va sans dire qu'une telle affirmation sur la Tora ne concerne pas le document qui a été écrit avec de l'encre sur un rouleau de parchemin, mais la Tora en tant qu'être préexistentiel qui précédait tout autre dans le monde, comme on peut voir dans la Hagada, selon laquelle la Tora fut créée 2 000 ans avant la création du monde ([14]).

Pour les kabbalistes, une telle « création de la Tora » concernait le processus, par lequel le nom divin ou ce monde des *Sefiroth* divines, dont nous avons parlé plus haut, émanait de l'Essence secrète de Dieu. Cette Tora, telle qu'elle fut conçue par les kabbalistes, n'est donc pas quelque chose qui serait séparé de l'Être divin, qui aurait été « créé » au sens propre du mot, mais plutôt quelque chose qui représente cette vie secrète en Dieu, cette vie que la théorie kabbalistique de l'émanation tente de décrire. Cette vie secrète est projetée dans la Tora, et contient dans sa légitimité celle de la création. Cet aspect le plus obscur de la Tora, pour ainsi dire la Tora dans sa forme occulte, est souvent appelé dans la littérature du XIIIe siècle *Tora Keduma*, Tora originelle, et fut en partie confondu avec la « Sophia » de Dieu, sa « Sagesse » qui provenait du « Néant » obscur ([15]). Nous verrons dans le cours de cet exposé comment maints kabbalistes se représentaient la situation de la Tora quand elle était encore comprise dans une mystérieuse unité avec la sagesse divine. Il y avait des kabbalistes pour qui cette idée de la Tora comme nom de Dieu se rapportait simplement à son identité avec la sagesse divine, ou au fait qu'elle constitue un aspect partiel de cette sagesse. Mais il y avait aussi d'autres explications ([16]).

Une des déviations les plus importantes de cette théorie apparaît chez Josef Gikatilla, un important kabbaliste espagnol, qui écrivait à la fin du XIIIe siècle et connaissait sans doute déjà plusieurs parties du *Zohar*. Selon lui, la Tora n'est pas le nom même de Dieu, mais l'explication de ce nom. Pour lui, le nom lui-même a exactement la même signification qu'il avait dans la tradition juive, celle du « Tétragramme », qui est le seul et le vrai nom de Dieu. Il écrit : « Sachez que la Tora tout entière est quelque chose comme une explication et un commentaire du « Tetragrammaton » J H W H. Et c'est cela que l'expression biblique « Tora de Dieu », *Torath J H W H*, veut exactement dire (17). En d'autres termes : les mots *Torath J H W H* ne se rapportent pas à une Tora donnée par Dieu mais à une Tora comprise comme une instruction, un exposé et un enseignement nouveaux sur le nom de Dieu J H W H. Tora est ici comprise comme *Hora'a*, explication instructive. Mais l'idée de Gikatilla va plus loin. En quel sens la Tora représente-t-elle une explication du nom de Dieu ? Sa réponse, précisée souvent dans ses écrits (18), est que la Tora est tissée avec le nom de Dieu. Il semble que Gikatilla a employé le premier cette notion du tissage, *'Ariga*, pour décrire comment le nom de Dieu revient toujours dans le texte de la Tora. Il dit, par exemple : « Reconnaissez la façon et la manière miraculeuse dont la Tora fut tissée par la sagesse de Dieu » ; ou ailleurs : « La Tora tout entière est une trame de surnoms, *kinnujim* (c'est l'expression hébraïque pour les différentes épithètes de Dieu, tels que miséricordieux, grand, clément, respectable) et ces attributs sont de leur côté une trame faite des différents noms de Dieu (comme par exemple : *El*, *Elohim*, *Schaddaï*). Mais ces noms sacrés eux-mêmes dépendent tous du Tétragramme J H W H, avec lequel tous sont liés. C'est pourquoi la Tora entière est enfin tissée de ce Tétragramme (19) ». Cela me semble apporter beaucoup de clarté à la compréhension de sa thèse. La Tora est le nom de Dieu, parce qu'elle présente une trame vivante, un « textus » au sens exact du mot, dans lequel le seul nom vrai, le « Tétragramme », est tissé d'une façon invisible et indirecte, et où il revient aussi toujours comme un leitmotiv du modèle de la trame. L'élément fondamental à partir duquel la structure de la Tora s'établit est le Tétragramme. Si l'on avait demandé à Gikatilla de quelle façon exactement ce tissage s'est opéré, il aurait certainement répondu, avec son professeur Abraham Aboulafia, que les éléments fondamentaux, le nom J H W H, les autres noms de Dieu et les appellations ou *kinnujim*, ont été transformés par des permutations et combinaisons de consonnes, d'après les règles données par les talmudistes pour de tels processus, celles-ci se soumettant à ces processus de combinaison, jusqu'à ce qu'elles apparaissent enfin sous la forme de la phrase hébraïque de la Tora, comme nous la lisons de nos jours.

Les initiés qui connaissent et comprennent ces principes de permutation et de combinaison, peuvent inversement repartir du texte et reconstruire la trame originelle des noms. Toutes ces métamorphoses des noms ont une double fonction. D'une part, elles servent à conférer à la Tora cet aspect, sous lequel elle apparaît comme une communication, un message de Dieu à l'homme, message accessible à la compréhension de l'homme. D'autre part, ces processus indiquent l'action secrète de la puissance divine, qu'on ne peut connaître que par le vêtement tissé par les noms divins. Ces processus servent à des fins déterminées dans l'œuvre créatrice. Enfin, il faut encore dire que le principe de l'image de la Tora, tissée avec le nom, n'apporte aucune contribution à une exégèse concrète de l'Écriture. Ici, nous avons affaire à un principe purement mystique, dont la tendance est de soustraire la Tora au discernement humain dans son contexte spécifique, ce qui est finalement le seul sens qui soit important pour l'exégèse. Pour eux, le fait que Dieu s'exprime lui-même, même si une telle manière de s'exprimer est encore bien loin du discernement humain, est infiniment plus important que chaque signification spécifique qui pourrait transmettre une telle expression. Ainsi considérée, la Tora est un « absolutum » qui précède toutes les phases de cette interprétation humaine qui, aussi profondément qu'elle y pénètre, représente toujours forcément une relativité à l'égard du caractère absolu, privé de formulation, de la Révélation divine.

Plusieurs kabbalistes, comme par exemple Menachem Recanati (vers 1300), sont allés encore plus loin. En remontant à une parole ancienne : « Avant la création du monde, existaient seulement Dieu et son nom [20] », ils enseignaient que le nom dont il s'agit ne serait pas seulement le Tétragramme J H W H mais la totalité des manifestations multiples de la puissance divine, qui serait le véritable nom de Dieu au sens mystique. Ces kabbalistes pouvaient ainsi avancer d'un pas et affirmer que Dieu lui-même est la Tora, « car la Tora n'est pas extérieure à lui et Lui n'est pas extérieur à la Tora [21] ». Recanati cite ce texte au nom des kabbalistes et, en effet, on trouve une affirmation semblable dans l'œuvre de Gikatilla sur les fondements mystiques des Commandements : « Sa Tora à Lui, et c'est cela que disent les kabbalistes, l'Etre Saint, loué soit-Il, est dans Son Nom, Son Nom étant en Lui, et Son Nom est Sa Tora ([22]) ». Dans un autre passage, il explique cette déclaration lorsqu'il dit, en concordance avec une ancienne formule des hymnes des mystiques, la « Merkaba » : « C'est un principe important, que les anciens ont exprimé dans les mots : « Ton Nom est en Toi et en Toi est Ton Nom ». Car les lettres de son Nom Sont Lui-même, et même si elles s'éloignent de Lui, elles restent pourtant fermement enracinées en Lui (littéralement : « Elles s'envolent et restent auprès de Lui ([23]) »). » D'après son explication, les lettres forment le corps mystique de la divinité, et Dieu représente une sorte d'âme pour les lettres. Cette comparaison entre Dieu et Sa Tora d'une part, et l'âme et le corps de l'autre, nous amène au deuxième principe, qui sera le sujet de ce qui suit.

3

Que la Tora soit un organisme vivant, c'est unc notion qui se trouve dans la ligne de plusieurs courants de la pensée des kabbalistes. La comparaison de l'âme et du corps, dans la citation de Gikatilla que nous venons de citer, n'est pas la seule affirmant une telle idée ; l'image de la Tora tissée de noms sacrés est, elle aussi, uniquement une autre expression métamorphique pour dire qu'elle est une trame vivante. Mais cette idée de la Tora considérée comme un organisme est plus ancienne que Gikatilla et a déjà été prononcée avec une clarté pénétrante par les vieux kabbalistes espagnols. Esra ben Salomon de Gérone écrit, dans son commentaire du « Cantique des Cantiques », que la Tora ne contenait pas une lettre ou un point superflu, « parce qu'elle représente dans sa totalité divine un édifice qui est taillé dans le nom de l'Etre Saint, Béni soit-Il ([24]) ». Ce qu'il faut comprendre par cette construction divine, *binjan Elohi*, ressort d'une longue explication donnée à ce propos par le plus jeune contemporain d'Esra, Asriel de Gérone, dans son commentaire kabbalistique de l'Hagada talmudique. Il part du fait que la Tora est le nom de Dieu et aussi qu'elle est vivante, avec une âme. Les particularités massorétiques du texte de la Tora, telles qu'elles se présentent dans les disciplines différentes communiquées par les rouleaux de la Tora, apparaissent aussi dans des extraits et des passages différents, à des moments variés, et indiquent chez celle-ci des ressemblances avec un organisme complet et en lui-même parfait. « De même qu'il existe des membres et des jointures dans le corps des hommes et qu'il s'y trouve aussi des organes qui sont plus ou moins nécessaires à la vie, on trouve aussi apparemment des éléments divers dans la Tora. A celui qui ne comprend pas leur sens caché, certains textes et versets lui apparaissent seulement dignes d'êtres jetés au feu ; mais à celui qui a acquis la connaissance de leur véritable sens, ils apparaissent comme des parties importantes de la Tora. Ainsi, celui qui, lui-même, omet une lettre ou un point de la Tora, est comparable à celui qui laisse quelque chose s'échapper d'une structure parfaite ([25]). Il en résulte encore, quant au caractère divin de la Tora, qu'il n'existe aucune différence importante entre le passage de Genèse 36, qui présente les maîtres de la maison d'Esaü (donc une entreprise apparemment tout à fait superflue), et les Dix commandements, « car tout est un seul ensemble et un seul organisme ([26]) ».

Ici, nous avons une liaison entre les deux principes. La Tora est un nom, mais ce nom est construit comme un organisme vivant. Le nom, qui forme l'origine de tout, n'est pas seulement un « absolutum », mais se divise, dans le processus par lequel il se manifeste dans la Tora, en des niveaux différents d'un être organique. La différence existe seulement par le fait qu'un organisme ordinaire se divise en parties importantes et non importantes à la vie, tandis qu'une telle distinction est légèrement apparente dans la Tora. Le mystique authentique découvre les significations secrètes même dans les parties apparemment sans importance, il est même capable d'en extraire des indications ou des symboles pour une connaissance ou un enseignement plus profond ; ce qu'ont fait, par exemple, le *Zohar* et la Kabbale lourianique pour ce chapitre 36 de la Genèse.

Cette idée d'une constitution de la Tora comme un organisme mystique apparaît déjà dans le traité de Philon sur la secte juive des Thérapeutes d'Égypte : « Car la Tora tout entière (*nomothesia*) semble être pour ces hommes quelque chose comme un être vivant; le sens du mot est, ici, le corps, mais l'âme, le sens secret qui se trouve à l'origine du mot écrit ([27]) ». C'est sur une semblable conception de la Tora que

Philon a souvent fondé ses écrits ([28]). Je ne vois aucune raison suffisante pour concevoir une liaison historique entre les kabbalistes et les Thérapeutes d'Égypte, ou Philon lui-même. L'attitude des mystiques en face des Textes Sacrés s'exprime d'une façon totalement indépendante dans des images du même genre.

Cette idée de la Tora en tant qu'organisme, est aussi une idée fondamentale du *Zohar*, qui fut composé environ cinquante ans après l'œuvre d'Asriel. Nous y lisons, par exemple : « Celui qui s'en rapporte à la Tora tient le monde en marche et permet à chaque élément d'exercer sa fonction. Car il n'y a pas un membre dans le corps humain qui n'ait son pendant dans le monde conçu dans sa totalité. Ainsi que le corps humain se compose de membres et de jointures de rangs différents, qui agissent réciproquement, sont rétroactifs et constituent un organisme, ainsi est aussi le monde : toutes les créatures en lui sont ordonnées comme des membres se trouvant dans un mutuel rapport hiérarchique et si elles sont en bon ordre (ou : se trouvent en un accord harmonieux), elles forment un organisme proprement dit. Et tout est ordonné selon le premier symbole de la Tora, car la Tora se compose de membres et de jointures se trouvant dans un rapport hiérarchique réciproque, et quand ils sont arrangés en bon ordre, ils forment un seul organisme ([29]) Une autre parabole exprime cette idée à partir de l'image de l'arbre ; on la trouve dans un autre passage du *Zohar* ([30]) et elle est exprimée sous une forme encore plus précise par Moïse de Léon, que je considère comme l'auteur de la partie principale du *Zohar* : dans un de ses textes hébraïques, il écrit : « Car on appelle la Tora l'arbre de vie... Comme l'arbre se compose de rameaux et de feuilles, d'écorce, de moëlle et de racines, dont chaque élément peut être appelé partie constituante de l'arbre, sans que ces éléments soient séparés substantiellement les uns des autres, tu verras aussi que la Tora contient beaucoup d'éléments intérieurs et extérieurs, et tous forment une seule Tora et un seul arbre, sans qu'il y ait là une distinction... Et bien qu'on trouve dans les paroles des sages du Talmud, que l'un défend ce que l'autre permet, que l'un explique comme virtuellement pur ce que l'autre tient pour interdit, que l'un dise une chose, et l'autre une autre, il faut pourtant savoir que tout présente une unité ([31]) ».

L'auteur du Livre *Tikkune Zohar*, qui écrivit quelques années après la composition de la partie principale du *Zohar*, dit aussi : « La Tora a une tête, un corps, un cœur, une bouche, et d'autres membres, de la même façon qu'Israël ([32]) ». Nous avons ici un parallèle entre les deux organismes mystiques de la Tora et d'Israël. Dans le *Zohar* lui-même on parle de chacun de ces organismes ou des passages différents sans les lier l'un à l'autre. Le parallèle entre eux semble être tracé d'abord par l'auteur des *Tikkunim*. L'organisation mystique de la Tora où le nom de Dieu est incorporé, est ainsi mise en corrélation avec le corps mystique de la communauté d'Israël, que les kabbalistes ne considèrent pas uniquement comme un symbole ésotérique de la Schekina, symbole selon lequel les membres isolés de ce corps sont pour ainsi dire les « membres de la Schekina ([33]) ». Les kabbalistes d'une époque plus tardive ont tiré, comme nous le verrons, de la conception de cette corrélation des conclusions encore plus précises.

Il y a encore une autre symbolique qui exprime cette idée de l'organisme, d'une manière qui fait apparaître pour la première fois des représentations extrêmement audacieuses de la nature de la Révélation qui se trouve dans la Tora. Pour comprendre cette idée, il faut songer ici à la très ancienne division juive traditionnelle de la Tora en « Tora écrite » et « Tora orale ». La Tora écrite, comme l'entend l'usage ésotérique de la langue dans les sources talmudiques, est le texte du Pentateuque. La Tora orale désigne tout le reste, ce qui est présenté par les spécialistes de l'Écriture et les sages, pour l'explication de ce corpus écrit, soit sur un plan normatif, halachique, c'est-à-dire dans un développement plus proche des déterminations de la Loi, soit dans d'autres explications de ce texte. La Tora orale représente la tradition du peuple israélite, comme le complément et la concrétisation nécessaires de la Tora écrite. Selon la tradition rabbinique, Moïse a reçu sur le Sinaï la Tora orale en même temps que la Tora écrite, et que plus tard tout érudit pourra rechercher dans la Tora a déjà été donné à Moïse dans cette tradition orale. La totalité de la Tora renferme donc dans le Judaïsme rabbinique ces deux niveaux dans un tout unique ([34]). La tradition orale et la parole écrite se complètent et on peut les considérer séparément. Dans la pensée des kabbalistes ces deux notions ont joué dès l'origine un rôle important et sont aussi liées à la symbolique mystique des Sefiroth. La Tora écrite, en particulier, fut comprise comme un symbole de la partie dispensatrice de la Divinité, comme elle apparaît avant tout dans la Sefira *Tif'ereth*, mais la Tora orale fut considérée comme un symbole de la partie réceptive, qui est en même temps celle de la Schekina et de la communauté d'Israël. Ces deux Sefiroth révèlent dans leur liaison active l'action de Dieu, tout comme la totalité de la révélation n'est donnée que dans cette unité de la Tora écrite et orale.

Les formes sous lesquelles ont été données à la terre la Tora écrite et la Tora orale, par exemple les rouleaux de la Tora ou le recueil des traditions talmudiques, renvoient à ces sphères plus vastes, d'où elles proviennent par leur essence. Cette image de la Tora conçue comme un organisme muni de membres, que j'ai déjà cité du texte du *Tikkune Zohar*, représente, comme l'auteur le développe dans le même passage, le cœur de la Tora écrite, et la bouche de la Tora orale. Les écrits les plus anciens des kabbalistes, comme le livre *Bahir*, spéculent déjà sur ces deux domaines de la Tora ([35]). Mais les développements les plus remarquables sur leur rapport se trouvent dans un fragment d'un des premiers kabbalistes, qu'il faut peut-être attribuer au kabbaliste provençal Isaac l'Aveugle. Ce fragment conservé jusqu'alors uniquement en manuscrit donne un commentaire mystique au commandement du *Midrasch Konen* ([36]), qui traite de la cosmogonie. Ce Midrasch reprend l'image, déjà mentionnée plus haut, de la Tora préexistante, écrite avec du feu noir sur du feu blanc, et que, comme nous l'avons vu, Nachmanide a comprise comme une allusion au statut mystique de la Tora. La Tora semble ici brûler devant Dieu en lettres de feu noir sur du feu blanc ; cette image a inspiré Rabbi Isaac dans ses développements, et cela bien avant Nachmanide. Il écrit entre autres : « Toutes les choses enfouies (les formations les plus intérieures) étaient enfouies dans la Justice de Dieu, et étaient destinées à passer un jour de la potentialité à la réalité. Émanées des Sefiroth (plus élevées), elles furent enfouies, gravées et formées dans un degré de la grâce (la Sefira *Chessed*, qui s'appelle aussi justice de Dieu), et tout cela s'accomplissait dans une formation intérieure et inimaginablement subtile. Cette formation s'appelle la Tora non encore développée, la Tora résumée, ou bien la Tora de la Grâce. Avec tous les autres éléments enfouis ont été pris en elle (principalement) deux éléments de cette sorte. L'un a la forme de la Tora écrite, et l'autre de la Tora orale. La forme de la Tora écrite est celle des couleurs du feu blanc, et la forme de la Tora orale a l'apparence des couleurs du feu noir. Toutes ces potentialités de la Tora non encore développée existaient en puissance et n'étaient perceptibles, ni dans le domaine spirituel, ni dans le domaine des sens, jusqu'à ce que la volonté de Dieu provoque la pensée de les rendre réelles par le moyen de la sagesse originelle et de la connaissance cachée.

» Ainsi, il y avait donc préexistentiellement, à l'origine de chaque œuvre, la Tora non développée (*Tora Kelula*) qui se trouve dans la Main Droite de Dieu avec toutes ces formes originelles (littéralement : signes gravés) qui sont cachées en elle, et le Midrasch y fait allusion quand il veut dire que Dieu prenait la Tora originelle (*Tora Keduma*), qui est née du lieu de rupture de la « Repentance » et de la source de la sagesse originelle ([37]), et engendrait dans un seul acte spirituel la Tora non-développée, pour conférer de la durée aux fondements de tous les mondes ». L'auteur décrit aussi comment naissent de la Tora non développée, qui correspond à la Sefira de la Grâce, la Tora écrite, liée à la Sefira de la Miséricorde divine (qui est *Tif'ereth*), et la Tora orale, conforme au règne du jugement divin dans la dernière Sefira, *Malchut*.

L'organisme ardent de la Tora, qui brûlait en feu noir sur feu blanc devant Dieu, est compris ainsi par lui : le feu blanc est la Tora écrite, dans laquelle la forme des lettres n'est pas encore visible, mais qui ne reçoit cette forme des consonnes ou des points voyelles que grâce à la puissance du feu noir, qui est la Tora orale. Ce feu noir est comme l'encre sur le parchemin. « Et c'est pour cela que la Tora ne peut prendre une forme corporelle, si ce n'est par la puissance de la Tora orale, c'est-à-dire que sans celle-ci elle ne peut pas être vraiment comprise ». Seul, Moïse, le maître de tous les prophètes, a pénétré jusqu'au fond, et dans une contemplation continuelle, de cette Tora écrite, mystique, qui est encore cachée dans la forme invisible de la lumière blanche. Tous les autres prophètes n'en ont eu qu'un aperçu fugitif dans des intuitions momentanées ([38]).

Dans ce passage particulièrement profond se cache, derrière la symbolique mystique, l'idée que sur cette terre, à proprement parler, il n'existe aucune Tora écrite. Cette idée est riche de contenu. Ce que nous appelons Tora écrite, est déjà passé par la médiation de la Tora orale, ce n'est plus une forme cachée dans la lumière blanche, mais issue de la lumière noire, qui détermine, limite et indique ainsi la qualité de la rigueur du jugement divin. Tout ce que nous voyons dans la Tora sous une forme fixe, écrite avec de l'encre sur du parchemin, ce sont finalement des interprétations, des déterminations plus complètes du sens caché. Il n'y a de Tora qu'orale, c'est le sens ésotérique de ces mots, et la Tora écrite n'est qu'une notion mystique, qui ne vaut que dans une sphère accessible aux seuls prophètes. Moïse a, il est vrai, reçu sa révélation, mais la transmission de ce qu'il a laissé au monde comme Tora écrite est seulement la forme spirituelle, qu'il a reçue par la médiation de la Tora orale. La blancheur mystique des lettres sur le parchemin du rouleau est la Tora écrite, mais non le noir de l'écriture tracée par l'encre ([39]). Dans l'organisme mystique de la Tora, ces deux sphères se mêlent et il n'y a pas de Tora écrite qui, sans l'élément de la Tora orale, soit pensable ou reconnaissable pour des créatures qui ne sont pas des prophètes.

4

Ce principe de la Tora comme organisme est en rapport étroit avec le troisième principe que nous allons pouvoir examiner : le principe selon lequel la Tora possède une signification variée et même infinie. On considère souvent les différents membres de la Tora, qui furent conçus dans cette image de l'organisation, comme étant non des « organes » de même rang et de même importance, mais des « niveaux de sens » différents à l'intérieur de la Tora. Ils conduisent le mystique qui se plonge dans le texte sacré, vers des significations intérieures de plus en plus profondes de la connaissance. L'idée d'un organisme s'identifie alors avec l'image d'une hiérarchie vivante comprenant des significations à des niveaux de sens différents.

Le point de vue kabbalistique rencontra sur ce point une façon de penser qui était pratiquée par les philosophes juifs du Moyen Age, et qu'ils ont reçue de leur côté comme héritage de la tradition philosophique des Arabes. On sait que dans cette littérature juive et arabe un rôle très important fut attribué au dualisme concernant les deux niveaux des textes sacrés, l'intérieur et l'extérieur. Ce dualisme s'harmonisa autant avec ce rationalisme ésotérique des philosophes et des commentateurs radicaux, sur lequel, dans notre génération, Léon Strauss a insisté avec tant d'énergie ([40]), dans des textes importants, qu'avec les intérêts religieux des mystiques qui tentaient de retrouver leur propre monde dans les profondeurs des Écritures Saintes. Il n'est pas nécessaire que je m'occupe ici en détail des courants dans l'histoire religieuse de l'Islam qui, particulièrement comme les sectes ésotériques (cf. les Ismaélites), insistaient beaucoup sur le sens intérieur, allégorique ou mystique du Coran — contrairement au sens simple ou extérieur des mots, qui n'ont aucune importance aux degrés supérieurs de l'initiation. Les auteurs arabes aiment rassembler les partisans de cette tendance sous le nom *bâtinijja*, c'est-à-dire les représentants du sens intérieur, les ésotériques ou les spiritualistes. Il est intéressant de constater que les descriptions employées par les philosophes juifs pour ce dualisme des deux niveaux de sens (*chizon* et *penimi*, l'extérieur et l'intérieur) ne se trouvent jamais dans le contexte des plus anciennes sources juives, mais qu'elles sont des traductions exactes des idées arabes correspondantes. Sans doute cette terminologie s'est-elle acclimatée d'abord dans les cercles islamiques avant d'être adoptée par les philosophes juifs. Ils identifièrent alors le sens interne avec l'interprétation philosophique du texte qui tente d'en déchiffrer le caractère ésotérique. Et justement, pour une interprétation mystique du texte, dans un sens précis, cette notion ne servait chez eux à rien. On y parvint seulement quand cette terminologie fut adoptée, premièrement par les kabbalistes espagnols et finalement par l'auteur du *Zohar*, qui la traduisit en langue araméenne. Le principe selon lequel la Tora est en même temps cachée et révélée, ésotérique et exotérique à la fois, *'oraitha sethim we-galia*, est exposé en plusieurs passages du Zohar ([41]). L'auteur ne voit pas ce dualisme seulement dans la Tora, mais dans chaque niveau concevable de l'existence, à commencer par Dieu et jusque dans tout les domaines et aspects de la Création.

D'autre part, il ne faut pas oublier que les kabbalistes espagnols vivaient dans un climat spirituel où des idées issues du milieu chrétien et de sa tradition pouvaient facilement s'introduire dans des cercles juifs. Deux rameaux différents, provenant de la même racine ancienne, se rencontrent dans la formation finale de la doctrine du Zohar, venant de la Tora. Philon d'Alexandrie est certainement à l'origine de cette racine et c'est à lui que remontent en dernier lieu toutes ces différenciations entre le sens littéral et le sens spirituel, qui ont atteint le Christianisme des Pères de l'Église et du Moyen Age, ainsi que l'Islam (par des sources christiano-orientales). Si de telles idées se sont conservées, ce qui est bien possible, dans des cercles juifs qui ne sont provisoirement pas reconnaissables pour nous, elles ont sans doute trouvé leur visage historique visible sous l'influence de ces autres courants.

En effet l'enseignement du *Zohar* sur les niveaux différents des sens nous place devant cette question : n'est-elle pas historiquement liée avec la doctrine semblable, mais plus ancienne, du sens quadruple de l'écriture, telle qu'elle a été développée par des auteurs chrétiens du début du Moyen Age (42).

Il y a 70 ans déjà que Wilhelm Bacher, dans un important écrit sur l'exégèse biblique du *Zohar*, a admis une telle filiation historique (43). Mais comme il n'avait pas une vue très nette de l'essence des différentes niveaux littéraires dont se compose le *Zohar*, il ne pouvait formuler ses résultats avec l'exactitude qu'on peut atteindre, à mon avis, dans l'état où en sont nos recherches. Mais avant de considérer d'une façon plus précise les images du *Zohar*, nous avons encore à faire une remarque. Le sens interne de la Tora fut, comme nous l'avons dit, mis au même niveau que l'allégorie philosophique par de nombreux philosophes juifs. En effet, beaucoup de leurs explications allégoriques rendent un son très « philonien ». On retrouve dans la Bible des idées et des doctrines de caractère philosophique. L'allégorie, dans ce sens, ne formait cependant, en aucune façon, l'épine dorsale ou le pivot de l'exégèse de la Kabbale, qu'on pourra nommer dans un sens plus exact symbolique. Ce que l'exégèse kabbalistique découvrait derrière le sens littéral de la Bible, ou son explication talmudique, était plutôt quelque chose de tout différent. Les kabbalistes ne trouvaient pas en premier lieu dans la Bible une représentation des pensées philosophiques, mais plutôt la représentation symbolique du processus secret de la vie divine, qui se développe dans les manifestations et les émanations des Sefiroth. Cet intérêt qu'on peut de préférence nommer théosophique a pour eux la première place. En ce qui concerne l'allégorie proprement dite, il y a chez les kabbalistes des attitudes très différentes. Une autorité aussi éminente que Nachmanide se garde consciemment de donner dans son commentaire de la Tora des explications allégoriques dans le sens des philosophes. Il était très conscient du danger qui pourrait naître dans l'observance du rituel juif, d'une spiritualisation de la Tora, quand elle est précisément inhérente à une allégorie totale. Il met expressément en garde contre de tels dangers, dans un passage de son commentaire du Deutéronome (29 : 29), qui manque pour une raison inconnue dans nos exemplaires (44). Ce danger n'était pas présent, selon lui, dans l'interprétation mystique du texte biblique, où le symbole ne prend sa signification que par l'accomplissement réel des Commandements. Mais tous les kabbalistes n'avaient pas cette attitude réservée à l'égard de l'allégorie. Beaucoup la regardaient comme un instrument légitime. Même l'auteur du Zohar, qui était certainement intéressé par une description mystique et symbolique du monde secret de la divinité, n'exclut en rien les interprétations allégoriques de certains fragments de la Bible C'est ainsi que pour lui, le livre de Jonas, et aussi les histoires des patriarches dans la Genèse, étaient des représentations allégoriques du destin de l'âme humaine. Ce qui ne l'empêche pas du tout d'interpréter d'une façon purement mystique, et précisément d'une plus haute portée, les histoires des patriarches. Dès le moment où l'interprétation ésotérique de l'Écriture apparaissait sous ses deux aspects différents, l'aspect allégorique et l'aspect mystique proprement dit, le chemin était aussi ouvert aux kabbalistes vers une conception de la Tora dans laquelle elle pouvait apparaître sur quatre plans de signification différents. Tandis que, par exemple, Joseph ibn Aqnin, le disciple de Maïmonide, parle partout dans son commentaire du « Cantique des Cantiques » de ces trois niveaux d'interprétation : le littéral, le hagadique et le philosophico-allégorique, les kabbalistes y ajoutaient une quatrième forme, celle du mystère théosophique dans le sens que nous venons de définir. Dans la Tora, on appelle de préférence cette forme *rasa de mehemanutha*, compréhension de l'Écriture, compréhension qui se révèle au « secret de la foi ».

Cette image du sens essentiellement quadruple de la Tora apparut à peu près à la même époque, vers la fin du XIIIe siècle, chez trois auteurs kabbalistes. Ceux-ci appartenaient probablement au même cercle ; ils se trouvaient, en tout cas, liés les uns aux autres. Ce sont Moïse de Léon, qui est aussi l'auteur de la partie principale du *Zohar*, Bachja ben Ascher et Josef Gikatilla. Les définitions qu'ils donnent de ces quatre niveaux d'interprétation divergent cependant à un certain degré. Le développement que cette idée a subi dans les textes du Zohar, et qui exerça aussi une influence durable sur toute la mystique juive postérieure, était d'une importance extraordinaire.

La plus ancienne trace de cette idée se trouve dans le *Midrasch ha-ne 'elam* du livre de Ruth, une des plus anciennes compositions dans lesquelles l'auteur du Zohar ait essayé son talent. Il y est dit : « Les mots de la Tora sont comparés à une noix. Comment faut-il comprendre cela? Exactement comme la noix a une coquille à l'extérieur et un noyau à l'intérieur, ainsi chaque mot de la Tora contient aussi un « factum » extérieur (*ma'asseh*), Midrasch, Hagada et Mystère (*Sod*), dont chacun présente un sens plus profond que celui qui le précède ([45]). » Ce passage est, à maints égards, remarquable. Il n'emploie pas encore de mots propres définis, ni de formules pour l'appellation des quatre niveaux d'interprétation, comme nous le trouverons plus tard. La distinction entre Midrasch et Hagada n'est pas non plus encore clairement définie. On a l'impression que la « Hagada » se rapporte à n'importe quelle forme allégorique ou tropique de l'interprétation, tandis que le « Midrasch » est compris comme la méthode herméneutique, par laquelle les Halachistes et les Légalistes du Talmud tirèrent leurs points de vue du texte biblique. La comparaison de la Tora avec une noix n'est pas neuve dans la littérature juive. Elle fut déjà employée, en particulier en rapport avec la Merkaba écrite par Ezéchiel (chap. I), par les Hassidistes allemands et français au début du XIIIe siècle. Il s'agissait d'une comparaison particulièrement expressive, parce qu'il est dit de la noix qu'elle ne contiendrait pas seulement la coquille extérieure, dure, mais aussi deux enveloppes souples à l'intérieur, protégeant le noyau de la noix. La même comparaison fut d'ailleurs employée vers la fin du XIIe siècle par le célèbre moine et prophète calabrais Joachim de Flore dans son *Enchiridion in Apocalypsim* ([46]).

Une succession de plans, essentiellement semblables, mais présentés avec un développement plus détaillé, est décrite dans la Tora, dans un passage célèbre qui est devenu un « locus classicus » des kabbalistes. « Il est vrai que lorsque la Tora laisse sortir un mot de son écrin, il apparaît un moment et se cache aussitôt. Et lorsqu'il se montre hors de son écrin et de nouveau se cache immédiatement, alors il le fait seulement pour ceux qui le connaissent et ont confiance en lui. Car la Tora est comme une bien-aimée belle et bien faite, qui se cache dans une petite pièce retirée de son palais. Elle a un seul amant, que personne ne connaît, et qui reste caché. Par amour pour elle, cet amant passe toujours devant la porte de sa maison et (en la cherchant) laisse rôder ses yeux de tous les côtés. La bien-aimée sait que l'amant va et vient sans arrêt devant la porte de sa demeure, et laisse ses yeux (en la cherchant) errer de tous côtés. Elle sait que le bien-aimé assiège constamment la porte de sa maison. Que fait-elle? Elle ouvre une petite fente dans cette chambre cachée où elle se trouve, dévoile pour un instant son visage à l'amant et aussitôt se cache de nouveau. Tous ceux qui seraient par exemple auprès du bien-aimé ne verraient rien. Seul le bien-aimé la voit et tout en lui, son cœur et son âme, se tourne vers elle, et il sait que, par amour pour lui, elle s'est montrée un instant et a brûlé d'amour pour lui. Il en est ainsi de la parole de la Tora. Elle ne se révèle qu'à celui qui l'aime. La Tora sait que le mystique (*Chakim libba*, littéralement : « celui qui a la sagesse de cœur ») marche chaque jour devant la porte de sa maison. Que fait-elle? elle montre son visage hors de son palais caché et lui fait signe, puis retourne tout de suite à sa place et se cache. Tous ceux qui se trouvent là ne le voient pas et ne le savent pas, sauf le mystique, et tout en lui, son cœur et son âme, se tourne vers elle. Et c'est pour cela que la Tora est visible et cachée et va pleine d'amour vers son bien-aimé et éveille en lui l'amour. Venez et voyez : c'est le chemin de la Tora. Au commencement, quand la Tora veut pour la première fois se dévoiler à l'homme, elle lui fait signe un bref instant. S'il le comprend, tout est bien ; s'il ne le comprend pas, elle envoie quelqu'un vers lui et le traite de sot. La Tora dit à celui qu'elle envoie vers l'homme qui l'appelle : dis à ce sot qu'il vienne ici, afin que je lui parle. D'où ces mots (Prov. 9 : 4) : « Celui qui est fou, qu'il vienne ici, dit-elle à celui dont le sens est aveugle. » S'il vient à elle, elle commence à lui dire, de derrière un rideau, des mots qui parlent à son intelligence, jusqu'à ce qu'il vienne très lentement regarder de plus près, et qu'il entre, et on appelle cela *Derascha* ([47]). Alors elle lui dit à travers un voile transparent des paroles allégoriques (*millin de-chida*) et on sous-entend *Hagada* ([48]). Alors seulement, quand il s'est familiarisé avec elle, la Tora se dévoile à lui de visage à visage et lui parle de tous les secrets cachés et de tous les chemins cachés, qui sont dans leur cœur depuis le premier jour. Alors, cet homme est appelé un « Maître », cela signifie proprement « époux de la Tora », comme le maître de la maison auquel la Tora dévoile tous ses secrets, ne lui cache et ne lui tait rien. Elle lui dit : tu vois maintenant que se trouvent, dans le signe que je t'ai donné au début en un seul mot, tant et tant de mystères, et quelle est la vérité. Alors il voit que l'on ne peut en effet rien ajouter ou supprimer à ces paroles. Et alors seulement le vrai sens littéral de la Tora, tel qu'il est, lui devient clair, avec son texte littéral auquel on ne peut ajouter ou supprimer un mot. Et c'est pour cela qu'il faut que les hommes fassent attention à suivre la Tora (c'est-à-dire la scruter avec une grande précision) pour devenir son bien-aimé, comme il est écrit » (49).

Cette belle parabole, qui est remplie d'éléments de la tradition chevaleresque et courtoise du Moyen Age, représente un développement très proche de cette petite phrase concernant la Tora comparée à une noix, et que j'ai citée plus haut en l'empruntant au Midrasch de Ruth. Il emploie exactement la même terminologie : *Ma'asseh*, le facteur extérieur, est ici remplacé par la notion plus courante *Peschat*, qui indique le sens littéral ou simple, et reste encore dans l'éclairage mystique, quoi qu'il soit devenu transparent, car la lumière mystique brille à travers lui. Le passage III 202 a. du *Zohar* fait un pas en avant ; les différentes interprétations y apparaissent comme des parties de l'organisme de la Tora, qui est l'arbre de vie. La vieille expression *Hagada* est remplacée par la notion plus neuve de *Remes*, qui sert dans l'hébreu du Moyen Age (sous l'influence de l'idiome arabe) de « terminus technicus » pour l'allégorie. On y représente, en plus des quatre niveaux de sens déjà nommés, un cinquième, c'est-à-dire l'interprétation à l'aide de la valeur numérale des lettres hébraïques, Gematria, qui autrement ne constitue pas son propre niveau de sens.

A ce stade, l'auteur du Zohar n'avait pas encore trouvé une forme fixe dans laquelle il pût résumer cette théorie tout entière. Les passages du Zohar que nous venons de citer furent écrits entre 1280 et 1286. Mais quand Moïse de Léon eut achevé la partie principale du Zohar, composée dans la langue araméenne, sous une forme pseudo-épigraphique, recueil des dialogues et des conférences du Rabbi Simon ben Jochai et de ses disciples, au IIe siècle, il rédigea aussi après 1286 une série d'œuvres kabbalistiques écrites en hébreu, qui furent publiées sous son propre nom. On y trouvera souvent plus développées des formes de pensée déjà contenues dans le Zohar. Nous savons qu'il a écrit avant 1290 un livre (aujourd'hui perdu) sous le titre *Pardes*, ce qui veut dire littéralement « Paradis ». Ce titre repose sur un jeu de mots qui fut plus tard très prisé et était fort répandu dans la littérature hébraïque. Ce jeu de mots se sert de la célèbre histoire du Talmud, qui parle des quatre grands professeurs qui se consacrèrent, au IIe siècle, à des études ésotériques, et à propos desquels on emploie dans ce contexte l'expression : ils seraient « entrés dans le Paradis ». Ils s'appelaient R. Akiba, Ben Soma, Ben Assaï et Acher. « L'un vit et mourut, l'autre vit et devint fou, le troisième dévasta les jeunes plantations (c'est-à-dire qu'il devint apostat et séduisit la jeunesse). Seul Akiba entra sain et sortit sain (50). »

Le sens exact du mot *Pardes* dans ce passage a occupé depuis lors les esprits spéculatifs, et je peux m'épargner d'entrer dans la question de savoir ce qu'était sa signification originelle par rapport au passage du Talmud. Je l'ai fait ailleurs (51). L'important, pour nous, c'est le fait que Moïse de Léon a lu cette définition riche de mille nuances, comme une abréviation des quatre interprétations du sens de la Tora, où chaque consonne du mot *P a R D e S* indique l'une de ces interprétations : *P* pour *Peschat*, le sens littéral, *R* pour *Remes*, le sens allégorique, *D* pour *Derascha*, l'interprétation talmudique et hagadique, *S* pour *Sod*, le sens mystique. Le *Pardes* dans lequel pénétrèrent les quatre anciens sages, reçut alors la signification de spéculation sur le sens vrai de la Tora dans ses quatre interprétations.

Dans une œuvre écrite peu de temps après, Moïse de Léon reprit lui-même cette image et la combina avec la comparaison, citée plus haut, de la Tora avec une noix, sa coquille et son noyau. Quelques années plus tard, entre 1295 et 1305, un anonyme, probablement un disciple ou un membre du cercle de Moïse de Léon, composa les parties les plus tardives de l'ensemble des Écritures zoharistiques, les deux œuvres *Ra'ja Mehemna*, « le cerf fidèle » et *Tikkune Zohar*, un livre qui contient 70 interprétations pour le premier chapitre de la Tora (Gen. 1 à 5). Cet auteur a pris alors cette nouvelle formule pour les quatre interprétations du sens de *Pardes*, et tous ses successeurs ont puisé à cette source. Dans le commentaire par cet auteur de Genèse 2 : 10, sur les quatre fleuves qui jaillissent de l'Eden, c'est-à-dire du Paradis, l'ancienne anecdote talmudique reçoit une autre interprétation de chacun de ces quatre savants. Le premier savant, est-il dit, entrait dans le fleuve Pischon, dont le nom est indiqué ici comme *pi schone halachoth* (littéralement : une bouche qui enseigne le sens de la Halacha). Ce Pischon représente ici le sens littéral. Le deuxième entrait dans le fleuve Gichon, dont on met le nom en rapport avec l'allégorie. Le troisième entrait dans le Chidekel, dont on interprète le nom comme composé des deux mots *chad kal*, fin et agile, avec lesquels on indiquerait la finesse et l'adresse de l'interprétation talmudique, *derascha*. Le quatrième entrait dans le fleuve Euphrate, comparé au noyau le plus intérieur, la moelle, d'où coule la source de vie, et qui, en d'autres termes, découvre et développe toujours d'autres mystères. Ben Soma et Ben Assaï ne venaient que jusqu'aux coquilles, et les voiles intérieurs de la Tora se laissaient remplacer. Seul, R. Akiba pénétrait jusqu'à la moelle de la Tora, y entrait sain et en sortait sain ([52]). L'auteur du *Ra'ja Mehemna* a encore une autre variante. Il parle, il est vrai, en plusieurs endroits du mot propre *Pardes* ; il remplace, cependant, l'expression *Remes*, l'allégorie, par *Re'ijoth*, discernement ([53]).

L'auteur des *Tikkunim* identifie la Schekina, la présence de Dieu qu'on considère comme la dernière émanation des dix Sefiroth, avec la Tora dans la manifestation de sa plénitude, dans laquelle il comprend toutes les significations et tous les différents niveaux de sens. Ainsi il pouvait nommer la Schekina « le paradis de la Tora », *Pardes ha-Tora* ([54]). Aussi, comme Moïse de Léon, l'auteur des *Tikkunim* combine cette notion avec le motif de la noix : « La Schekina en exil s'appelle *Pardes* (c'est parce qu'elle est enveloppée pour ainsi dire dans quatre sens différents), mais elle-même désigne le noyau le plus intérieur. C'est pour cela que nous l'appelons aussi : noix, et le roi Salomon a dit quand il entra dans ce paradis de la spéculation mystique : « Je suis descendu dans le jardin des noix » (Cant. des Cant. 6 : 11) ([55]). La signification de la « Schekina en exil » dans son rapport avec l'apparition de la Tora, sera précisée dans la suite de cet exposé. Moïse de Léon lui-même a lié dans son « Livre sur l'âme intelligente », écrit en 1290, ce principe du *Pardes* avec le premier principe qui fut décrit ici précédemment, c'est-à-dire le principe de la Tora comme nom de Dieu. Il dit : « J'ai écrit, sous le titre *Pardes*, un livre sur le mystère des quatre chemins, ce qui indique déjà son nom exact ; il se rapporte à ces quatre chemins conduisant dans le *Pardes*, c'est-à-dire *Peschat*, *Remes*, *Derascha*, *Sod*. Dans ce livre, j'ai divulgué tout ceci en détail par rapport au secret des récits et des faits qui sont communiqués par la Tora, pour montrer qu'ils se rapportent tous mystiquement à la vie éternelle et qu'il n'y a rien dedans, qui ne se trouve pas dans le mystère de son nom » ([56]).

Le même principe fondamental de l'exégèse concernant les quatre sens de l'écriture est employé encore par Bachja ben Ascher dans son vaste commentaire de la Tora écrit vers

1291 à Saragosse. Bachja n'emploie pas l'expression *Remes*, mais appelle cette méthode d'interprétation « allégorique », qui est pour lui identique à une interprétation des principes de la philosophie médiévale, « la façon rationnelle », *Derech ha-Sechel*. Le mot propre *Pardes* ne lui est pas encore venu, car il avait, par exemple, connaissance de maintes parties du Zohar qui sont apparues avant qu'il ait commencé d'écrire, mais des parties plus tardives n'existaient pas encore en ce temps-là.

Une autre façon de définir ces quatre interprétations de sens se trouve dans les fragments d'explications kabbalistiques sur le « Guide des Égarés » de Maïmonide, écrites par Joseph Gikatilla. En tout cas, il fallait que ce texte soit composé à la fin du XIIIe siècle ([57]). L'auteur dit : « On peut expliquer la Tora de trois ou même de plusieurs façons ». Il appelle ces façons ou méthodes *Perusch*, *Be'ur*, *Pescher* et *Derasch*. *Perusch* signifie chez lui le sens exact et grammatical et est analogue à ce qu'on a appelé précédemment *Peschat*. *Pescher*, « explication », se rapporte à une pénétration plus profonde du sens du mot. *Derasch* comprend pour lui la méthode talmudique de la déduction de la Halacha des Écritures, ainsi que l'allégorie. Le sens mystique s'appelle chez lui *Be'ur*. Littéralement, cela signifie simplement « explication », mais par un jeu de mots mystique (comme les kabbalistes les aiment), il est lié au mot hébreu *Be'er*, la fontaine, car la Tora est comparée à une fontaine d'eau fraîche, d'où jaillissent toujours des interprétations nouvelles de son sens caché. Une pensée tout à fait semblable se trouve aussi dans *Ra'ja Mehemna*, dont l'auteur a lu au moins quelques écrits de jeunesse de Gikatilla. Ici, la Tora est aussi une fontaine inépuisable qui ne peut jamais être épuisée par aucune cruche, en hébreu *Kad*. Le mot *Kad* possède en hébreu la valeur du nombre 24 et cela veut dire, pour l'auteur, que les 24 livres dans lesquels, d'après la tradition juive, est divisé le canon biblique, ne peuvent épuiser totalement la profondeur mystique de la Tora, la profondeur et la plénitude de l'Être caché de la divinité, qui se manifeste par les livres de la Bible ([58]).

L'importance de ce contexte se trouve d'ailleurs soulignée par la place qu'occupe le Zohar dans l'allégorisme, l'ésotérisme aristocratique des commentateurs philosophiques, qui s'est conservé entièrement. Cela apparaît justement dans un endroit remarquable du *Midrasch ha-Ne'elam*, qui considère tout particulièrement les explications allégoriques. Ici, nous trouvons une explication de la Hagada connue à propos du règne messianique, dans lequel Israël consommera le Léviathan ([59]). L'auteur est tout à fait d'accord avec l'explication philosophique que Maïmonide a donnée de ce règne ([60]) et qu'il emploie littéralement. Il justifie entièrement, par les dires des philosophes, la façon de parler figurative et radicale des Rabbis, avec la nécessité de l'accomodation aux notions inférieures de la foule, cette foule qui supporte plus facilement la souffrance de l'exil parce qu'elle s'attend à ce règne et aux récompenses qui surviendront. Ici on attribue explicitement à l'un des orateurs le mot selon lequel on ne doit pas détruire la foi du peuple, mais qu'on doit la confirmer davantage ([61]).

Cet aspect quadruple de la Tora présente une grande ressemblance avec les images présentées par les auteurs chrétiens du début du Moyen Age, comme Bède (au VIIIe siècle) parmi d'autres. Ces idées très répandues au Moyen Age seront reprises par des écrivains chrétiens. Ceux-ci parlent dans leurs textes de l'histoire, de l'allégorie, de la topologie (ce qui veut dire chez eux homélie moraliste) et de l'anagogie (où l'on entend le plus souvent l'interprétation de l'Écriture en relation avec la fin des temps). Mais ici encore, les classifications se recoupent de façons différentes. L'interprétation mystique proprement dite, « sensus mysticus », est liée parfois avec l'« anagogie », et parfois séparée d'elle, et alors « allegoria et anagogia » sont unies ([62]). Ce verset, dont l'origine n'a pas encore été découverte et qui est devenu célèbre, est cité par Nicolas de Lyre (au XIVe siècle) :

Littera gesta docet, quid credas allegoria,
Moralis quid agas, quo tendas anagogia.

Pourrions-nous concevoir une filiation historique entre les groupes d'images kabbalistiques et chrétiennes sur ce point? Cette question a trouvé plusieurs réponses. Wilhelm Bacher a pris dans son exposé (cité plus haut) une position semblable, tandis que de nos jours Perez Sandler a cherché à prouver un développement indépendant et immanent de la doctrine kabbalistique du *Pardes* ([63]). Bien qu'il soit naturellement possible que les kabbalistes soient parvenus à leur doctrine des quatre voies sans influence extérieure, alors qu'ils divisaient l'exégèse allégorique en aspect philosophique et aspect théosopho-mystique, il me semble pourtant que l'opinion plus ancienne de Bacher contient la vérité. Le fait que cette image apparaît en même temps chez trois auteurs kabbalistes dans l'Espagne chrétienne, et le fait qu'ils suivent cette théorie des quatre voies, bien qu'ils divergent à l'égard de la division exacte de ces voies, tout cela démontre qu'ils doivent avoir trouvé quelque part une telle image concernant ces quatre voies, qu'ils ont à leur tour reprise. Alors on est amené à la conclusion d'une influence à travers l'herméneutique chrétienne. A l'explication des voies différentes contenues dans le Zohar correspond en effet l'opinion chrétienne. D'autre part, Gikatilla (ou le Pseudo-Gikatilla) n'aurait pas eu une raison suffisante pour établir une distinction entre deux méthodes différentes dans le sens du mot, s'il n'avait pas intérêt tout d'abord à faire ressortir l'une des diverses voies de la Tora ([64]).

La transformation de cette image des quatre interprétations de sens dans l'organisme hiérarchique de la Tora, dans le Zohar, n'était pas la seule contribution que cette œuvre puisse nous apporter, pour le problème qui nous occupe. Est également importante l'autre thèse, selon laquelle chaque mot et même chaque caractère, avait soixante-dix aspects (littéralement : « visages »). Ce n'est pas là une thèse d'origine kabbalistique. Elle se trouve déjà dans le Midrasch assez tardif de *Bamidbar rabba* et fut citée dès le XIIe siècle par le célèbre exégète Abraham ibn Esra, dans son introduction à son commentaire du Pentateuque ([65]). Elle n'existe pas encore dans le Talmud, mais a été développée à partir d'un motif talmudique. Soixante-dix est le nombre traditionnel des nations qui habitent la terre. Le Talmud statue que chaque commandement qui sortait de la bouche de Dieu dans la révélation du Sinaï, se divisait et pouvait être entendu dans les soixante-dix langues ([66]). Le passage à l'image d'une époque plus tardive des 70 aspects apparaît clairement dans l'Alphabet de Rabbi Akiba, un traité semi-mystique de l'époque post-talmudique, qui n'a pas encore été considéré à ce point de vue. Nous lisons : « Tous les trésors de la sagesse furent donnés à l'archange de la sagesse Segansagael, et ils furent tous ouverts pour Moïse sur la montagne du Sinaï, de sorte que la Tora fut enseignée, pendant les quarante jours qu'il passa là-bas, sous ses soixante-dix aspects, dans les soixante-dix langues ([67]) ». Plus tard, on laissa tomber les soixante-dix langues et la nouvelle formule apparut. Le Zohar l'emploie abondamment. Les différents aspects sont les secrets que l'on peut découvrir dans chaque mot. « Dans chaque mot brillent de nombreuses lumières [68] ». La thèse est représentée déjà par un auteur du début du XIIe siècle, qui fut très estimé par les kabbalistes en Espagne : Abraham bar Chija, qui écrit : « Chaque lettre et chaque mot dans chaque partie de la Tora, a une base profonde dans la sagesse et contient le mystère des mystères de la vie (divine) que nous ne pouvons pénétrer jusqu'au fond. Permette Dieu que nous puissions reconnaître seulement un peu de cette plénitude [69] ». Le sens du texte sacré ne peut être épuisé par n'importe quel nombre fini de lumières et d'interprétations, et le nombre soixante-dix représente ici la totalité inépuisable de la Parole divine. D'ailleurs, dans la Tora, la lumière et le mystère sont identiques, car le mot hébreu *'or*, la lumière, et le mot hébreu *ras*, le mystère ont la même valeur de nombre : 207. Quand Dieu disait : « Que la lumière soit », il voulait parler du mystère qui transparaît aussi dans la Tora, comme le dit l'auteur du *Midrasch ha-Ne'elam* [70] ». Et cette lumière originelle cachée de la création, qui était si noble, fut enfermée par Dieu dans la Tora, au lieu de l'avilir en la mettant au service des hommes. Dans les méditations mystiques des kabbalistes sur l'Écriture, un rayon apparaît. « De la lumière d'une lumière noncréée ». Une application frappante de ce symbole du Zohar se trouve chez le célèbre kabbaliste Chajim Vital (mort en 1620). Le mot Zohar signifie littéralement : éclat, splendeur. Ainsi, la splendeur de la lumière divine qui brille dans la Tora, se réverbère, selon lui, dans les mystères de ce livre. Cependant, quand ces mystères paraissaient sous le déguisement de la forme du mot, sa lumière s'obscurcit. Le sens du mot de la Tora est obscurité, mais le sens kabbalistique, le mystère est le *Zohar*, qui étincelle dans chaque ligne de l'Écriture [71].

Cette dévalorisation du sens du mot proprement dit sera reprise par les kabbalistes plus tardifs. Cette dévalorisation s'exprime déjà avec une grande accentuation dans de nombreux endroits du Zohar ; Rabbi Simon lui-même disait : « Malheur a celui qui considère la Tora comme un livre de simples récits concernant les expériences quotidiennes, car si la Tora était cela, nous pourrions encore aujourd'hui comprendre une Tora qui traiterait de telles choses et qui serait encore plus excellente ; s'il s'agissait des choses terrestres, il y a chez les rois et les monarques de ce monde (dans leur chronique) des matériaux plus valables. Nous pourrions les imiter et composer à travers eux une Tora semblable. Mais en réalité les paroles de la Tora sont des paroles plus profondes et des secrets plus profonds. On dit même des anges que quand ils descendent dans le monde (pour y accomplir une mission), ils s'habillent du vêtement de ce monde et que, s'ils ne le faisaient pas, ils ne pourraient pas exister dans ce monde et le monde ne pourrait pas les supporter. Et si cela peut être dit des anges, on peut le dire, avec bien plus de raison, pour la Tora, avec laquelle Il a créé les anges et l'univers et par laquelle ils existent tous. Quand elle descend au monde, comment le monde pourrait-il la supporter, si elle ne s'habillait pas dans des vêtements terrestres? Ainsi les histoires de la Tora ne sont que ses vêtements extérieurs. Celui qui veut penser que ce vêtement est la Tora elle-même et rien d'autre, doit rendre l'âme. Un tel homme ne fera pas partie du monde futur. C'est pourquoi David parla ainsi (Psaume 119 : 18) : « Ouvre mes yeux afin que je voie des choses merveilleuses dans la Tora », c'est-à-dire ce qui se trouve sous le vêtement de la Tora. Viens et vois : il y a des vêtements que chacun peut voir, et quand les sots voient un homme dans un tel vêtement, qui leur semble beau, ils ne regardent pas plus près. Plus important, cependant, que ce vêtement est le corps, et plus important que le corps est l'âme. Ainsi, la Tora aussi a un corps, qui se compose des commandements et des instructions de la Tora qui sont appelés *Gufe Tora*, corps de la Tora (72). Ce corps est enveloppé de vêtements qui se composent de récits de caractère terrestre. Les sots ne voient que le vêtement, qui est la partie narrative de la Tora ; ils ne savent plus et ne voient pas ce qui est sous le vêtement. Ceux, cependant, qui savent davantage, ne regardent pas le vêtement, mais le corps qui se trouve dessous. Les vrais sages, cependant, serviteurs du roi suprême, ceux qui se trouvaient au pied du mont Sinaï, ne regardent que l'âme, qui est la vraie base de la Tora tout entière. Un jour il leur sera donné de voir même l'âme la plus intérieure de la Tora ». La Tora, ajoute l'auteur, a besoin d'un vêtement extérieur de récits, comme le vin a besoin, pour se conserver, d'une cruche. Mais il faut toujours pénétrer jusqu'au secret qui se cache derrière (73).

Le progrès le plus important dans le développement de ce principe de la plénitude du sens profond de la Tora fut entrepris par l'académie kabbalistique de Safed, au XVIe siècle. Elle conservait l'ancienne idée que le nombre total des âmes d'Israël qui sont sorties d'Égypte et qui ont reçu la Tora au pied du Sinaï, était 600 000. Dans chaque génération il y a, d'après les lois de la migration des âmes et la division des étincelles dans lesquelles l'âme se disperse, ces 600 000 âmes premières en Israël. « En conséquence, il y a 600 000 aspects et 600 000 explications dans la Tora. Correspondant à chacune de ces manières d'expliquer la Tora, la racine d'une âme existe en Israël. Dans l'époque messianique chaque individu en Israël lira la Tora conformément à cette explication qui est disposée à sa racine, et il en est de même de la réalité de la Tora dans le Paradis (74) ».

Cette idée mystique, qu'il y a une manière par laquelle chaque âme isolée comprend la Tora, est déjà mise en relief par Moïse Cordovero de Safed. Il dit que chacune de ces 600 000 âmes a une place dans la Tora, qui lui est réservée. « et il ne serait permis à aucun homme de comprendre l'âme de cette manière particulière, individuelle, réservée à lui, sauf à celui dont l'âme provient de la Tora (75) ». Les kabbalistes de Safed développaient, en correspondance avec le Zohar, une autre idée, selon laquelle la Tora qui, dans son existence visible, ne contient qu'environ 340 000 lettres, d'une manière mystérieuse comprendrait pourtant 600 000 lettres. Ainsi, chaque individu en Israël possède une lettre dans cette Tora mystique, à laquelle son âme est liée, et il lit la Tora selon la manière particulière qui provient de sa racine supérieure. Dans la Tora, Menachem Asaria de Fano, un des grands kabbalistes italiens vers 1600, dit dans son Traité sur l'âme que la Tora, dans la forme sous laquelle elle était gravée sur les premières tables qui furent ensuite brisées, contenait justement ces 600 000 lettres ; ce n'est que sur les tables suivantes qu'elle parut sous sa forme plus restreinte qui, pourtant, grâce à un processus secret de combinaisons de lettres, indique le nombre original de 600 000 lettres qui forment le « Corpus mysticum » de la Tora (76).

5

Nous avons appris à connaître les trois principes fondamentaux dont on peut dire qu'ils déterminent l'opinion générale des kabbalistes quant à la Tora. Toutefois, nous n'avons pas encore terminé. Dans certains textes kabbalistiques, ces principes reçoivent une autre interprétation et débouchent, de ce fait, sur d'autres perspectives plus vastes. Les kabbalistes n'ont pas hésité devant des conclusions audacieuses à propos de telles interprétations. Le point de repère commun de tels développements était double. Deux questions devaient se poser d'une manière tout à fait naturelle à un juif pieux, doué d'une nature spéculative : 1°) Quel aurait été le contenu de la Tora, qu'il faut considérer comme la plus haute manifestation de la sagesse divine, dans le cas où il n'y aurait pas eu le péché d'Adam? Cette question pouvait être formulée encore plus radicalement : Quand la Tora était préexistante, précédait la création, comment devait-elle être considérée avant la chute? 2°) Que sera la structure de la Tora à l'époque messianique, quand l'homme aura retrouvé son état originel? Au fond, ces deux questions n'en forment qu'une seule, qui peut se résumer ainsi : quel est le rapport de la Tora avec l'histoire fondamentale des hommes? Il n'est pas étonnant que ce problème ait donné beaucoup à réfléchir à plusieurs kabbalistes. Leurs pensées à ce sujet ont trouvé un vaste écho dans la littérature kabbalistique la plus avancée, et elles ont eu une grande influence sur le développement progressif de la mystique juive, aussi bien dans ses aspects orthodoxes que dans ses aspects hérétiques.

Bien que l'auteur lui-même de la partie principale du Zohar n'ait pas posé des questions de cette nature, elles prirent une place centrale dans la conscience de son contemporain, plus jeune que lui, qui a écrit le *Ra'ja Mehemna* et le *Tikkune Zohar*. Dans ce contexte deux thèmes sont importants.

L'un concerne deux aspects différents de la Tora qui s'appellent dans son traité : *Tora de-beri'a*, la Tora dans l'état de la création, et *Tora de-'aziluth*, la Tora dans l'état de l'émanation. La dernière appellation est signifiée par la parole du psalmiste (19 : 8) : « La Tora de Dieu est parfaite, ce qui signifie qu'elle est enfermée dans sa nature divine et n'est pas encore touchée ». Par contre, la *Tora de-beri'a* est expliquée par la phrase des Proverbes de Salomon (8 : 22) disant : « Dieu m'a créée au début de ses voies ». C'est la Tora, telle qu'elle paraît là où Dieu éclaire l'obscurité de son être et se révèle dans les œuvres et les mondes créés ([77]). Dans un autre passage, il est dit : « Il y a une Tora dont on ne peut dire qu'elle est une création, mais qui est Son émanation ». La thèse mystique, selon laquelle Dieu et la Tora sont identiques, peut seulement être appliquée à l'égard de la *Tora de-'aziluth*, qui n'est pas créée ([78]). L'auteur ne développe pas davantage cette conception, sauf aux endroits où la Tora entre en rapport avec cette identification, qui est traitée par lui souvent et plus en détail. Ainsi, nous lisons dans un troisième passage, que la Tora créée, *Tora de-beri'a*, est le vêtement extérieur de la Schekina ([79]). Si l'homme n'avait pas péché, la Schekina aurait pu demeurer privée d'un tel revêtement. Mais maintenant elle en a besoin, comme quelqu'un qui doit cacher sa pauvreté. C'est pour cela que l'on peut comparer chaque pécheur avec quelqu'un qui prive la Schekina de ses vêtements ; celui cependant qui accomplit les commandements de la Tora est comme quelqu'un qui enveloppe la Schekina dans ses vêtements, et la laisse paraître dans le monde terrestre. Il s'ensuit que ce que l'auteur appelle *Tora de-beri'a*, est la Tora, telle qu'elle peut être exécutée et se manifeste réellement, et telle qu'elle est comprise par la tradition talmudique. Elle est une Tora qui contient des commandements positifs et négatifs, qui trace une ligne nette de séparation entre le bien et le mal, le pur et l'impur, le permis et le non-permis, le sacré et le profane.

Cette pensée à propos des vêtements de la Tora surgit toujours à nouveau dans cette dernière partie du Zohar, quoique dans des nuances différentes. Elle repose sur l'assimilation de la Schekina (qui est aussi la reine ou la « Matrone ») avec la Tora, dans sa révélation aux hommes. On dit souvent que la couleur de ses vêtements est noire après le péché, et surtout pendant l'époque de l'exil, où elle serait présentée comme si elle se trouvait en état de deuil. En même temps, à d'autres endroits cependant, ce vêtement noir indique le sens du mot de la Tora, qui devient visible chez elle. Ainsi on dit, par exemple, à un endroit dans le *Ra'ja Mehemna*, où il est parlé de la « Matrone » comme de la Tora, que le juste, par ses bonnes actions et apparemment aussi par sa connaissance plus profonde, éclaircit la Schekina, « alors qu'il la libère du vêtement obscur du sens littéral et de la casuistique talmudique, et l'orne de vêtements brillants, qui sont les mystères de la Tora ([80]) ».

Ce qui est compris ici comme deux espèces différentes de vêtements, dont l'un représente l'aspect véritable et pragmatique, l'autre l'aspect contemplatif et mystique, apparaît à beaucoup d'autres endroits sous une image d'une autre valeur symbolique. Nous avons déjà vu que la Tora fut comparée à l'arbre de vie du Paradis. Mais la Bible parle de deux arbres dans le Paradis, que l'on met alors en rapport avec des sphères différentes du domaine divin. L'arbre de vie fut (déjà avant l'époque du Zohar) identifié avec la Tora écrite, tandis que l'arbre de la connaissance du bien et du mal fut identifié avec la Tora orale. La notion de la Tora écrite se rapporte naturellement dans ce contexte surtout au caractère absolu de la Tora, tandis que la Tora orale a affaire aux modalités sous lesquelles on peut appliquer la Tora dans notre monde terrestre. Cette constatation n'est pas si paradoxale qu'il paraît à première vue. Pour les kabbalistes, la Tora écrite représente, en effet, comme nous l'avons déjà dit plus haut, un absolu que la connaissance humaine ne peut en vérité interpréter d'une façon parfaite et directe. Seule la tradition rend la Tora compréhensible, en lui indiquant les moyens et les chemins par lesquels elle peut être appliquée dans la vie juive. Pour un juif orthodoxe — et n'oublions pas que les kabbalistes étaient dans leur conscience des juifs orthodoxes — seule la Tora écrite serait ouverte (sans la tradition qui est la Tora orale) à toutes les sortes d'interprétation fausse et hérétique. C'est la Tora orale qui détermine le vrai comportement dans la vie du juif.

Il est facile de comprendre comment tous les anciens kabbalistes sont parvenus à identifier la Tora orale avec la nouvelle conception mystique de la Schekina, qui est comprise comme la puissance qui règne sur la communauté des Israélites et qui se manifeste en elle-même. Nous avons déjà discuté plus haut certaines conclusions très audacieuses, qu'un des plus anciens kabbalistes a tirées de ce symbolisme des deux formes d'existence de la Tora. L'auteur du *Ra'ja Mehemna* et des *Tikkunim* donnait alors une autre orientation à ce symbolisme, qui a eu beaucoup de conséquences. L'arbre de la connaissance du bien et du mal lui semble un symbole de cette sphère de la Tora, sur laquelle le bien et le mal, le pur et l'impur, etc... sont bornés l'un envers l'autre. En même temps, cependant, il représente aussi la puissance que le mal peut avoir sur le bien, dans les époques du péché et en particulier dans les époques de l'exil. Ainsi, l'arbre de la connaissance devint l'arbre des restrictions, des défenses et des limitations, tandis que l'arbre de la vie était l'arbre de la liberté, dans lequel la dualité du bien et du mal n'était pas encore visible (ou plus du tout visible), mais dans lequel tout était tourné vers l'unité de la vie divine, qui n'était encore atteinte par aucune restriction, ni par la puissance de la mort ou par tous les autres aspects négatifs de la vie qui apparurent seulement après le péché. Ces aspects gênants, limités de la Tora sont tout à fait légitimes dans le monde du péché, dans le monde non-racheté, et la Tora ne pouvait paraître autrement dans un tel monde. Mais, après le péché et ses conséquences importantes, la Tora recevait l'aspect matériel et limité sous lequel elle apparaît aujourd'hui. Dans ce sens, la valeur symbolique de l'arbre de vie représente, comme on peut le dire, l'aspect proprement utopique de la Tora ([81]). De ce point de vue, on ne cherche pas à identifier la Tora comme l'arbre de vie avec la Tora mystique, mais cependant à identifier la Tora comme l'arbre de la connaissance du bien et du mal avec la Tora dans son existence historique.

Ici, nous avons affaire à un très beau cas d'exégèse typologique, pour laquelle l'auteur du *Ra'ja Mehemna* et des *Tikkunim* avait une nette prédilection. Mais il nous faut faire encore un pas. L'auteur lie ce dualisme des arbres aux deux groupes de tables différentes qui ont été donnés à Moïse sur le Mont Sinaï. D'après une vieille idée talmudique, le poison du serpent qui avait contaminé Eve et avec elle toute l'humanité, avait perdu ses pouvoirs avec la révélation du Sinaï, mais il les retrouva cependant quand Israël s'adonna à la vénération du veau d'or. L'auteur kabbaliste interprète ces faits surtout par sa propre pensée. Les premières tables qui avaient été données avant le péché du veau d'or, mais qui n'avaient jamais été lues, sauf par Moïse, provenaient de l'arbre de vie. Les deuxièmes tables, qui avaient été données après que les premières eurent été brisées, provenaient de l'arbre de la connaissance. Le sens de cette image est clair : les premières fables contenaient une révélation de la Tora, correspondant à l'état originel des hommes, lorsqu'ils se laissaient guider par le principe incorporé dans l'arbre de vie. Ç'aurait été une Tora purement spirituelle, qui serait transmise à un monde dans lequel la révélation et la rédemption coïncidaient, dans lequel tout était sacré, et dans lequel le pouvoir du péché et de la mort ne devait pas être maîtrisé par des défenses et des restrictions. Dans cet état de la Tora, son mystère aurait été révélé inchangé. Mais ce moment utopique disparut vite. Quand les premières tables furent brisées, « les lettres qui s'y trouvaient gravées s'envolèrent », c'est-à-dire que l'élément purement spirituel recula, et n'est depuis lors visible que pour le mystique, capable de l'observer aussi sous les vêtements neufs et extérieurs dans lesquels il apparut sur les secondes tables ([82]). Sur les secondes tables, la Tora paraît dans un vêtement historique et comme une puissance historique. Certes, elle a encore ses niveaux cachés de mystères infinis. La lumière est toujours visible à travers le bien, alors que le mal doit être limité et combattu par toutes ces défenses que l'on pense être son contrepoids. C'est la coquille dure de la Tora, qui est inévitable dans un monde où règnent les forces du mal. Mais il ne faut pas considérer la coquille comme la totalité. Dans l'accomplissement des commandements, l'homme est capable de casser cette coquille extérieure et de pénétrer jusqu'au noyau.

Cette attitude nous aide aussi à expliquer le son assez équivoque de plusieurs paroles à propos de l'ordre de la Bible, de la Mischna, du Talmud et de la Kabbale, qui se répètent très souvent dans le *Ra'ja Mehemna* et les *Tikkunim*, et qui ont déconcerté pas mal de lecteurs de ces textes. Mais il serait faux de parler d'un caractère antinomiste et antitalmudique de ces textes ([83]). L'auteur ne se fait pas du tout l'avocat d'une abolition de la loi talmudique, qui présente en effet pour lui la forme historique sous laquelle la Tora a été donnée et qui possède pour lui une valabilité et une légitimité complètes. Les exposés détaillés sur l'Halacha dans ces écrits ont été rédigés dans un sens tout à fait positif et sans rancune. On ne peut cependant guère douter que l'auteur attendait en effet cette révélation et cette action toujours pareilles, de cet aspect utopique et purement mystique de la Tora, pour l'époque de la rédemption dont on a parlé plus haut. Le vrai caractère de la Tora est unique : c'est ce qui est incorporé dans la notion de *Tora de-'aziluth.* Mais le vêtement, ou la forme extérieure, qu'elle a prise dans un monde dans lequel on doit lutter contre le pouvoir du mal, est tout à fait légitime et incontestable. La forte accentuation que l'auteur met sur ces aspects obscurs de la Tora dans sa forme talmudique (il aime tracer des parallèles entre la corvée des Israélites dans l'exil égyptien et les efforts herméneutiques avec lesquels les savants talmudiques développent et mettent en forme le contenu de la Tora orale d'après la Tora écrite — ce parallélisme qui pouvait facilement prendre une apparence ironique et satirique ([84])) prouve combien son intérêt pour le côté mystique et utopique de la Tora était finalement important. L'exil de la Schekina, qui commença au fond dès le péché d'Adam, atteint sa pleine signification avec l'exil historique du peuple juif. Voilà aussi la raison pour laquelle ces deux notions du péché et de l'exil, si différentes par leur nature, sont si souvent combinées et presque identifiées dans leurs développements.

Les kabbalistes de l'académie de Safed au XVIe siècle continuaient de développer cette idée d'une manière extrêmement intéressante. Ils s'efforçaient de répondre à la question de savoir quelle était l'apparence de la Tora avant la chute, et comment on pourrait faire concorder cette forme originelle avec l'apparence historique de la Tora, comme formation concrète. Des descriptions remarquables de ces propos se trouvent dans les écrits de Moïse de Cordovero (mort en 1570), d'où elles sont reprises et développées par beaucoup d'autres auteurs. Lui aussi part du fait que la Tora est composée, d'après sa nature la plus intérieure, de lettres divines, qui ne sont que des configurations de la lumière divine. Au stade d'une matérialisation plus avancée, ces lettres se sont liées de façons différentes. D'abord ces caractères forment des noms, ce qui signifie les noms de Dieu, plus tard des appellations et des prédications, qui expriment le divin ; plus tard, encore, ils se combinent d'une nouvelle façon en formant des paroles qui se rapportent maintenant à des événements terrestres et à des objets matériels. Comme notre monde actuel n'a pris une nature composée de matériaux grossiers qu'à la suite du péché de l'homme, ainsi la Tora a reçu aussi une apparence matérielle semblable aux modifications subies par le monde. Les caractères d'écritures de la Tora subirent eux aussi les effets de la nature matérielle du monde et furent de ce fait matérialisés. A partir de cette base fondamentale, Cordovero pouvait répondre aux deux questions : Qu'était la nature de la Tora avant la chute du péché et que sera sa nature dans l'époque messianique ? (85).

Il illustrait son opinion par l'exemple de la défense biblique de porter des vêtements dont le tissu était un mélange de laine et de lin. Un tel mélange s'appelle en hébreu *Scha'atnes*. Quand la Tora dit (Deut. 22 : 11) : « Tu ne mettras point de *Scha'atnes*, il ne pouvait pas en être question avant qu'Adam lui-même se soit habillé de cette étoffe grossière, qui s'appelle en langage mystique « peau de serpent ». La Tora n'aurait pas pu contenir une telle défense, car quel rapport l'âme de l'homme devait-elle avoir avec un tel *Scha'atnes*, cette âme qui était encore enveloppée dès sa naissance dans un vêtement purement spirituel? Aussi, la combinaison originelle des caractères dans la Tora avant la chute n'était pas du tout *Scha'atnes, zemer u-fischtim* (*Scha'atnes* de laine et de lin), mais contenait les mêmes caractères dans une autre combinaison : *satan'as mezar u-tofsim*, dont le sens est plutôt un avertissement à Adam de ne pas échanger son habit originel de lumière contre l'habit diabolique qui représente un symbole de la puissance démoniaque, qui s'appelle *satan'as*, « Satan téméraire ». Ensuite, il représentait ici un avertissement, selon lequel ce pouvoir attirerait certainement à lui l'angoisse et la détresse, *mezar*. De plus, un autre avertissement y était contenu, d'après lequel cette puissance contenant une certaine angoisse ou détresse, *mezar*, suivrait et chercherait l'homme, pour le posséder, *u-tofsim*, et ainsi l'amener aux enfers. Comment ce changement dans la combinaison des caractères arriverait-il pour que nous y lisions maintenant *Scha'atnes zemer u-fischtim*? Tout comme la nature d'Adam devint matérielle en mettant cette peau de serpent, une Tora suivit qui donnait des commandements matériels. Cela exigeait une nouvelle lecture des caractères, qui donnait un sens à ce commandement. Il en est ainsi de même pour tous les autres commandements, car ceux-ci reposent sur la nature corporelle et matérielle des hommes ([86]) ».

Ce même fait concerne encore l'aspect eschatologique de ce problème. « Il est nécessaire aussi, pour le sens des nouvelles interprétations de la Tora, que Dieu révélera dans l'époque messianique, que la Tora reste toujours la même, mais qu'elle prenne au début cette forme de combinaison des caractères matériels, qui étaient taillés sur le monde matériel. Un jour cependant les hommes jetteront leur corps matériel, seront transfigurés et recevront de nouveau le corps mystique qu'Adam avait avant la chute. Alors, ils comprendront le mystère de la Tora, dans lequel leurs aspects cachés seront dévoilés. Et plus tard quand, au cours du sixième âge (cela veut dire après la vraie rédemption messianique et au commencement d'une nouvelle ère), l'homme sera transfiguré en un être spirituel encore plus élevé, il reconnaîtra des niveaux encore plus profonds du mystère de la Tora, dans leur essence cachée. Alors, tout le monde sera capable de comprendre le contenu merveilleux de la Tora et les combinaisons secrètes de ses caractères ; et ainsi, l'homme comprendra aussi une grande partie du comportement secret du monde... Car la pensée fondamentale de cette description c'est que la Tora a mis un vêtement matériel comme l'homme lui-même. Et quand l'homme sortira de son vêtement matériel et s'élèvera (c'est-à-dire hors de sa condition corporelle), il revêtira un vêtement plus subtil et plus spirituel, et la Tora aussi sera modifiée dans son apparence matérielle et conçue en des degrés toujours plus avancés de son essence spirituelle. Les visages cachés de la Tora brilleront et les justes les contempleront. Et pourtant la Tora restera dans tous ces stades identique à elle-même, telle qu'elle était au commencement ; elle ne changera jamais dans sa nature ([87]) ».

La même pensée est reprise par Isaac Louria et amplifiée dans un sens identique. « Le sens des mots qui forment les commandements dans le Paradis était différent et beaucoup plus spirituel qu'aujourd'hui » et ce que l'homme pieux accomplit maintenant sur la terre comme l'accomplissement des commandements, il l'accomplira plus tard dans le vêtement paradisiaque de l'âme, comme c'était l'intention de Dieu à la création de l'homme ([88]).

Ces différentes notions lient d'une manière très éclairante la conception orthodoxe du caractère fixe et absolu de la Tora avec l'image de sa relativité dans la perspective historique. Le même principe fut appliqué à propos de la manière par laquelle la Tora fut comprise par les hiérarchies les plus élevées de l'être. Les kabbalistes suivants avaient la coutume de parler de quatre mondes formant une telle hiérarchie spirituelle, le monde de l'émanation divine, *'Aziluth*; le monde de la création, *Beri'a* ; le monde de la formation, *Jezira* ; et le monde de l'activation, *'Assija*. Ces mondes ne se succèdent pas temporairement, mais existent en même temps et forment différents stades, sur lesquels se matérialise activement la puissance créatrice de Dieu. La révélation de la Tora comme l'organe de la création doit être présente à tous ces mondes sous une forme quelconque et nous apprenons en effet beaucoup de choses sur sa nature. Ainsi, des textes, provenant de l'académie d'Israël Saruk (vers 1600), développent les pensées suivantes : Dans le monde le plus élevé, *'Aziluth*, la Tora était seulement une suite de combinaisons de consonnes, que l'on peut former à partir de l'alphabet hébraïque quand deux consonnes semblables se rencontrent. C'est cela, l'habit originel qui provenait du mouvement du langage le plus intérieur, le *En-Sof*, qui était tiré directement de la « merveille » immanente, que reflétait le *En-Sof*, la divinité infinie et transcendante, soit d'après son essence cachée, soit comme s'il éprouvait pour la première fois la nécessité de manifester sa plénitude de puissance. Ici, nous avons devant nous la Tora dans ses éléments les plus intérieurs, qui contenaient dans son ordre originaire le germe de toutes possibilités, qui se trouvent dans ce mouvement du langage. Dans le deuxième monde, la Tora apparaît comme une suite de noms sacrés de Dieu qui sont formés par une certaine combinaison d'éléments qui étaient dans le monde *'Aziluth*. Dans le troisième monde, la Tora apparaît comme une représentation de noms et de puissances angéliques, d'après la loi de ce monde qui est peuplé d'êtres angéliques. Ce n'est que dans le quatrième et dernier monde que la Tora pouvait apparaître telle qu'elle se présente à nous ([89]). Les lois qui déterminent la structure intérieure de chacun de ces mondes deviennent claires par la forme particulière dans laquelle la Tora apparaît dans ces quatre mondes. Quand nous demandons pourquoi nous n'observons pas la Tora directement dans cette fonction, la réponse se trouve dans le fait que son aspect, comme description des déterminismes cosmiques des mondes différents, restait caché par les changements que son apparence extérieure a éprouvés après la chute.

Je crois que cette notion de la relativité mystique de la Tora n'a jamais trouvé une expression plus élevée et plus naturaliste que dans un fragment du livre de Rabbi Elijahu Cohen Ittamari de Smyrne (mort en 1729), qui a été cité par Chajim Joseph David Asoulaï. Ce Rabbi Elijahu était un prédicateur et un kabbaliste d'une piété ascétique célèbre, bien que sa théologie fût composée, sous une forme particulière, des idées qui provenaient de la kabbale hérétique du partisan du pseudo-messie, Sabbatai Zwi. Ce fragment demande une explication : pourquoi le rouleau de la Tora pour l'emploi synagogal doit-il être écrit, d'après la prescription rabbinique, sans voyelles et sans ponctuation ? Selon l'auteur, ce fait contient une allusion à l'état de la Tora, telle qu'elle existait devant le visage de Dieu et avant qu'elle fût donnée aux sphères moins élevées. *Car il y avait devant Lui un nombre de caractères qui n'étaient pas liés aux mots comme c'est le cas maintenant, parce que l'ordre proprement dit des mots se composait selon la façon et le moyen par lesquels le monde inférieur se manifestait.* A cause du péché d'Adam, Dieu rangeait devant lui les caractères en des mots qui décrivent la mort et d'autres situations terrestres : par exemple la prescription visant la veuve se présentant à un lévite. Sans péché, il n'y aurait pas eu de mort. Les mêmes caractères auraient été liés à des mots qui auraient relaté une autre histoire. C'est pour cela que le rouleau de la Tora ne contient pas de voyelles, ni de ponctuation, ni d'accents, comme allusion à la Tora qui *formait originellement de nombreux caractères non rangés* (90). L'intention première de Dieu dans la Tora se révélera, cependant, quand le Messie viendra, qui détruira pour toujours la mort, de sorte qu'il n'y aura plus de possibilité d'application pour tout ce qui a trait à la mort, à l'impureté ou qui relève de l'une ou de l'autre. Car Dieu enlèvera la combinaison des caractères d'aujourd'hui qui forme les mots de notre Tora et il rangera les caractères pour former d'autres mots d'où naîtront d'autres phrases qui parleront d'autres choses. C'est ce que signifient les paroles d'Esaïe (51 : 4) : « Car la Tora partira de moi », ce que les anciens rabbins ont interprété comme : « Une nouvelle Tora partira de moi (91). » Est-ce que cela signifie que la Tora n'est pas valable éternellement? Cela veut plutôt dire que la Tora sera bien comme maintenant, mais que Dieu nous apprendra à la lire d'après un autre ordre de caractères et nous expliquera le classement et la combinaison des paroles (92).

Une formulation plus audacieuse du principe qui détermine cette théorie est presque impensable. Personne ne s'étonnera qu'un rabbin pieux comme Asoulaï ait résisté, déconcerté par une thèse aussi radicale. Curieusement, il s'appuie dans sa protestation sur Nachmanide et sa doctrine du caractère originel de la Tora, qu'il oppose à la doctrine d'Elijahu Cohen qui, selon lui, ne peut en réclamer la validité tant qu'elle ne se justifie pas comme une vraie tradition rabbinique. Apparemment, il ne pouvait pas voir la ligne continue de développement qui, à partir de son point de départ chez Nachmanide, que nous avons traité déjà, conduit jusqu'aux dernières conséquences logiques, comme Elijahu Cohen les a formulées. En tout cas, il me semble très significatif qu'un Rabbi célèbre, très estimé et d'une grande autorité morale (93), ait pu accepter une thèse si radicale, sur laquelle on peut fonder une opinion extrêmement spiritualiste et utopiste du caractère de la Tora à l'époque messianique, selon un principe en général accepté dans les cercles kabbalistes. Le même Asoulaï, cependant, qui s'inquiète tellement de l'extrémisme mystique d'Elijahu Cohen, formule lui-même une thèse non moins radicale. Dans un ancien Midrasch, il est dit que celui qui lit toute la journée le verset (Gen. 36 : 22) : « La sœur de

Lothan était Timna », qui frappe par sa vanité et par son manque de contenu, obtiendra quand même la béatitude éternelle. Asoulaï donne à cet aphorisme l'explication suivante : « Quand l'homme prononce des mots de la Tora, il engendre continuellement des puissances spirituelles et de nouvelles lumières qui sortent comme des remèdes composés quotidiennement d'une façon nouvelle à partir d'éléments et de consonnes. C'est pour cela qu'il obtiendra la béatitude éternelle en lisant ce seul verset, car à chaque fois, même à chaque instant, la composition change (l'élément du langage intérieur), d'après les conditions, la hiérarchie de cet instant et d'après les noms qui flamboient en lui ([94]). » Ici aussi, la plasticité mystique illimitée de la Parole divine est représentée et démontrée principalement par la parole la plus insignifiante de la Tora. Au fond, c'est bien la seule manière dans laquelle on puisse prendre au sérieux l'image d'une Parole révélée de Dieu.

Il me semble encore plus curieux qu'une formulation de ce principe, qui ressemble beaucoup à celui de Elijahu Cohen, apparaisse chez Israël Baal-Schem, le fondateur du mouvement hassidique ultérieur en Pologne et en Russie. Dans un manuscrit datant du commencement du mouvement hassidique qui provient du cercle de son contemporain plus jeune et son ami Pinchas de Koretz, il est dit : « C'est en effet la vérité que la sainte Tora fut créée originellement dans un chaos sans cohérence de lettres ([95]). Cela veut dire que toutes les lettres de la Tora — à partir des premiers mots de la Genèse et jusqu'à la fin du Deutéronome — en ce temps-là n'étaient pas encore combinées en ces combinaisons de mots que nous lisons aujourd'hui ; comme par exemple, « créa au commencement » ou « sors de ton pays » et telles expressions semblables. Plus exactement, tous ces mots n'existaient pas encore, car les événements de la création, qu'ils relatent, n'étaient pas encore arrivés. Ainsi, toutes ces lettres de la Tora étaient mêlées et ce n'est que lorsqu'un événement quelconque s'accomplissait dans le monde, que les lettres se rangeaient en ces combinaisons de mots par lesquelles cet événement était relaté. Quand par exemple eurent lieu la création du monde ou l'histoire d'Adam et Eve, les lettres formèrent les paroles qui racontent cet épisode. Ou quand, par exemple, quelqu'un mourut, la liaison de mot naquit : « Et N. N. mourut. » Tous les autres épisodes se présentent de la même manière. Dès que quelque chose se passait, les combinaisons de lettres se formaient suivant cet ordre. Si un autre événement avait lieu, d'autres combinaisons de lettres surgissaient, car la sainte Tora est la Sagesse immense de Dieu. Comprends cela (96). »

Enfin, il faut remarquer que cette idée vraiment naturaliste de l'état originel de la Tora rappelle un peu la théorie parcellaire de Démocrite. La notion grecque *stoicheion* possédait, comme on le sait, la double signification de lettres et d'éléments, c'est-à-dire la parcelle. Les qualités différentes des choses doivent être expliquées par les mouvements différents des mêmes parcelles. Cette concordance entre les lettres conçues comme éléments du langage, et les parcelles conçues comme éléments de la réalité est déjà précisée par quelques philosophes grecs. Quand Aristote formule cette brève expression : « Des mêmes lettres proviennent la tragédie et la comédie (97) », il ne reprend pas seulement la pensée de Démocrite, mais il exprime le principe qui se répète dans la théorie kabbalistique de la Tora. Les mêmes lettres reproduisent dans leurs combinaisons différentes les différents aspects du monde.

6

Nous avons parlé du principe de la relativité par rapport à la Tora, considérée comme absolu dans ses diverses manifestations au cours des diverses périodes de l'histoire. Ensuite, nous avions à nous occuper de ses différentes lectures, qui correspondent à l'état paradisiaque, à celui du péché et de l'exil, à celui de la rédemption messianique et à celui de la transfiguration future, en tant que périodes comprises dans le déroulement de ces créations. Mais ce principe a trouvé une application encore plus saisissante et d'un autre caractère dans un système kabbalistique plus large. Je veux parler des cycles cosmiques ou *Schemittoth* (98), qui, même s'ils ne sont pas employés par l'auteur du Zohar et sont donc passés sous silence par celui-ci, ont pourtant occupé une place importante dans les Kabbales plus anciennes et ont exercé également une influence considérable dans certains développements plus tardifs de la mystique juive. Ce système se retrouve dans une œuvre excessivement difficile et tout à fait insuffisamment inexplorée, dont le titre, *Sefer ha-Temuna*, peut signifier aussi bien « Livre de la forme », à savoir de la forme des caractères hébraïques, que « Livre de l'image », c'est-à-dire de l'image de

Dieu. Car les caractères, qui sont des aspects de la force créatrice de Dieu, forment en même temps l'image mystique de la divinité, comme cela apparaît dans le monde des Sefiroth.

Ce livre parut aux environs de 1250 en Catalogne, et son auteur est resté jusque-là inconnu ([99]). Dans cet ouvrage, il ne s'agit plus des divers aspects de la Tora considérée au cours de la création comme la Bible le rapporte, mais au cours de toute une série de ces créations dans lesquelles chacun régit l'une de ces sept Sefiroth élémentaires. Car la puissance créatrice de Dieu s'achève dans chaque Sefira et dans une unité cosmique formée et réglée par elle, appelée *Schemitta.* Chacune porte un autre attribut de la divinité en tant que puissance dominante dans le processus de la création qui lui correspond ; et c'est seulement dans la succession complète de ces 7 *Schemittoth* qui forment le grand Jubilé du monde, que se manifeste la plénitude de la puissance créatrice de Dieu. Les instructions bibliques sur l'année du Sabbat et du Jubilé dans le 15e chapitre du Deutéronome servent de point de départ à ces spéculations.

En ce qui concerne notre problème, importante est la conception que se fait l'auteur de la position de la Tora dans ces périodes cosmiques, dont chacune dure d'après lui 7 000 ans, à la suite de quoi la création entière revient au cœur du 33e « retour » ou de « l'expiration » de la 3e Sefira (et même, d'après quelques kabbalistes postérieurs, revient au néant). Même pour lui, la Tora est, d'après son essence, cette Tora primitive qui était comprise dans la sagesse divine ou en est née. Les caractères de cette Tora primitive sont profondément cachés au cœur de la sagesse divine et ont une forme et des relations qui se dérobent complètement à notre connaissance. Elles n'ont là-bas ni forme, ni limite, mais avec chaque *Schemitta* cette Tora secrète, complète, passe d'un état désigné par la nature de l'attribut de Dieu à celui où elle apparaît comme révélation dans la *Schemitta.* Ainsi, dans chaque *Schemitta*, l'essence absolue de la Tora devient relative. Cette Tora, qui se trouve à l'intérieur de l'unité organique d'un tel *éon* ou période créatrice, prend alors une forme légitime sous laquelle elle peut être comprise, et de là pour l'expiration de cet éon dont la durée est invariable. En d'autres termes : dans chaque *Schemitta*, on lira quelque chose de tout à fait différent dans la Tora, car dans chacune la sagesse divine de la Tora primitive se présente sous un autre aspect. Pourtant l'essence des créatures mêmes n'est en aucun cas identique dans ces cycles, mais au contraire comprend la plus grande diversité, et ce qui dans ce monde où nous vivons peut être seulement dit des anges est valable sur le plan de l'homme et de ce qui lui correspond. Dans chaque cycle, les caractères ne se présentent pas seulement en d'autres formes ou figures mais aussi en différentes relations qui les unissent les unes aux autres. Leur classification en mots et par là leur sens spécifique dans leur rapport avec la langue, est différent dans chaque cycle. Il est clair que ces idées sont en relation étroite avec celles exposées dans le paragraphe précédent. Leur différence est en même temps évidente. Car ce n'est pas au cours de la période historique d'un unique éon que la Tora peut se montrer hétérogène, mais au passage d'un éon à un autre.

L'auteur du *Temuna* s'intéressait avant tout aux trois premières *Schemittoth*, dans lesquelles apparaissaient et agissaient par ordre les attributs de la grâce, de la rigueur, de la justice et de la miséricorde. En outre, la deuxième *Schemitta* représente la création dans laquelle nous vivons. Le passé était déterminé par la loi de la grâce, par le flot illimité envoyé par l'amour divin qui ne connaît ni limite ni négation. Telles étaient ces créatures et la Tora sous laquelle elles vivaient. Elle était lue d'une autre manière que maintenant, ne comprenait aucune interdiction, mais seulement des affirmations de la relation bienheureuse qui unit la créature au Créateur. Puisque le mauvais instinct et le serpent n'existaient pas, la Tora ne renfermait rien de ce qui s'y rapporte. On ne peut méconnaître que cette interprétation allait loin, même si sous d'autres formes on vit prévaloir l'idée du pouvoir de la Tora sous l'aspect de l'arbre de vie, que formula cinquante ans plus tard l'auteur du *Ra'ja Mehemna*. De même, il existe un parallèle entre la Tora dans le deuxième éon du livre *Temuna*, et la Tora sous l'aspect de l'arbre de la connaissance dans le *Ra'ja Mehemna*. Car notre monde qui se trouve sous le signe de la rigueur divine, de la limite et de la justice, connaît le mauvais instinct et la tentation qui appartiennent à sa nature. Un autre déroulement de son histoire n'était pas pensable et c'est pourquoi la Tora dut prendre la forme que nous lui connaissons maintenant. De là également ses ordres et ses interdictions et sa division en bien et en mal, qui se mêlent étroitement. L'auteur va jusqu'à affirmer que les lettres de la Tora se seraient primitivement refusées à faire partie de cette combinaison particulière et à se laisser livrer à l'usage et à l'abus de créatures, comme celles qui peuplent cet éon. A cela correspond l'accentuation excessive de l'élément utopique, qui représente en même temps un retour aux formes plus pures de la *Schemitta* passée, dans la troisième forme future. Dans la Tora, il ne s'agira que de pureté et de sainteté, qui seront de nature spirituelle seulement dans les sacrifices prescrits et ne concerneront que la reconnaissance pleine de gratitude de la puissance de Dieu et des actes d'amour du Créateur. Il n'y aura plus d'exils et par là plus d'errements de l'âme comme dans l'éon présent. Le mauvais instinct de l'homme agira sous une forme métamorphosée et transfigurée en harmonieux équilibre avec l'instinct du bien, et non pas en conflits hostiles avec lui.

Ainsi, cette œuvre d'allure très traditionaliste, qui ne laisse pas ébranler la lettre de la Tora telle qu'elle fut donnée sur le Sinaï, s'unit à l'idée que cette Tora montrera un autre visage dans d'autre éons, sans qu'il y ait par là une contradiction dans son essence intérieure. L'auteur refuse les conséquences d'un antinomisme utopique, que l'auteur du *Ra'ja Mehemna* n'ose plus exprimer d'une manière aussi vigoureuse. L'opinion du *Temuna* d'après laquelle « tout ce qui est ici-bas est défendu ou permis » ([100]) conduit à la déduction logique que les choses qui dans cet éon, d'après la façon actuelle de lire la Tora, sont défendues, seront permises dans un autre éon ou pourraient même former des interdictions positives si un autre attribut de la divinité, par exemple la compassion ou la pitié, réglait la structure ou le caractère de la création, au lieu de la sévérité et de la rigueur. En fait nous avons ici, comme dans d'autres écrits de la même école, plusieurs idées sur la manière dont apparaît la Tora dans différents éons, dont les antinomies possibles ne peuvent être mises en question.

Deux idées particulièrement remarquables dans ce contexte méritent attention. Les kabbalistes de cette tendance affirment de plusieurs manières que, dans notre *Schemitta*, ou période de l'univers, une lettre manque dans la Tora. Il y a deux explications à propos de ce que l'on entend par le mot « manque ». D'après l'une (qui semble être partagée par l'auteur du *Temuna*), une certaine lettre de l'alphabet serait incomplète et imparfaite dans sa forme actuelle, alors qu'elle serait complète aussi bien dans la première *Schemitta* que dans la future. Puisque chaque lettre représente dans sa forme spécifique une concentration de l'énergie divine, on devrait conclure de l'imperfection de sa forme actuellement visible, que la puissance de la sévère justice qui marque notre monde entrave l'activité des lumières et des forces cachées et ne leur permet pas de se révéler dans leur totalité et dans leur plénitude. Les limites de notre vie, sous la domination de la Tora visible, montrent que quelque chose manque ici, quelque chose qui ne sera rétabli que dans une nouvelle création. D'après l'opinion de ces kabbalistes, la lettre incomplète et fausse de la Tora serait la consonne *Schin* que nous écrivons maintenant avec trois têtes mais qui, dans sa forme complète, devrait en posséder quatre. Ils trouvèrent un indice à cet état de choses dans l'écriture talmudique : les deux forme de la lettre *Schin* sont frappées dans l'étui de cuir du livre des rimes de prière, *Tefillin*, où elles sont fixées à la tête.

L'autre opinion va beaucoup plus loin. D'après elle, il manque en fait une lettre dans notre alphabet, qui n'apparaît pas du tout dans notre éon et n'intervient également pas dans la Tora. La portée de cette opinion est évidente. L'alphabet divin primitif et toute la Tora également reposent sur une série de 23 lettres, dont une est devenue invisible pour nous et ne réapparaîtra que dans la prochaine *Schemitta* ([101]). Mais c'est seulement parce que cette lettre manque maintenant partout que nous lisons dans la Tora des préceptes positifs et négatifs ([102]). Chaque aspect négatif est en rapport avec cette lettre manquante de l'alphabet primitif.

La deuxième idée repose sur un passage du Talmud ([103]) où il est dit que la Tora complète comprenait proprement dix-sept livres; les kabbalistes rapportaient chaque livre unique à l'une des 7 Sefiroth qui s'achevaient dans les sept cycles de l'éon. C'est seulement dans l'actuelle *Schemitta* que cet « Heptateuque » se transformait en « Pentateuque » ; c'est ainsi que le 4e livre de Moïse, les « Nombres », est considéré comme le composé des trois. Le 2e de ces 3 livres est fondu avec les autres jusqu'aux deux versets (10 : 35-36) qui font une allusion à son existence. Josua ibn Schu'eib, un important Rabbi et kabbaliste espagnol du début du XIVe siècle, put accorder cette thèse avec sa conviction tout à fait orthodoxe. D'après lui, la force qui habite la Tora deviendra plus grande à nouveau dans un éon futur, si bien que nous pourrons percevoir sept livres ([104]). L'auteur du livre *Temuna* dit expressément que si un livre est devenu invisible, « c'est que la Tora qui le contient et sa lumière qui brillait autrefois sont déjà disparues [105] ». Il dit aussi que le 1er chapitre de la Genèse, qui contient dans Genèse 1 : 3 une allusion à une *Schemitta*, serait le reste d'une Tora plus complète qui fut révélée à la *Schemitta* de la Grâce et détenue par nous.

Cette idée de parties invisibles de la Tora qui un jour deviendraient visibles s'est maintenue avec maintes variantes jusque dans la tradition hassidique. Grâce à un des mystiques les plus importants de ce mouvement, Rabbi Levi Isaac de Berditschew, nous possédons une formulation particulièrement pénétrante et osée de cette même pensée. Il fut étonné de l'interprétation midraschique d'Esaïe 41 : 4 : « Tora sortira de moi », dans le sens de : « Une nouvelle Tora sortira de moi ». Comment est-ce possible, alors qu'un dogme du Judaïsme affirme qu'il n'y a pas d'autre Tora que celle que Moïse transmit et qui ne peut être échangée contre une autre? N'est-il pas même défendu d'en changer une seule lettre? « Voilà ce qui en est : le blanc, les espaces dans le rôle de la Tora proviennent également des lettres, mais nous ne savons pas les lire comme le noir des lettres. A l'époque messianique, Dieu révélera le blanc de la Tora dont les lettres sont actuellement invisibles pour nous, et c'est ce que le terme « nouvelle Tora » laisse penser [106] ».

Dans le cadre de ce système, il y avait sans nul doute la place pour maints développements et « déclinaisons ». Si un jour l'idée que la révélation de nouvelles lettres ou de nouveaux livres pourrait modifier toute l'apparence extérieure de la Tora sans en toucher la véritable essence, était réalisable, alors tout serait possible [107].

En même temps, ces kabbalistes mettaient l'accent sur l'autorité de la Tora, comme nous le lisons dans l'actuelle *Schemitta*, et n'abordaient pas la possibilité qu'un tel changement pourrait peut-être se faire sans bouleversement cosmique, comme celui qui est lié à la naissance d'une nouvelle *Schemitta*. Cette antinomie utopique fut rangée dans un domaine en dehors du présent. Le pas qui pouvait faire entrer cette antinomie virtuelle dans le domaine de l'actualisation pourrait être entrepris là où le passage de la domination d'une *Sefira* à la suivante, et par là d'une *Schemitta* à la prochaine (à l'intérieur d'une période historique et non pas après son terme), fut établi. Il est remarquable qu'en fait, une telle transition fut sérieusement examinée par un kabbaliste aux idées très strictement conservatrices. D'après l'opinion du Rabbi de Lublin Mordechai Jaffe, qui écrivit à la fin du XVIe siècle, l'actuelle *Schemitta* commença en fait à l'époque de la révélation sur le Sinaï et les générations qui vivaient avant cet événement appartenaient à la précédente *Schemitta* de la Grâce ([108]). Aucune nouvelle création du ciel ou de la terre n'était nécessaire pour achever ce passage. Si cette opinion pouvait être discutée au XVIe siècle, sans que quelqu'un en fût choqué, nous ne nous étonnerons guère que des idées semblables, encore plus radicales et révolutionnaires, aient surgi à la suite de la grande « explosion » messianique du XVIIe siècle, au centre de laquelle se trouvaient le Pseudo-Messie Sabbatai Zwi et ses adeptes. Ils tenaient également pour pensable que par cette rédemption, une nouvelle *Schemitta* pourrait être instituée et que la Tora qui gouvernait ce nouvel éon pourrait être en fait révélée par le Messie, avec un bouleversement radical de l'ancienne loi.

Dans ce contexte, nous devons revenir une fois encore au concept de la *Tora de-'aziluth*, la Tora au stade le plus élevé de la Révélation, et éclairé d'en haut. Certaines formes de cette représentation étaient déjà connues de cercles qui, aux environs de 1300, subissaient l'influence du *Temuna*, sans être pour cela directement liés au système des différents aspects de la Tora dans les *Schemittoth*. Ainsi, il est dit que par exemple les anges reçoivent la faculté de comprendre la *Tora de-'aziluth* et qu'ils l'auraient communiquée avec tous ses secrets à Moïse, lorsqu'il monta au ciel pour recevoir la Tora ([109]). Voici donc aussi la *Tora de-'aziluth* : la Tora dans son individualité pure, ou également la Tora dans ses aspects mystiques, mais pas la Tora d'un éon particulier ou d'une *Schemitta* particulière. Ce qui se produit dans le grand bouleversement du messianisme spiritualiste dans lequel se répand « l'aile » du mouvement sabbatianiste, montre des parallèles frappants avec le développement ultérieur des doctrines de Joachim de Flore, comme les « Spirituels » de l'ordre des Franciscains le transmirent au milieu du XIIIe siècle.

Ce que Joachim entend par « Évangile éternel » coïncide en substance avec ce que les kabbalistes appelaient *Tora de-'aziluth*. Joachim pensait que dans cet « Evangelium Aeternum » le sens mystique de l'Écriture serait révélé à un autre âge de l'esprit et destiné à prendre la place du sens de la Parole de l'Évangile. C'est justement ce que représente pour les kabbalistes, avant le mouvement sabbatianiste, et *mutatis mutandis*, le concept de la *Tora de-'aziluth*. Les adeptes franciscains de Joachim assimilaient alors en partie les écrits de leur maître avec l'« Évangile éternel » qu'ils considéraient comme une nouvelle révélation de l'Esprit-Saint. Le concept de la *Tora de-'aziluth* fut d'une manière correspondante transformé par les Sabbatianistes. Les préceptes des antinomistes, qui possèdent leur pierre de touche dans ceux de Sabbatai Zwi et de ses prophètes à Salonique, furent considérés comme cette nouvelle Tora spirituelle qui amena Sabbatai Zwi dans le monde terrestre et qui mit hors de course la vieille *Tora de-beri'a*, qui fut identifiée par eux à la Tora de l'époque pré-messianique. Le contenu mystique de la Tora fut détaché de sa relation avec la signification transmise du texte ; il devenait indépendant et ne pouvait plus trouver, dans ce nouvel état, son expression dans les symboles de la forme traditionnelle de la vie juive. Il parvenait ainsi à une antithèse avec lui-même : l'accomplissement et l'exécution de la nouvelle Tora spirituelle entraînèrent vers elle la puissance extérieure de la *Tora de-beri'a*, représentant un stade inférieur et qui seule permettait alors de comprendre le Judaïsme rabbinique. L'antinomisme conduit au nihilisme mystique qui prédit la transformation de toutes les valeurs antérieures et s'en approprie « le mot d'ordre » : *bittula schel tora sehu kijuma*, « la conservation de la Tora est son accomplissement [110] ».

Cette assimilation de la *Tora de-'aziluth* avec la Tora du nouvel éon, qui fut représentée par l'aile la plus radicale des sectateurs, a peut-être trouvé sa formulation la plus claire dans le livre *Scha'are Gan Eden* (« Les portes du Paradis »), écrit au commencement du XVIIIe siècle par le kabbaliste Jacob Koppel Lifschitz. Cet auteur acheva de « mettre sur le tapis » et de recommander, d'une manière incontestée, toutes les thèses du Sabbatianisme, tandis qu'il faisait dans la préface de son livre posthume une dénonciation très vive, mais qui ne semblait pas sérieusement pensée, des sectateurs et de leurs doctrines secrètes, alors qu'il leur rendait hommage!

Dans ce livre, nous lisons : « Dans la *Schemitta* dans laquelle nous vivons, les commandements de la Tora sont une nécessité divine... Cette Tora s'appelle *Tora de-'beria* et non *Tora de-'aziluth*. Car dans cette *Schemitta* toute création, *beri'a*, provient d'une sphère, à partir de laquelle elles (ses œuvres) se développent et se réunissent, d'une manière qui correspond à cette *Schemitta*. C'est pourquoi nous parlons d'une Tora de la création, *Tora de-beri'a*. Mais dans la *Schemitta* précédente, qui était celle de la Grâce et dans laquelle n'existaient donc ni mauvais instinct, ni récompense, ni punition, régnait nécessairement une autre loi cosmique (*hanhaga*). Les termes de la Tora étaient si étroitement mêlés les uns aux autres, qu'ils correspondaient à la nécessité de cette loi cosmique spécifique, et les actions lors de la naissance de la *Schemitta* précédente provenaient d'une sphère plus élevée : à savoir la sagesse. Et c'est pourquoi sa Tora s'appelait d'une manière correspondante *Tora de-'aziluth*, car le sens de *'aziluth* est le secret de la sagesse divine... A la fin du VIe siècle, la lumière qui précède le Sabbat cosmique répandra ses rayons, engloutira la mort et chassera l'esprit impur du monde. Puis beaucoup de commandements deviendront fragiles, comme à peu près tous ceux qui concernent la pureté et l'impureté. Alors une nouvelle loi cosmique régnera, une loi qui correspond aux besoins de la fin de cette *Schemitta*, comme le *Temuna* l'explique. D'où la valeur du vieil adage : « une nouvelle Tora sortira ([111]) ». Cela ne signifie peut-être pas que la Tora sera remplacée par une autre, car cela entraînerait l'abolition de l'un des 13 dogmes fondamentaux du Judaïsme (qui furent formulés par Maïmonide). Bien plus, les lettres de la Tora se réuniront d'après les besoins de cette période et d'une autre manière, sans qu'une seule lettre ne soit ajoutée ou retranchée. Par cette nouvelle combinaison les mots prendront un autre sens. Alors le savoir augmentera chez les hommes et tous, grands et petits, reconnaîtront Dieu en vertu de cette lumière provenant du mystère de la pensée divine et qui brillera la veille du Sabbat universel. Il n'est pas nécessaire d'épiloguer longuement là-dessus, car tout ceci est expliqué d'une manière approfondie dans le *Temuna*, comme on l'y trouvera ([112]).

Tishby, qui le premier a reconnu le caractère ambigu de cette théorie dans son analyse de cette œuvre, y a fait avec juste raison allusion ([113]) : le livre *Temuna*, même s'il parle des processus qui auront lieu à la fin de l'actuelle *Schemitta* et qui sont liés à l'extinction de l'humanité et à la ruine de la nature, ne renferme rien des préceptes qui lui sont prêtés. Nous avons vu plus haut la portée de ses véritables doctrines. Seules les convictions messianiques des auteurs postérieurs l'amenèrent à lire dans le *Temuna* l'idée d'une loi particulière pour la période finale de notre *Schemitta* et à expliquer ainsi comment le passage de l'ancienne Tora à la nouvelle, qui est la *Tora de-'aziluth*, peut opérer dans cet éon. Naturellement, les kabbalistes hérétiques auraient pu invoquer, avec juste raison, parmi les Sabbatianistes, l'autorité de Cordovero ou celle d'autres auteurs qui (nous l'avons vu plus haut) ont parlé d'un tel changement eschatologique dans la façon de lire la Tora. On peut, en effet, dire que la spéculation kabbalistique a aplani le chemin et a livré les moyens d'une nouvelle interprétation, sans que les kabbalistes prennent conscience de l'antinomisme virtuel qui se trouve dans cette théorie.

Pour conclure, nous pouvons dire : Tandis que nous avons poursuivi l'évolution qui a marqué quelques-unes des idées fondamentales des kabbalistes sur l'essence mystique de la Tora, nous avons pu reconnaître combien l'impulsion qui sortit de ces idées dans les théologies mystiques du Judaïsme fut durable. Il est étonnant de constater avec quelle énergie et quelle conséquence cette conception fut formulée et poursuivie. On rencontrera, dans l'une ou l'autre forme, plusieurs de ces notions que j'ai examinées ici jusque dans leur origine et dans leur formulation la plus précise et la plus classique, dans les milliers d'écrits de la littérature hébraïque tardive, sous toutes les formes possibles. Quelquefois les angles trop saillants, qui ne manquaient pas dans ces formulations kabbalistiques, furent arrondis et leur force adoucie. Mais la signification fondamentale de ces notions est très importante pour la compréhension de nombreux aspects de la littérature juive.

NOTES

(1) Cf. Les exposés plus détaillés dans le chapitre précédent.

(2) Cf. l'article de L. Baer, *Dialektik und Mystik in der Grundlegung der Halacha*, dans « Zion », vol. 23-24, 1959, p. 143 ss., surtout jusqu'à la page 154 où l'auteur se réfère à la première édition de cet ouvrage parue dans la revue « Diogenes ». Baer, qui essaie de démontrer que chez Philon les notions de Logos et de Tora doivent être identifiées, dépasse Erwin Goodenough, *By Light, Light, the Mystic Gospel of Hellenistic Judaism*, 1935, qui justement dans son chapitre sur la Tora telle que l'a exposée Philon, p. 72-94, n'accepte pas cette identification. Cf. aussi Harry Wolfson, *Philo*, vol. I, p. 115-143 ; Edmund Stein, *Die allegorische Exegese des Philo aus Alexandreia* (1929).

(3) Il n'y a pas longtemps qu'un tel essai a été entrepris par Samuel Belkin dans son ouvrage en hébreu : *Der Midrasch Ha-ne'elam und Seine Quellen in der alten alexandrinischen Midraschim*, Jérusalem 1958 (édition spéciale de l'annu-

aire « Sura », vol. III, p. 25-92). Belkin s'efforce d'exposer cette partie importante du Zohar comme un Midrasch alexandrin dépendant de sources qui se trouvent dans un rapport étroit avec Philon. Mais la critique détruit son entreprise. Cf. l'analyse détaillée de son œuvre par R. Zwi Werblowsky dans le *Journal of Jewish Studies*, vol. X (1960).

(4) Midrasch Tehillim, éd. Buber, p. 33. L'auteur de cette sentence est Eleasar ben Pedath, un savant du IIIe siècle, dont les paroles révèlent un intérêt à l'égard des conséquences des idées ésotériques; Cf. W. Bacher, *Die Agada der palästinensischen Amoräer*, vol. II, 1896, p. 31. Bacher a déjà refusé le fait de mettre en doute l'authenticité de cette sentence, qui semble être une première indication à propos de la Kabbale plus tardive, nommée Kabbale pratique.

(5) Cf. La traduction allemande de cette préface, qui a été imprimée dans des éditions différentes, sous le titre *Die Quelle der Weisheit* — le texte du livre lui-même a seulement été conservé dans un manuscrit, par August Wünsche, *Aus Israels Lehrhallen kleine Midraschim*, vol. I (1907), p. 127 à 133, en particulier p. 132.

(6) De même, pour l'un des savants de la Palestine du IIIe siècle, Simon ben Lakisch, qui incline beaucoup vers l'ésotérisme mystique; cette manifestation est transmise dans plusieurs rédactions, mais premièrement dans le Talmud de la Palestine, Schekalim VI, la fin de Halacha I. Je reviendrai plus loin sur l'interprétation mystique de cette manifestation par l'un des kabbalistes les plus anciens.

(7) « Erubin » 13 a, un passage dont les implications pour une interprétation mystique de la Tora ont été mises en évidence par Baer, *loc. cit.*, p. 145.

(8) Esra ben Salomon, commentaire des Hagadoth talmudiques, dans le manuscrit du Vatican, Cod. Hebr. 294, 34 a.

(9) Cf. Par exemple B. Asriel, *Perusch Agadoth*, éd. Tishby, p. 76; Pseudo-Nachmanide, *Sefer ha-'emuna wehabittachon*, ch. 19 ; Zohar II, 87 b ; III, 80 b, 176 a; III, 36 a, dit : « La Tora entière est un seul nom sacré et mystique ».

(10) Mischna, *Aboth*, III, 14; *Sifre* au Deutéronome par. 48, éd. Finkelstein, p. 114 ; *Bereschith rabba* I, par. I. Cf. Leo Baeck, *Aus 3 Jahrtausenden* (1958), p. 162 ss., et Baer, *loc. cit.*, p. 142.

(11) *Bereschith rabba* I, par. I, un passage dont les antécédents ou les parallèles chez Platon et Philon ont souvent été traités.

(12) Philon, *Vita Mosis* II, par. 51.

(13) *Hechaloth rabbathi*, ch. 9. Cf. dans mon livre *Jewish Gnosticism, Merkabah Mysticism, and Talmudic Tradition*, New York 1960.

(14) *Bereschith rabba* 8, par. 2, éd. Theodor, p. 57.

(15) La Sophia comme la Tora originale, dans la lettre d'Esra ben Salomon, publiée par moi dans *Sefer Bialik* (1934), p. 159 ; d'autres conceptions chez Asriel, *Perusch 'Agadoth*, p. 77 et les passages de Tishby cités ici. Aussi dans le commentaire du Pseudo-Abraham ben David à *Jezira* 1, 2, on peut lire : « La Tora originale est le nom de Dieu ».

(16) La conception d'Asriel lui-même, *loc. cit*, n'est pas tout à fait compréhensible. Il y dit de plus que « chaque Sefira particulière de Dieu s'appelle la Tora » parce qu'elle donne en même temps, comme attribut de Dieu, une instruction sur l'action idéale de l'homme qui veut imiter les qualités de Dieu qui s'expriment justement même dans les Sefiroth.

(17) Gikatilla, *Scha'are Ora*, Offenbach 1715, 51 a.

(18) En tout cas dans ces trois livres *Scha'are Ora*, *Scha'are Zedak* et les *Ta'ame Mizwoth* conservés en manuscrit. L'œuvre précédente de Gikatilla *Ginnath'Egos* ne connaît pas encore cette thèse.

(19) *Scha'are Ora*, 2b.

(20) Pirke Rabbi Elieser, Chap. 3

(21) Recanati, *Ta'ame Mizwoth*, Bâle 1581, 3 a. Dans le Zohar lui-même se trouve au chapitre II, 60a la phrase, que Dieu lui-même est appelé « Tora ».

(22) Manuscrit Jérusalem, 8° 597 21 b. Le manuscrit contient l'œuvre de Gikatilla sans la qualité d'auteur (plagiat ?) de Isaac ben Farchi ou Perachia, sous

le pseudonyme duquel l'œuvre importante de Gikatilla a été conservée dans plusieurs manuscrits.

(23) *Ibid.*, 228 b : *ki'othijoth porchoth we-'omdoth bo.*

(24) Manuscrit Leiden, Warner 32, 23a.

(25) Cf. plus haut la phrase de Rabbi Ismael, et la note 7.

(26) Asriel, *Perusch 'Agadoth*, p. 37.

(27) Philon, *De vita contemplativa*, éd. Conybeare, p. 119.

(28) Cf. Goodenough, *By Light, Light*, p. 83-84. Baer a présumé que cette interprétation de la Tora par Philon, comme « Zôon », organisme, peut être attribuée à la parabole analogue sur le « Logos », comme « Zôon » dans le « Phèdre » platonicien (264 c) ; et Philon n'a plus compris ce « Logos » comme un « discours » comme dans le contexte du dialogue platonicien, mais comme une parole de Dieu. De Philon, cette pensée concernant l'organisme est passée à Origène, dont les mots (*De principiis* IV, 2, 4, éd. Kötschau p. 312) anticipent déjà, à un certain degré, l'attitude du Zohar : « Le texte sacré est semblable à un homme et à de la chair (correspondant au sens du mot), à une âme (correspondant à l'allégorie) et à un esprit (correspondant au mystère). »

(29) *Zohar* I, 134 b.

(30) *Zohar* III, 202 a.

(31) Moïse de Léon, *Sefer ha-Rimmon*. Manuscrit British Museum, Margoliouth, n° 759, 100 b.

(32) *Tikkune Zohar*, Tikkun 21, 52 b.

(33) Cf. ici le chapitre III, p. 122 ss.

(34) A propos de ces deux notions, Cf. W. Bacher, *Die exegetische Terminologie der jüdischen Traditionsliteratur*, vol. I (1899), p. 89 et 197. H. L. Strack, *Einleitung in den Talmud*, 5e édition (1921), p. 4 et suiv. A propos de leur place dans la théologie du Judaïsme orthodoxe, cf. le travail très intéressant de S. Kaatz, *Die mündliche Lehre und ihr Dogma*, Leipzig, 1922.

(35) Dans *Bahir*, § 97 et 137, la « Sefira » dernière dans laquelle tous les commandements sont contenus est conçue en ces termes : « Le trésor de la Tora orale » Cf. *ibid.* § 99 (d'après un texte amendé) : « La Tora écrite [qui est appelée lumière] a besoin de la Tora orale, qui est une lampe [qui porte la « lumière »] pour résoudre ses difficultés et pour expliquer ses secrets. »

(36) Dans *Beth ha-Midrasch* de Jellinek, vol. II (1853), p. 23-24; traduit en allemand par Wünsche, *Aus Israels Lehrhallen* II, p. 170-172.

(37) La sagesse originale est la deuxième « Sefira », tandis que la « pénitence » est un nom de la troisième « Sefira », parce que tout rentre finalement en elle et dans son sein.

(38) Toutes ces déclarations sont tirées du texte difficile de Rabbi Isaaks, dans le manuscrit *Enclow Memorial Collection* 584 /699, conservé au « Jewish Theological Seminary » à New York. Le codex forme un ensemble, artificiellement coupé par un bibliothécaire et divisé en deux manuscrits.

(39) La théorie de ce fragment ancien a été apparemment à la base du traité kabbalistique par Jacob ben Jacob Cohen de Soria, sur la forme des lettres, qui se fonde sur cette distinction entre « une forme ésotérique blanche » et « une forme ésotérique noire » des lettres, une distinction qui n'atteint son sens que par l'exposé précédent. Cf. mon édition de ce traité dans *Madda'e ha-Jahaduth* II (1927), p. 203-204.

(40) Cf. avant tout les recherches subtiles de Leo Strauss, *Persecution and the Art of Writing*, Glencoe, Illinois, 1952.

(41) Cf. *Zohar* II, 230 b [dans le même texte énoncé déjà dans *Ginnath' Egos*, de Gikatilla, Hanau 1615, 3 b] ; III, 75 a, 159 a. La même formule se trouve aussi dans la transition des termes exotériques et ésotériques de l'usage philosophique à l'usage kabbalistique de la langue, chez Isaac ben Latif, *Ginse ha-Melech*, éd. Jellinek, chap. 25, imprimé dans *Kochbe Jizchak*, de Stern, cahier 32, Vienne 1865, p. 9.

(42) Ernst von Dobschütz, *Vom vierfachen Schriftsinn. Die Geschichte einer*

Theorie, dans « Harnack-Ehrung, Beiträge zur Kirchengeschichte... Adolf von Harnack... dargebracht », Leipzig 1921, p. 1-13.

([43]) W. Bacher, *L'Exégèse biblique dans le Zohar*, dans la « Revue des Etudes Juives », vol. 22 (1891), p. 33-46.

([44]) Philon s'est déjà déclaré en détail sur ces dangers de la spiritualisation radicale de la Tora dans l'allégorie ; dans un passage souvent discuté (*De migratione Abrahami*, §§ 89-94). Cf. aussi le grand passage contre une allégorisation absolue des commandements dans *Sefer ha-Rimmon* de Moïse de Léon que j'ai mentionné dans *Die jüdische Mystik*, Zürich 1957, p. 428-429.

([45]) *Zohar Chadasch*. Jerusalem 1953, 83 a. Cette partie la plus importante dans le contexte des écrits concernant le Zohar a échappé à Bacher.

([46]) J. Huck, *Joachim von Floris und die joachitische Literatur* (1938), p. 291 : *Si ad nucis dulcedinem pervenire volumus, primo necesse est, ut amoveatur exteria cortex, secunda testa, et ita tercie loco perveniatur ad nucleam.* Cf. là aussi p. 148, où Moïse de Léon emploie la parabole dans des sens différents : pour le sens de la Tora, pour celui de la Merkaba et les sphères dangereuses ou démoniaques qui les entourent cf. son *Ha-Nefesch ha-Chachama*, Bâle 1608, Par. 21, feuille 0, 1 c /d. Le cercle des mystiques est lui-même nommé, en termes solennels, comme « le noyau de la noix », c'est-à-dire « pénétrant d'un coup jusqu'au noyau », dans le Zohar 1, 154 b. Dans 1,19 b, II, 15 b et ailleurs dans le Zohar, la noix est le symbole de la Merkaba, mais ici cela veut dire la connaissance du monde, du point de vue kabbalistique.

([47]) *Derascha* signifie ici la façon d'interpréter qu'emploient les Talmudistes, par laquelle la doctrine orale exotérique et sa détermination pouvaient être dérivées du texte du manuscrit d'après certaines règles précises.

([48]) Le même usage de la langue du *Chida* pour l'allégorie correspond au Judaïsme médiéval, aussi chez Moïse de Léon, à la fin de son livre *Mischkhan ha-'Eduth*, Ms. Cambridge, 54 a : « Parmi les mots des sages se trouvent des *Hagadoth*, parmi lesquelles plusieurs sont des allégories (*Chida*), et les autres, sans comprendre chaque allégorie, sont des *Hagadoth* littérales ».

([49]) *Zohar* II, 99 a /b. Une enquête détaillée et excellente de l'histoire de cette parabole importante dans la littérature kabbalistique ultérieure, se trouve dans l'essai de F. Lachover, *Die Pforte zum Turm*, dans le volume en hébreu *'Al gebul ha-jaschan we-he-chadash*, Jérusalem (1951), p. 29-78.

([50]) *Chagiga* 14 b. Cf. aussi *Die jüdische Mystik*, p. 56.

([51]) Dans mon livre sur le mysticisme de la Merkaba, Section II, mentionné dans la note numéro 13.

([52]) *Zohar* 1,26 b. Le passage ne vient pas de la partie principale, mais vient du *Tikkune Zohar*.

([53]) Ce mot doit être lu *re'ijjoth*, et non *re'ajoth*, c'est-à-dire « preuves », ce qui ne s'accorde pas avec la continuité de l'expression. La supposition de Bacher, que *re'ajoth*, comme il le disait, soit une corruption de la conception correcte *remes* dans nos éditions, est réfutée par le fait que la même interprétation du mot *Pardes* se trouve aussi à deux autres endroits, qui lui ont échappé ; *Zohar Chadasch*, 102 d. et 107 c. Ces passages appartiennent aussi au *Tikkune Zohar*.

([54]) *Zohar chadasch* (*Tikkunim*), 102 d.

([55]) *Tikkun* n° 24, 68 a /b. Ici, les enveloppes, *klippin*, sont déjà tirées directement des puissances démoniaques et la force d'où la « Schekina » est seulement libérée le dimanche, où elle s'habille du vêtement séfirothique.

([56]) Moïse de Léon, au terme de son livre *Sefer ha-Nefesch ha-Chachama*, Bâle 1608.

([57]) Georges Vajda, qui a émis quelques observations pénétrantes à propos de ces interprétations, met en doute le droit de l'attribution traditionnelle de ce texte à Gikatilla. Cf. *Mélanges offerts à Etienne Gilson*, Paris 1959, p. 656. Cette phrase mérite, sans aucun doute, une enquête plus profonde. Non seulement les passages imprimés sont attribués à Gikatilla, mais les passages conservés, et pour la plupart non imprimés, dans le Manuscrit Oxford, Neubauer 1911, le sont aussi.

([58]) *Zohar* II, 114 b., et les commentaires de Gikatilla à propos de Maïmonide, dans la deuxième partie de la question de Saul Cohen posée à Isaac Abarbanel, Venise 1574, 21 a.

([59]) *Baba Bathra*, 74 b /75 a. Cf. L. Ginzberg, *The Legends of the Jews*, vol. V. p. 43-46.

([60]) *Hilchoth Teschuba*, VIII, 4.

([61]) *Zohar*, I, 135 b.-136 a. Il est intéressant et non sans ironie de remarquer que l'auteur a employé l'expression *mehemanutha de-kola* pour la foi du peuple, ce qui est employé ailleurs à plusieurs endroits du Zohar avec une signification mystique, c'est-à-dire pas « ce que tous croient », mais la puissance pénétrante de la foi dans le monde, le système des Sefiroth.

([62]) Cf. détails dans l'œuvre de E. von Dobschütz, citée au nº 42.

([63]) P. Sandler. *Le-ba'jath Pardes*, dans « Festschrift für Elias Auerbach », Jérusalem, 1955, p. 222-235.

([64]) Il faut indiquer ici que cette affinité de la théorie kabbalistique avec la théorie correspondante dans la tradition chrétienne a déjà frappé Pic de la Mirandole, le premier humaniste chrétien qui s'occupa de la Kabbale. Dans son *Apologia* qu'il écrivit en 1487, il dit : « Comme il y a chez nous une quadruple interprétation possible de la Bible, c'est-à-dire l'interprétation littérale, mystique ou allégorique, tropique et anagogique, il en est de même chez les Hébreux. Le sens littéral s'appelle chez eux *Peschat*, l'allégorique *Midrasch*, le tropique *Sechel* et l'anagogique, qui est le plus sublime et le plus divin de tous, *Kabbala*. « Opera », Bâle 1557, p. 178-179. Les notions hébraïques sont exactement celles qu'emploie Bachja ben Ascher, dont l'œuvre a dû par conséquent servir à Pic comme base fondamentale. L'assimilation erronée de « Midrasch » avec « allégorie » et de « Sechel », mot qui représente chez Bachja véritablement « l'allégorie », avec topologie, révèle que la connaissance de Pic, à propos de ces sources, était assez limitée. La même erreur se répète d'une manière plus importante dans l'apologie que le moine franciscain, Archangelus de Borgo Novo a écrite à Pic. Il cite la littérature du Midrasch sous le paragraphe « allégorie », mais il cite justement des écrits comme ceux de Maïmonide et de Gersonide sous « topologie ». Cf. *Apologia fratris Archangeli de Burgonovo... pro defensione doctrinae Cabalae*, Bologne 1564, 8 b.

([65]) *Midrasch Bamidbar rabba*, 13, § 15.

([66]) *Sabbath*, 88 b.

([67]) *'Othijoth de-Rabbi Akiba*, éd. Wertheimer, Jérusalem (1914), p. 12.

([68]) *Zohar* III, 202 a.

([69]) Abraham bar Chija, *Megillath ha-Megalle*, Berlin 1924, p. 75.

([70]) *Zohar* I, 140 a ; *Zohar chadasch*, 8 b.

([71]) Vital, *'Ez ha-Da 'ath*, Zolkiew 1871, 46-47.

([72]) C'est un jeu de mots : il est vrai que *Gufe Tora* veut dire littéralement « corps de la Tora », mais dans le Talmud cette expression a justement le sens des parties essentielles de la Tora.

([73]) *Zohar* III, 152 a.

([74]) Isaac Louria, *Sefer ha-Kawwanoth*, Venise 1620, 53 b. Des détails sur le sujet se trouvent dans Vital, *Scha'ar Gilgulim*, chap. 17, Jérusalem 1912, 17 b, dans Nathan Schapira, *Megalle 'Amukoth*, Cracovie 1637, chap 9, et dans Naftali Bacharach, *'Emek ha-Melech*, Amsterdam 1648, 42 a.

([75]) Cordovero, *Derischa be-'Injane Mal'achim*, éd. Ruben Margolioth, Jérusalem 1945, p. 70.

([76]) M. A. Fano, *Ma 'amar ha-Nefesch*, Pjotrkow 1903, III, 6, 17 a.

([77]) *Tikkune Zohar*, Préface, 6 b.

([78]) *Ibid.*, no. 22, 64 a.

([79]) *Zohar* I,23 a /b, un passage qui appartient au *Tikkune Zohar*.

([80]) III, 215 b (*Ra'ja Mehemna*)

([81]) *Zum Verständnis der messianischen Idee im Judentum*, dans Eranos-Jahrbuch, vol. XXVIII (1960), p. 221-223.

([82]) *Zohar* I,26 b (*Tikkunim*), II, 117 b, III, 124 b, 153 a, 255 a (tous ces passages sont tirés de *Ra'ja Mehemna*) ; *Tikkune Zohar*, no 56 et 60. *Zohar chadasch*, 106 c.

(83) Heinrich Graetz a compris de la même manière ces passages dans son livre *Geschichte der Juden*. I. Baer a acquis, à propos de la signification de ces passages, des connaissances beaucoup plus profondes dans son essai sur l'arrière-plan historique du *Ra'ja Mehemna*, qui est paru en hébreu dans « Zion », vol. 5 (1940), p. 1-44. C'est lui, le premier, qui a indiqué les rapports entre ces idées et celles des spiritualistes franciscains du XIIIe siècle.

(84) Cf. de tels passages, par exemple dans 1,27 a /28 a ; III, 124 b, 153 a /b, 229 b, 254 a /b; *Tikkune Zohar* no 21, 48 a /b ; *Tikkunim* dans *Zohar chadasch*, 97 c à 99 d. Les passages du Zohar, cités au début, viennent tous de la même couche.

(85) Cordovero, *Schi'ur Koma*, Varsovie 1883, 63 b.

(86) Abraham Asulai, *Chessed le-'Abraham*, Sulzbach, 1685, II, § 27. Cet auteur a utilisé en grande partie un manuscrit de l'œuvre principale de Cordovero, *Elima Rabbathi*, à laquelle on peut attribuer beaucoup de ses exposés les plus intéressants.

(87) *Ibid.*, § 11, tiré sans doute de la même source. Des passages semblables dans les écrits publiés de Cordovero, par exemple dans *Schi'ur Koma*, 85 d.

(88) Cf. Le passage plus long dans *Scha'ar Ma'amare Resal*, Jérusalem 1898, 16 c, qui est cité par Vital.

(89) Naftali Bacharach, *'Emek ha-Melech*, 4 a. Des théories semblables sont développées en détail dans un grand nombre d'écrits provenant de l'école de Louria, non seulement dans des exposés authentiques mais encore dans des exposés apocryphes de la doctrine « lourianique ».

(90) En hébreu : *tel schel'othijoth bilti messuddaroth.*

(91) *Wajikra rabba*, 13 § 3. éd. Margulies, p. 278. Cf. La discussion de ce passage chez W. D. Davies, *Torah in the Messianic Age.* Philadelphie (1952), p. 59-61.

(92) Asulai, *Debasch le-Fi*, Livourne 1801, 50 a. L'authenticité de la citation est aussi confirmée par un parallélisme dans *Midrasch Talpijoth* s. v. *'amen*, de Elijahu Cohen, où cette idée est ainsi développée; éd. Czernowitz 1860, 49 d.

(93) Elija Cohen est l'auteur d'un des écrits moraux les plus populaires de la Cabbale à l'époque suivante, plus précisément l'ouvrage répandu *Schebet Mussar.*

(94) Ch. J. D. Asulai, *Debarim 'Achadim*, Livourne 1788, 52 c /d

(95) En hébreu : *be-tha 'aroboth othijoth.*

(96) Cette thèse est citée sous le nom de Israel Baalschem, pour la première fois, dans l'œuvre chassidique *Ge'ullath Jisrael*, Ostrog 1821, 1 d-2 a. Des idées très semblables sont aussi discutées dans d'autres premières œuvres hassidiques ; ainsi, par exemple, celles de deux autres maîtres hassidiques du XVIIIe siècle dans l'ouvrage *'Imre Zaddikim* (un manuscrit hassidique écrit au XVIIIe siècle), Shitomir 1900, p. 31-32.

(97) Aristote, *De generatione et corruptione*, 315 b, comme supplément à son résumé de la doctrine de Démocrite.

(98) Cf. mes exposés dans *Die jüdische Mystik*, p. 195-197.

(99) La meilleure édition de ce livre est celle de Lemberg, 1892.

(100) *Sefer Temuna*, 62 a.

(101) Cette théorie est citée à partir d'un écrit qui appartient au même cercle d'idées que le *Temuna*, l'écrit de David ibn Simra, *Magen David*, Amsterdam 1713, 47 b.

(102) Dans un autre texte appartenant au même cercle. Ms. Vatican Hebr. 223, 197 a.

(103) *Schabbath*, 116 a.

(104) Josua ibn Schu'eib, *Deraschoth*, Cracovie 1573, 63 a.

(105) *Temuna*, 31 a.

(106) *'Imre Zaddikim*, Shitomir 1900, p. 10, dans les annotations d'un disciple à propos des exposés de Rabbi de Berditschew. (C'est la source du travail de Buber, *Die Erzählungen der Chassidim*, Zürich 1949, p. 369). Cf. Aussi les spécu-

lations à propos du noir et du blanc dans la Tora, dont j'ai parlé plus haut (voir la note 39).

([107]) J'ai trouvé un parallélisme remarquable à de telles conclusions, dans le livre *Der Schwarzkünstler Cagliostro nach zeitgenössischen Berichten*, écrit par Friedrich von Oppeln-Bronikowski, Dresde s. d., p. 98, où l'on trouve le passage sur Cagliostro d'Elisa von der Recke, qui a dû être fait en 1779 à Mitau et selon lequel « trois chapitres manquent dans la Bible et se trouvent seulement dans les mains des magiciens ». La possession de ces chapitres de la Bible accorde des forces surnaturelles.

([108]) Mordechai Jaffe, *Lebusch*, *'Or Jekaroth*, Lemberg, 1881, vol. II. 8 d.

([109]) Cf. *Sod'Ilan ha-'Aziluth*, éd. Scholem, dans *Kobez 'al Jad*, de la communauté *Mekize Nirdamim*, vol. V. Jérusalem 1950, p. 94.

([110]) En ce qui concerne cette thèse, cf. mon étude à propos du Sabbatianisme en Pologne, dans la *Revue de l'histoire des Religions*, vol. 143, p. 209-232.

([111]) Cf. la littérature citée plus haut dans la note 91.

([112]) *Scha'are Gan'Eden*, Cracovie 1880, 12 c.

([113]) Jes. Tishby, *Kennesseth*, vol IX, Jérusalem, 1945, p. 252-254.

3. Kabbale et mythe

J'aimerais tout d'abord raconter une petite mais véridique histoire qui est arrivée à un jeune homme de ma connaissance, en 1924. Vêtu du modeste manteau de la Philologie et de l'Histoire modernes, il alla à Jérusalem et chercha à entrer en relation avec le cercle des derniers kabbalistes qui conservaient depuis 200 ans la tradition ésotérique des Juifs orientaux. Il trouva enfin un kabbaliste qui lui dit : Je suis prêt à t'enseigner la Kabbale, mais il y a une condition et je doute que tu puisses la remplir. Cette condition ne saurait probablement être devinée par mes lecteurs, c'était : *ne pas poser de question*. Une pensée qui ne soit pas construite sur des questions et des réponses, constitue certainement un phénomène dans la République des Juifs, les questionneurs les plus passionnés du monde et qui sont même célèbres par le fait qu'ils répondent à des questions par des questions! C'est peut-être une allusion à la tradition d'une forme de pensée « narrative » et non plus seulement interrogative, d'une « philosophie narrative » pour employer l'expression de Schelling, comme son idéal est apparu aux grands philosophes de la mythologie.

1

Pour préciser dans son acuité le problème caractérisé par le rapport des deux termes : Kabbale et Mythe, il sera bon de rappeler l'interprétation traditionnelle de la fonction du Judaïsme dans l'histoire des religions, interprétation partagée également par les Juifs et les non-Juifs. Le paradoxe particulier, qui rend la pensée des kabbalistes si attirante mais aussi si irritante, apparaîtra ainsi plus clairement.

Le mouvement religieux primitif du Judaïsme, qui a gardé son expression valable dans le monothéisme des Prophètes et sa formulation compréhensible dans la religion de la philosophie juive du Moyen Age, est considéré de tout temps comme opposé au monde du Mythe. Contre l'unité universelle, panthéiste de Dieu, du cosmos et de l'homme dans le mythe, contre les mythes de la nature des religions asiatiques antérieures, le Judaïsme creusa un abîme entre les trois sphères, un abîme qui se révéla particulièrement profond entre le créateur et sa créature. La vénération de Dieu sans images dans le Judaïsme soulignait, par cette absence d'images, le refus et même la condamnation polémique du monde des images et des symboles propre au monde des mythes. On essayait ainsi de communiquer une religion (précisément celle de la révélation monothéiste) dans laquelle la question religieuse du mythe était éliminée, ou apparaissait seulement (puisqu'elle se conservait çà et là dans des interprétations autres ou anciennes) comme une métaphore poétique mais non plus avec la puissance symbolique de l'image mythique. Ces différents rapports ont été souvent mis en relief et examinés par les spécialistes de la littérature biblique, les théologiens et les anthropologues et ne doivent pas nous occuper ici. La tendance de la tradition juive classique à la « liquidation du mythe » comme puissance spirituelle centrale n'a pas été touchée par l'intervention de métaphores quasi-mythiques.

La pensée religieuse du Judaïsme rabbinique du Moyen Age a souligné cette tendance de la manière la plus vive dans ses expressions rationnelles ; en effet sa poursuite logique de Saadja jusqu'à Maïmonide mena à une problèmatique qui est en étroite relation avec celle qui nous intéresse ici. L'intérêt des philosophes et des théologiens était porté vers la pureté de l'idée de Dieu, débarrassée de toute question mythique ou anthropomorphique. Cette tendance à préserver le Dieu transcendant de tout mythe, à changer les affirmations humanisantes du texte biblique et des formes populaires en une théologie irréprochable, conduit à vider le concept de Dieu. On parlera de moins en moins de ce Dieu si la peur de toucher sa noblesse par des images de créatures devient un facteur déterminant. Bref, la pureté sera achetée au prix de la conception d'un Dieu vivant. Le Dieu vivant ne fait jamais partie d'un concept pur. Ce qui justement le rend vivant aux croyants, c'est ce qui le mêle d'une manière ou d'une autre au monde des hommes, et le place dans le grand symbolisme religieux juste avant l'âme. Dans le processus de la nouvelle formulation rationnelle, cela disparaît. Conserver la pureté de l'idée de Dieu sans toucher à l'idée d'un Dieu vivant, c'est là la tâche éternelle de la Théologie, qui, bien que toujours posée, n'est pas absolument résolue.

Dans la tension entre ces deux concepts : pureté et idée d'un Dieu vivant, c'est toute l'histoire de la religion juive qui est contenue, encore plus que celle de toute autre religion, car la nature particulière de l'exigence monothéiste rend justement nécessaire une telle tension. Tout intervient donc ici pour maintenir l'intégrité et la pureté de Dieu, et la préserver de tout mélange. Mais la conserver en même temps comme quelque chose de vivant, ne serait possible que dans un équilibre très précaire entre les deux éléments. Plus les efforts des philosophes et des théologiens furent grands en vue de la formulation pure d'une telle unité, qui supprime et fait « éclater » tous les symboles, plus le langage des symboles (comme tout ce qui est vivant) se révélait efficace, avec la possibilité d'un contre-coup où tout s'arrêterait sur l'idée d'*un* Dieu vivant. La « plénitude » de Dieu dans sa vie créatrice (non pas — serait-elle encore aussi sublime ? — sa « formulation vide » dans la théologie pure et inattaquable) devait apparaître aux esprits compétents comme une exigence encore plus grande. Et c'est ce contre-coup, cette « réaction », qui remplit si dramatiquement l'histoire du Judaïsme dans les 2 000 dernières années. A partir de là on peut comprendre non seulement le besoin de s'exprimer des simples Juifs pieux, de la religion populaire, mais aussi le grand mouvement de la mystique juive. Par là nous arrivons directement aux problèmes particuliers de la Kabbale.

La Kabbale — littéralement : tradition, c'est-à-dire tradition ésotérique — est le mouvement par lequel (surtout entre le XIIe et le XVIIe siècle) les tendances mystiques au sein du Judaïsme ont trouvé comment écouler leur « sève » dans diverses ramifications et des développements souvent très vivants. Ce n'est pas tout à fait (comme on le pense encore parfois) le système pleinement unifié d'une pensée mystique et spécialement théosophique, que nous trouvons ici. Il n'existe pas quelque chose comme « la » doctrine des Kabbalistes. Au contraire, nous avons souvent un étrange cheminement à faire au milieu de la multitude et des contradictions des motifs, processus qui a donné différents systèmes ou demi-systèmes. La Kabbale vit le jour d'abord dans le Sud de la

France, nourrie par une source souterraine venant vraisemblablement d'Orient, dans les mêmes régions et à la même époque que celles qui virent, dans le monde non-juif, l'apogée du mouvement cathare ou néo-manichéen. En Espagne, elle prospéra et se développa d'une manière étonnamment rapide, au XIIIe siècle, jusqu'à sa formation complète qui eut son point culminant dans le livre pseudo-épigraphique, le *Zohar* du Rabbi Moïse de Léon, qui devint une sorte de bible des kabbalistes et a pu pendant des siècles prétendre au rang de texte sacré au sein du Judaïsme. Dans la Palestine du XVIe siècle, elle acquit au cours de son deuxième épanouissement, la place d'une puissance spirituelle centrale et historique dans le Judaïsme, car elle sut donner une réponse à la question toujours pressante du sens de l'Exil aux esprits profondément troublés par l'expulsion tragique des Juifs espagnols en 1492. Remplie d'une énergie messianique, elle fit exploser au XVIIe siècle, dans le grand mouvement messianique autour de Sabbatai Zwi, qui a amené l'écroulement de l'hérésie mystique juive, une kabbale hérétique qui, par son impulsion et son développement, a œuvré d'une manière paradoxale pour la renaissance du Judaïsme moderne et dont la signification, très longtemps quasi ignorée, commence à devenir de plus en plus claire.

2

Aux environs de 1180 apparut, personne ne sait exactement d'où et comment, dans le Sud de la France, le premier écrit des kabbalistes, le livre *Bahir*, certainement l'un des textes les plus étonnants, pour ne pas dire incroyables, de la littérature hébraïque du Moyen Age. Il contient une collection inimaginablement mal écrite de jugements théosophiques sous la forme de commentaires de la Bible, qui proviennent en grande partie des sources de l'âge talmudique. C'est un tout petit livre de 30 à 40 pages seulement, mais il contient dans ces quelques pages les documents d'un stade du Judaïsme dont nous devons nous occuper ici. Une courte citation extraite de la circulaire d'un savant du Midi de la France, Meir ben Simon de Narbonne, qui dans la première moitié du XIIIe siècle s'était indigné du caractère blasphématoire du *Bahir*, montrera combien le monde religieux de ce texte diffère de la tradition rabbinique sous la forme de laquelle elle parut. Cet homme pieux de l'ancienne école écrit à propos des kabbalistes (j'essaie, du moins en partie, de redonner une idée de sa prose rimée fougueuse) : « Ils se vantent dans des pratiques et des discours mensongers d'avoir trouvé force et soutien (pour leurs idées semble-t-il) dans les pays des connaisseurs de la Tora et des savants. Mais Dieu nous préserve de suivre de tels discours hérétiques, qu'il vaut mieux passer sous silence en Israël. Et nous nous sommes aperçus qu'ils ont déjà écrit un livre qu'ils nomment *Bahir*, c'est-à-dire brillant, mais qui est très obscur. Nous avons eu le livre entre les mains et ainsi appris qu'ils l'attribuaient au Rabbi Nechunja ben Hakanah (une ancienne autorité talmudique). Que Dieu nous en préserve, car tout ce propos semble inventé. Et ce juste n'a pas trébuché sur cette idée, comme nous le connaissons, il ne peut pas être confondu avec les pécheurs. Et la langue du livre et son contenu prouvent qu'il vient de quelqu'un qui n'a ni le sens du langage ni celui de la beauté de la parole. »

Qu'est-ce qui provoque donc l'indignation de ce pieux lecteur ? C'est l'apparition du langage mythique de Dieu qui réapparaît à plusieurs endroits au sein du Judaïsme médiéval et se fait comprendre sans apologie ou excuse pour sa hardiesse, avec un naturel qui en fait paraît très énigmatique. J'aimerais, pour éclairer la question qui nous occupe ici, faire quelques citations du livre :

Dans une opinion sur la création des anges nous lisons [1] :

« Et tous s'accordent à dire que jusqu'au deuxième jour ils n'étaient pas encore créés pour qu'aucun dise : Michaël déploya l'univers au sud de la voûte, Gabriel au nord, et le Saint, béni soit-Il, mesura dans le milieu ; bien plus (Esaïe le dit, 44 : 24) : Moi, Dieu, J'ai fait le Tout, fait le ciel seul, donné sa forme arrondie à la terre, Moi-même (*me'itti*) — qui était avec Moi (*mi'itti*), dit le texte ».

Jusque-là le texte provient en fait pour l'essentiel d'un vieux livre juif, d'un « Midrasch » de la Genèse. La suite du *Bahir* (§ 14) est neuve et inattendue :

« Je suis celui qui a planté cet arbre, si bien que tout l'univers le vénère avec enchantement, et j'ai donné forme avec lui au Tout et l'ai nommé « Tout » ; car le Tout est attaché à lui et le Tout vient de lui, tout a besoin de lui, et ils le regardent et tremblent devant lui, et de là sortent les âmes. J'étais seul lorsque Je le fis, et aucun ange ne peut s'élever au-dessus de lui et dire : j'étais là avant toi ; car lorsque Je donnai forme à ma terre, lorsque Je plantai et enracinai cet arbre et leur donnai cette joie dont Je me réjouis, qui aurait été près de Moi, à qui J'aurais révélé ce secret ? »

Cet arbre de Dieu, qui est l'arbre du monde mais en même temps l'arbre de l'âme, d'autres fragments en parlent encore. Mais dans ceux-ci il n'apparaît pas, en partie, planté par Dieu, mais comme la structure mythique des forces créatrices de Dieu.

« Et qu'est (cet) « arbre » dont tu as parlé? Il lui dit : Toutes les forces de Dieu sont (situées) l'une par-dessus l'autre et elles ressemblent à un arbre : comme l'arbre produit ses fruits grâce à l'eau, Dieu accroît les forces de « l'arbre » par l'eau. Et qu'est l'eau de Dieu ? C'est (la) *Chochma* (sagesse), et cela (à savoir le fruit de l'arbre), c'est l'âme des justes, qui vont de la « source » au « grand canal », et elle monte et s'attache à l'arbre. Et par quoi fleurit-il ? Par Israël : s'ils sont bons et justes, alors la Schekina habite parmi eux, et par leurs œuvres ils demeurent en Dieu, et Il les rend féconds et les fait se multiplier. » (§ 85).

Toutes les idées qui sont exposées ici ne sont expliquées nulle part dans le livre, mais supposées comprises d'elles-mêmes.

Ce qu'est l'arbre, la source et le grand canal n'est pas expliqué plus loin. Dans un troisième passage du livre il est dit (§ 67) que le « Saint Israël » occupe le sommet de l'arbre en son cœur.

Ainsi, dans plusieurs autres passages ultérieurs on retrouve la « symbolique » de l'arbre du monde et de Dieu, dans des fragments et sans essayer seulement de les mettre en rapport avec les idées traditionnelles de la théologie juive.

Mais voyons quelques opinions du *Bahir* sur le Mal. Un fragment nous dit sur Satan (§ 109) :

« Cela enseigne qu'il y a un principe chez Dieu qui s'appelle le « mal », et qui se trouve au nord de Dieu (Jér. I : 14) : A partir du nord s'ouvre le mal, c'est-à-dire que tout le mal qui tombe sur tous les habitants de la terre vient du nord. Et quel en est le principe ? C'est la forme de la main (sous les sept formes sacrées que Dieu représente sous la forme des hommes primitifs), et elle a beaucoup de messagers, et tous s'appellent « Mal », « Mal »... Et ce sont eux qui poussent le monde au mal, car le *Tohu* vient du nord, et *Tohu* signifie justement le mal, qui trouble les hommes jusqu'à ce qu'ils pèchent, et tout l'instinct mauvais en l'homme vient de là ».

L'exégèse suivante n'est pas moins étonnante que l'affirmation qui prétend que le mal est un principe ou une qualité qui réside en Dieu (§ 26) :

« Rabbi Amora était assis et expliquait : Que signifie le verset (Psaume 87 : 2) : « Dieu aime les portes de Sion plus que toutes les demeures de Jacob » ? Les « portes de Sion » — ce sont les « portes du monde » ; car porte signifie action d'ouvrir, comme il est dit (Psaume

118 : 19) : « Ouvrez-moi les portes de la justice ». Ainsi parlait Dieu : J'aime les portes de Sion, lorsqu'elles sont ouvertes. Pourquoi ? Parce qu'elles sont du côté du mal ; mais quand Israël fait du bien devant Dieu et est digne que (ces portes) soient ouvertes, il les aime plus que toutes les « demeures de Jacob », dans lesquelles règne toujours la paix. »

En effet : l'idée que les portes de Sion (c'est-à-dire celles de l'endroit par où interviendra la puissance créatrice d'Israël et où elle se concentrera pour la conscience juive) soient du côté du mal, était ce que nous attendions le moins dans un texte de piété juive. Et nous voyons se succéder ainsi, en grande partie encore obscurs pour nous mais toujours aussi étonnants dans leur forme paradoxale, les fondements de la théosophie kabbalistique. Et ce n'est pas la moindre difficulté de ce texte que maintes idées énigmatiques du *Bahir* aient été expliquées par des paraboles qui sont encore beaucoup plus incompréhensibles que ce qu'elles doivent expliquer.

Mais je veux m'arrêter ici, car je n'ai pas l'intention d'entrer dans une analyse du très riche contenu mythique du *Bahir*. Ces quelques citations doivent suffire à illustrer que, dans le *Bahir*, nous n'avons pas affaire seulement à un emploi poétique ou allégorique, mais à un renouveau des couches mythiques du Judaïsme.

Cinquante ans seulement avant la parution du *Bahir*, un texte important apparut dans le Midi de la France ou le Nord de l'Espagne, qui montre toute la distance qui sépare le *Bahir* de toute la littérature juive qui s'intéressait jusque-là à la cosmogonie et à la cosmologie. J'ai devant les yeux le commentaire de Juda ben Barsilai au « Livre de la création », ce vieux texte de la pensée juive , spéculation à laquelle se sont référés comme à une autorité les philosophes rationalistes du Moyen Age, souvent aussi fortement que les kabbalistes ; et sans être particulièrement kabbaliste, cette référence a donné à la mystique juive plusieurs de ses idées et concepts fondamentaux.

Chez Juda ben Barsilai ([2]), nous trouvons la discussion la plus détaillée de tous les passages rabbiniques anciens sur la cosmologie et la cosmogonie, dont beaucoup donneront naissance à des mythes. Mais ici, chez un auteur dont le penchant aux spéculations ésotériques est pourtant notoire, tout repose sur l'allégorie derrière laquelle se trouvent les conceptions de la philosophie contemporaine, en particulier celle de Saadja. Ce renouveau d'une tradition différente est d'autant plus étonnant deux générations plus tard.

Car pour les kabbalistes, il ne s'agissait plus d'allégories concernant un aspect du monde qui serait communicable par d'autres moyens. Ce qu'ils ont créé, ce sont des symboles dans le sens précis du mot. Le monde du Judaïsme leur apparaît dans une transparence symbolique et dévoile de cette manière le secret du monde. A côté de cela, on trouve dès le début de la Kabbale le problème du mythe, de la faveur nouvelle des images mythiques et des symboles semblables, dont l'affinité avec le mythe est frappante ; cette affinité avait été reconnue de tout temps par beaucoup d'observateurs et en premier lieu justement par des gens hostiles. Nous possédons du siècle précédent le livre entier d'un philosophe juif des Lumières, Salomon Rubin, dont le titre, *Paganisme et Kabbale* (1893), est prometteur, et dans lequel les kabbalistes sont démasqués (avec beaucoup de références à des sources mais sans beaucoup d'intelligence) comme des polythéistes clandestins. Mais l'urgence du problème qui se pose ici me semble indéniable.

La réapparition du mythe dans la Kabbale peut se comprendre le mieux à partir de deux points, qui sont précisément les pôles du monde religieux du Judaïsme : à partir de l'idée de Dieu et de celle de la Loi. Il est donc évident que sa transformation, précisément aux points qui déterminent le contenu spécifique d'une religion, est enfermée dans le mystique, et confirme ainsi le caractère de la mystique religieuse du moment comme une apparence spécifiquement historique au sein d'une religion concrète.

J'ai parlé déjà du problème posé par l'idée monothéiste de Dieu et du danger qui la menaçait pour passer de l'idée intérieurement accomplie à l'idée seulement formelle et abstraite. L'unité de Dieu se révèle au kabbaliste comme une unité tout à fait vivante, accomplie et dynamique. Ce qui n'était pour les théologiens juifs qu'attributs de la divinité, devient pour lui puissance, hypostase et stade d'un processus de la vie intérieure de Dieu, et les images sous lesquelles il décrit Dieu ne sont pas utilisées en vain, principalement celles de l'organisme. L'arbre qui fut d'abord planté par Dieu, deviendra lui-même l'image de Dieu. C'est l'arbre dans lequel croissent les forces de Dieu dans la création. Je parlerai encore de quelques motifs mythiques particulièrement marquants dans la symbolique du soi-disant arbre des dix *Sefiroth*.

La « re-mythisation » de la Tora ne fut pas moins puissante et riche en conséquences pour l'histoire du Judaïsme.

Qu'est-ce qui maintenait dans le Judaïsme rabbinique le caractère non-mythique de la loi ? La réponse est claire : c'est sa séparation de tout élément cosmique, si toutefois (comme l'est encore partiellement la loi dans l'historique pur) elle est fondée sur la remémoration et non plus la représentation vénérée d'un événement mythique. Le souvenir du départ de l'Égypte qui joue un si grand rôle dans la Tora n'est plus un événement mythique pour la conscience juive. Et rien ne caractérise mieux peut-être cette séparation de cette Loi (tranquillisante seulement en elle-même) d'avec ses racines émotionnelles, qu'une petite anecdote talmudique souvent citée plus tard dans la littérature rabbinique. Un païen vint voir un célèbre Rabbi du Ier siècle après Jésus-Christ et lui demanda les fondements des préceptes sur la vache rouge, un des rites les plus obscurs de la Tora. Il lui donna une réponse plutôt évasive, manifestement pour éluder la question. Lorsqu'il fut parti, les élèves demandèrent au Rabbi : tu as éconduit celui-là avec un brin de paille, mais qu'as-tu à nous dire ? Alors le Rabbi dit seulement : *choq chaqaqti, geserah gasarti*, c'est-à-dire Dieu parle : j'ai statué une loi, j'ai rendu un décret (3). Cette réponse à la question des fondements de la Loi, qui se pose toujours à nouveau, est typique dans sa rupture d'avec tout mythe. Comme la spéculation peut toujours s'occuper des fondements de la Loi, elle reste sans conséquence et tout au plus importante dans une perspective eschatologique pour la conscience rabbinique. Ce que j'ai nommé séparation de la Loi d'avec ses racines émotionnelles constitue l'un des plus grands efforts (et en même temps dangereux et ambigus) de la *Halacha* du Judaïsme rabbinique.

Nous rencontrons ici un nouveau paradoxe : c'est justement dans ce monde de la Loi, la Halacha, que les kabbalistes vivent avec une abnégation passionnée, mais la Loi débarrassée de ses mythes devient ainsi le véhicule d'une nouvelle conscience mythique et souvent extrêmement attirante. La question des fondements des Commandements était inéluctable. Mais la question rationnelle soulevait justement un sentiment religieux incommunicable, c'est-à-dire l'enseignement de Maïmonide sur le sens pédagogique et polémique des Commandements de la Loi. Dans la Kabbale, la transformation de la Tora en un *corps mystique* se réalise, avec la conscience de la dignité absolue qui l'accompagne toujours.

Ainsi, nous avons trouvé au cœur de la Kabbale un mythe de l'unité divine, comme relation des puissances primitives de tout son être, et un mythe de la Tora, comme celui d'un symbole infini, dans lequel toutes les images et tous les noms font allusion au moyen par lequel Dieu se communique.

3

Il est utile que, par un tel renouveau du mythe, nous éclaircissions les problèmes actuels de la Kabbale dans leur multiplicité, tout au moins dans leurs éléments fondamentaux.

En premier lieu, dans ce rapport avec un combat entre la pensée intelligible et discursive et la pensée figurative et symbolique à l'intérieur de la Kabbale, il est fait allusion à celle qui prête à sa littérature et à son histoire un caractère étrange. C'est ainsi que les créations de la Kabbale reposent sur des images, au contenu mythique souvent impressionnant. Il en est ainsi dans le *Bahir*, chez les gnostiques castillans du XIIIᵉ siècle, ainsi que dans le *Zohar* et chez Isaac Louria à Safed. A côté de cela, et presque toujours en même temps, nous trouvons une tendance à la justification spéculative et à l'interprétation intelligible de ces symboles. La prépondérance des symboles sur les idées apparaît justement dans ce processus. Les symboles ne peuvent en effet être vraiment et absolument résolus au moyen des idées que les kabbalistes spéculatifs veulent souvent leur substituer. On ne peut comprendre que comme symboles, des conceptions comme celles de la Schekina, le Zimzum, le vase brisé, pour n'en citer que quelques-uns, que par la suite nous évoquerons brièvement.

La pensée des kabbalistes représente une sorte de processus asymétrique : les formulations intelligibles cherchent à donner une interprétation argumentée d'images symboliquement accomplies et inépuisables. Elles essaient d'interpréter ces images comme des abréviations de séries de concepts intelligibles. L'échec notoire de ces tentatives prouve qu'elles ne le sont pas. A ce propos, examinons quelques détails. Les kabbalistes créaient des images et des symboles, peut-être y réveillaient-ils un héritage très ancien — mais ils n'ont eu que très rarement le courage de représenter également sans réserve et sans phrase ces images qui se sont si efficacement imposées à eux. La plupart du temps, ils essaient d'intervenir : plus l'image est téméraire, plus on peut s'attendre à ce qu'elle soit accompagnée (comme une excuse) d'un « si l'on pouvait dire... » restrictif, ou quelque chose de semblable, de la part de celui qui l'emploie. Nous ne devons pas oublier que ce ne sont pas toujours les mêmes kabbalistes qui créent les images mythiques et les limitent d'une façon aussi prudente, ou veulent les expliquer comme des abréviations plus ou moins inoffensives, et aussi souvent comme un développement d'idées profondes. Les grands documents classiques de la Kabbale, le *Bahir*, le *Zohar* et les écrits de l'école de Louria ne sont pas entravés dans leur production ou leur emploi par de telles images, profondément problématiques du point de vue de la théologie. Ils ne se limitent pas ; au contraire, pourrait-on dire, ils s'abandonnent aux images et les poussent à dessein à l'extrême. D'autres kabbalistes importants, chez lesquels l'instinct mystique pur est plus fort, évitent parfois le langage mythique et cherchent à transformer les idées philosophiques (et même de la tradition platonicienne) en symboles mystiques, comme c'est particulièrement le cas chez Asriel de Gérone, Abraham Aboulafia de Saragosse et Moïse Cordovero à Safed. On peut dire que la tension, qui a toujours existé, entre Gnose et Platonisme, s'est répétée de la même manière au sein du Judaïsme.

Mais cela nous conduit plus loin. Nous pouvons encore nous poser une question : est-ce que ces images, par lesquelles la Kabbale exprime le monde secret et la vie cachée de la divinité, sont indépendantes, ou bien forment-elles une ancienne tradition ? Nous avons affaire à une situation très compliquée et l'on ne peut guère répondre à la question de savoir quelles sont les sources historiques de ce monde de symboles. La gnose apparaît comme le pont reliant le mythe et son univers dans les images kabbalistiques; la question de ses liens avec la Kabbale, du point de vue historique et métaphysique, se pose donc également ici. Il faudrait ainsi entrer dans le problème de la filiation historique de la Kabbale et de ses relations possibles avec les traditions gnostiques (j'en ai traité à un autre endroit d'une manière détaillée [4]). Disons ici d'une façon résumée que l'existence de fils reliant la plus ancienne tradition kabbalistique à l'héritage gnostique, si ténus soient-ils, me semble réelle. Naturellement, on affirme parfois qu'il ne s'agit pas seulement d'un rapport historique mais d'un développement parallèle, qui apparut davantage aux XIIe et XIIIe siècles que le rapport historique direct. L'hérésie cathare était même relativement indépendante des éléments gnostiques du manichéisme et même en grande partie ignorée par ce dernier. A titre de résultat de longues recherches sur la question des origines de la Kabbale, je crois pouvoir dire que, mis à part quelques éléments certainement essentiels, la Gnose de la Kabbale s'est développée d'elle-même et d'une façon autonome. Nous n'avons pas ici un « ou bien — ou bien » entre l'explication historique ou psychologique, mais un « aussi bien... que ». Les systèmes de la Kabbale qui sont les plus marqués par des caractères apparement gnostiques, comme ceux du Zohar ou de Isaac Louria, sont précisément compréhensibles de l'intérieur et à partir de prémisses juives.

Un telle constatation entraîne de plus en plus profondément dans la problématique de la Kabbale : la Gnose était, du moins dans certains de ses mobiles les plus fondamentaux, une révolte (née en partie dans le peuple juif) contre le Judaïsme antimythique, une manifestation de forces plus intenses, qui donneront naissance à des mythes. Le Judaïsme rabbinique classique rejette cette forme hérétique au IIe siècle de notre ère d'une façon définitive, semble-t-il, mais dans la Kabbale (et par là nous sommes au cœur de notre problème) une telle conception du monde gnostique n'apparaît pas seulement comme une interprétation théosophique du monothéisme juif (et cela au milieu de l'époque florissante des « Lumières juives » du Moyen Age), mais peut s'affirmer au centre du Judaïsme comme son secret le plus profond. Les symboles gnostiques et quasi-gnostiques deviennent, dans le *Zohar* et chez Isaac Louria, l'expression la plus profonde du monde des croyants juifs représenté par les kabbalistes pieux orthodoxes. Si la Kabbale, dans sa première impulsion, fut une réaction mythique à l'intérieur de la pensée monothéiste qui luttait dans la misère, cela peut se traduire en d'autres termes : les kabbalistes agissaient et vivaient en réaction contre un monde qu'ils ne se lassaient pas en conscience d'affirmer. Et cela mène certainement à de sérieuses ambiguïtés (5).

Le monde d'où ils viennent, le sévère monothéisme de la Loi, la *Halacha*, ce vieux Judaïsme dans lequel ils se savent enracinés, ne supporte pas sans façon d'être déchiré mythiquement en son cœur. Les mondes étrangers de caractère mythique ont toujours eu leur part dans les images primitives des kabbalistes, même si elles surgissent des profondeurs de la plus pure religion juive. Sans elles, les cogitations des anciens kabbalistes n'auraient laissé aucune trace (et certainement pas celle que nous trouvons ici), et c'est ce qui leur donne leur fragilité. La gnose, l'une des dernières grandes manifestations du mythe dans la pensée religieuse, concentrée en partie dans le combat contre celle des vainqueurs juifs, a donné la parole aux mystiques juifs. La signification de ce paradoxe ne peut être surestimé. La langue des gnostiques doit être changée ; le but des anciennes images mythiques que les gnostiques ont laissées en héritage aux rédacteurs du *Bahir*, et par là à la Kabbale tout entière, était finalement et seulement la destruction d'une Loi que l'ordre mythique avait brisée. Ainsi, dans les sphères éloignées de la Kabbale, doit-on discerner la vengeance du mythe, et en même temps la contradiction intérieure de ses symboles. Il faut souligner une chose qui est valable pour les essais systématiques de spéculation kabbalistique comme pour plusieurs systèmes gnostiques, à savoir qu'un monde qui appartient au mythe peut être décrit et construit au moyen d'une pensée qui élimine le mythe. La contemplation théosophique de la vie secrète de la divinité comme réalité religieuse la plus essentielle a édifié, au milieu du royaume de la mystique et de l'expérience mystique, un nouveau monde mythique, une dialectique. Cette dialectique, en dehors de la Kabbale, doit produire dans l'histoire de la mystique des exemples moins significatifs que la religion de Jacob Böhme, dont l'affinité avec le monde de la Kabbale était déjà apparue à ses plus anciens adversaires, et que la littérature autour de Böhme était arrivée à faire oublier.

Ce renouveau des conceptions mythiques dans la pensée des mystiques juifs les met dès le début en relation (à l'aide de certaines impulsions de la croyance populaire) avec certains instincts primitifs comme la peur de vivre et de mourir, à laquelle la philosophie juive n'a rien su rétorquer de sensé. La philosophie juive a payé cher la manière dont elle s'est détournée des couches primitives de la vie humaine. Elle n'a pas érigé en problèmes ces angoisses dont sont faits les mythes. Elle semble même nier l'existence de ces problèmes. Cette attitude des philosophes et des kabbalistes est plus négative que leur position vis-à-vis du problème du mal et du démoniaque dans le monde. Cette question est jugée par les philosophes juifs essentiellement comme un faux problème, tandis qu'elle constitue pour les kabbalistes un des grands moteurs de leur pensée. Le sens de la réalité du mal et de l'horreur du démoniaque, que les kabbalistes tendent à rechercher, au lieu de l'éviter comme les philosophes, s'unit dans ses efforts avec tout ce qui touche la croyance populaire et toutes les formes de la vie juive, où ces angoisses trouvent leur expression. Il est vrai que les kabbalistes, dans leur idéologie (à la différence des pensées métaphysiques ou plus ou moins élevées des allégories philosophiques), rétablissent souvent le sens que le rite avait sinon à l'origine, du moins dans la conscience populaire. Par conséquent, si le démoniaque de la vie a été l'un des facteurs les plus efficaces et en même temps les plus dangereux dans le développement de la Kabbale, sa parenté avec les intérêts religieux des couches les plus éloignées du peuple est sans doute confirmée. Le paradoxe, qu'un groupe aussi aristocratique de mystiques ait pu avoir une action aussi extraordinaire justement dans le peuple, perd donc beaucoup de son étrangeté. Il serait difficile de trouver des mœurs et des coutumes religieuses qui doivent leur naissance ou leur développement à des démarches de la pensée philosophique. Mais il est bien connu que nombre de rites sont issus de considérations kabbalistiques, ou leur doivent en tous cas la forme sous laquelle ils se sont affirmés. Il est indéniable que par cette descente des hauteurs de la spéculation théosophique vers les profondeurs de la pensée et de l'action populaires (si intimement liées ici), la pensée des kabbalistes a perdu beaucoup de son éclat. Lorsque leurs mots trouvèrent une expression adéquate, ils devinrent ainsi facilement frustes. Les dangers qui menacent la conscience religieuse dans le mythe et la magie sont sérieusement apparents (pour l'histoire de la religion juive) dans le développement de la Kabbale, et celui qui cherche à pénétrer plus profondément dans la pensée des grands kabbalistes se défait rarement d'un sentiment complexe d'admiration et de déplaisir.

4

Si nous nous tournons vers la question kabbalistique de Dieu, nous discernons le plus clairement son caractère mythique dans l'enseignement des dix « Sefiroth », puissances et façons d'agir du Dieu vivant ([6]). La doctrine kabbalistique de l'unité dynamique de Dieu, telle qu'elle apparaît chez les kabbalistes espagnols, est celle d'un processus théogonique dans lequel Dieu sort de son secret et de l'inexprimable de son être et se présente en créateur. Les étapes de ce processus sont rendues intelligibles au moyen d'une abondance d'images et de symboles, dont chacun vise un aspect de la divinité dans une manifestation particulière. Mais ces images sous lesquelles Dieu apparaît ne sont pas autre chose que les images primitives de tout son être. Ce qui constitue la structure mythique particulière du complexe symbolique kabbalistique, c'est la limitation de la plénitude infinie des aspects sous lesquels Dieu est envisagé, en dix catégories primitives par lesquelles nous voulons toujours circonscrire la conception qui est le fondement de l'idée des *Sefiroth*. Dans le « Livre de la création », d'où ce terme vient, les dix noms archétypiques (de *safar* = compter) apparaissent comme les puissances fondamentales de tout son être, mais sans que, dans chaque livre ancien, une multitude de symboles soient liés à chaque *Sefira*, symboles dans lesquels d'autres images primitives seraient liées à une structure particulière. La théosophie médiévale de la Kabbale a seule fait ce pas en avant, en reprenant et développant des exégèses gnostiques sur le monde des éons.

L'ensemble de ces puissances, qui sont réunies dans les « Urdekas », forme le monde des *Sefiroth*, monde de l'unité divine en développement, qui renferme en elle les archétypes de tout son être. Ce monde qui, on ne l'accentuera pas assez, est un monde de l'être divin intérieur, se répand sans rupture et sans recommencement dans les mondes secrets et visibles de la création, qui répètent tous dans leur structure cette structure intérieure divine et s'y reflètent. Dans le sens des kabbalistes ce processus, qui dans la création va vers l'extérieur, n'est rien d'autre que le côté exotérique d'un événement qui se perd au plus profond, en Dieu, et dont les étapes déterminent la forme mythique particulière de la notion des *Sefiroth*. Sur un nouveau plan de l'expérience et de la contemplation mystique, on voit réapparaître les structures mythiques, non plus dans la personne des anciens dieux mais dans une personne, concentrée dans un monde considéré à partir de l'arbre des *Sefiroth*, d'une façon nouvelle et souvent étrange. L'analyse de toutes les images mythiques anciennes et modernes, qui apparaissent en abondance dans cette symbolique kabbalistique, est l'une des tâches les plus fascinantes de la recherche de la Kabbale. C'est justement cette symbolique qui occupe le centre des anciens écrits des kabbalistes, particulièrement de la période espagnole. Et peu d'écrits, de ce point de vue, peuvent être plus attirants pour celui qui recherche l'héritage primitif représenté dans les symboles mystiques, que les homélies du *Zohar* ou la tentative de développement systématique de cette symbolique, telle qu'elle apparaît de la façon la plus riche dans les « Portes de la lumière » de Josef Gikatilla (*Scha'are 'Orah*).

Deux ou trois exemples montreront combien nous avons affaire à la réapparition du mythe, « liquidé » cruellement par la théologie juive.

La re-mythisation qui s'achève d'une façon paradoxale dans la Kabbale, et par conséquent la liquidation des formules de la « création à partir du néant » me semble bien illustrer le problème auquel nous avons affaire ici. Il est connu que cette conception d'une création à partir de rien était à l'opposé de la domination du chaos par le Dieu créateur, et bien éloignée du *Theologoumenon* biblique de la création, la formule par laquelle la soi-disant théologie rationnelle du rabbinisme tardif pensait achever sa rupture avec toutes les catégories mythiques. Dans le remplacement du chaos par le néant, on croit retrouver la garantie de la liberté du Dieu créateur, libéré de toute détermination mythique, dont la création n'est plus ni combat ni crise, mais un acte d'amour. Rien de cela n'est conservé dans la Kabbale, sauf la formule elle-même, dépouillée mais portée publiquement en bannière, alors que son contenu réel est au contraire détruit. Comme on pouvait le conclure implicitement des remarques faites plus haut sur le sens des *Sefiroth* et de l'arbre des *Sefiroth*, il n'y a plus de place dans ce monde pour un néant, dans le sens de la conception théologique. Dieu sort de sa retraite secrète pour apparaître dans sa puissance, dans le tronc et les branches de l' « arbre » théogonique, cosmogonique, et sa puissance agit dans des sphères toujours plus éloignées. Partout nous avons affaire à un mouvement continu, et si une cassure, un néant originel apparaissaient, cela ne pourrait provenir que de l'essence de Dieu. Et c'est précisément la conséquence que les mystiques juifs ont tirée au travers du maintien des anciennes formules. Le chaos, qui était éliminé dans la théologie de « la création à partir du néant », réapparaît dans de nouvelles métamorphoses. Ce néant était présent de tout temps en Dieu lui-même, pas hors de Lui, ni provoqué par Lui. Coexistant avec la plénitude infinie de Dieu, c'est l'abîme en Dieu qui est dominé dans la créature, et la parole des kabbalistes sur Dieu qui habite dans « les profondeurs du néant », en vogue depuis le XIIIe siècle, exprime ce sentiment dans une image qui est d'autant plus étrange qu'elle s'est reconstituée à partir d'un concept peu évident. Nous pouvons parler d'un malentendu fructueux qui redécouvre des images mythiques au coeur des concepts philosophiques. Le changement d'interprétation, apparu depuis Asriel de Gérone, de la « Steresis » aristotélicienne en un néant mystique, qui apparaît à côté de la matière et de la forme comme troisième principe de tout son être, est caractéristique d'un tel malentendu.

Naturellement, ce néant, qui est une « super-essence » en Dieu Lui-même, ne sera plus abordé ainsi dans la symbolique kabbalistique. Prenons par exemple les premières lignes par lesquelles le *Zohar* décrit, dans un passage célèbre, le commencement de la création en Dieu.

> « Au commencement, lorsque la volonté du Roi commença à agir, il grava des signes dans l'Aura céleste. Une flamme sombre jaillit dans le royaume le plus caché, du mystère de l'infini, comme un nuage sans forme, se trouvant dans l'anneau (de cette Aura), ni blanc, ni noir, ni rouge, ni vert, et d'aucune couleur. D'abord, lorsque cette flamme grandit et s'élargit, elle fit naître des couleurs resplendissantes. Au plus profond de cette flamme, c'est là que jaillit une source, débordant de couleurs, cachée dans le mystère le plus secret de l'infini. La source ne perça pourtant pas l'éther environnant et demeura tout à fait inconnue jusqu'à ce que, par la suite, la puissance de sa percée ait éclairé le point le plus haut et le plus caché. Au-dessus de ce point il n'y a rien de reconnaissable, et c'est pourquoi il s'appelle *Reschith*, le premier des dix mots de la création, par lesquels le Tout fut créé. » (I : 15 *a*.)

Nulle part dans ce mythe cosmogonique, qui se poursuit encore longtemps dans ce passage du *Zohar*, il n'est question d'un néant. A sa place est apparue, sous un tout autre aspect, l'Aura de lumière, *En-Sof* que l'infini entoure sans commencement et sans avoir été créé. Lorsque le *Zohar*, dans d'autres passages, traite expressément d'un tel néant, il fait allusion constamment à cette manière la plus intérieure de l'être en Dieu lui-même, qui devient créatrice dans l'émanation des *Sefiroth*. Ce néant est justement la plus élevée et la première de toutes les *Sefiroth*. C'est, dans la symbolique des kabbalistes, la « racine de toutes les racines », dont l'arbre se nourrit. Rien ne serait plus faux que d'admettre que cette racine provienne elle-même d'un acte libre de la création. Seule la Kabbale tardive a introduit l'idée d'un tel acte de création, avant tout chez Moïse Cordovero et, sous d'autres formes, chez Isaac Louria.

Le point de départ dont il est question dans le passage du *Zohar* cité, est considéré comme une deuxième *Sefira*, comme le premier commencement du néant de Dieu, supposé issu de l'image du point. Il est la semence du monde. En tant que puissance créatrice paternelle et masculine dans laquelle est semé le sein originel de « la mère d'en haut », se développant à partir d'elle, se transformant mutuellement et devenant fertile en elle, il libère alors les septs autres puissances. Elles ne seront pas interprétées par les kabbalistes seulement comme les archétypes de toute créature, mais en même temps (dans Gen. 1) comme les sept jours originels, c'est-à-dire les stades primitifs du « devenir » divin. Parmi ces images de la nature élémentaire mais aussi de la vie humaine, la manière particulière de chacune des sept puissances (ou jours originels) est représentée.

Le contenu mythique de ces symboles est infiniment riche. Il jaillit plus nettement dans la symbolique, pour laquelle ce Dieu, qui se dévoile dans le monde des *Sefiroth*, représente justement l'homme dans sa forme la plus pure, *Adam Kadmon*, l'homme originel. Le Dieu, qui peut être visé par l'homme, se présente justement comme homme originel. Le grand nom de Dieu dans son développement créateur est justement Adam, comme les kabbalistes le disent en s'appuyant sur une « Gematria » ahurissante (Isopsephie) (7). Déjà le *Bahir* connaît les « sept formes sacrées de Dieu », qui ont toutes leur correspondant dans les membres des hommes ; à partir de là il n'y avait qu'un pas jusqu'au développement de l'idée d'*Adam Kadmon* et la question anthropomorphique et mythique de Dieu reçut sans cesse à partir de cette idée de nouvelles justifications et de nouveaux apports. Le monde intérieur de l'homme, objectif ou non, comme il est décrit dans l'*Adam Kadmon*, est, comme le répète le *Zohar*, le domaine auquel tout son discours ésotérique se rapporte, car ce monde du Dieu apparaissant dans le symbole de l'homme est les deux à la fois : il est le monde de l'homme « intérieur », mais aussi le domaine qui ne s'ouvre qu'au croyant dans la contemplation et que le *Zohar* considère comme un « secret de la foi », *rasa demehemanutha*.

Ce qu'il y a de mythique dans ces conceptions apparaît avec plus de force dans la séparation entre puissance engendrante et réceptrice en Dieu. Dans plusieurs couples de *Sefiroth* qui se répètent et s'élèvent, cela s'exprime surtout dans la symbolique des deux dernières *Sefiroth*. La neuvième Sefira, *Jessod*, est la puissance (décrite, sans être déguisée, par la symbolique phallique) de la génération, du « fondement » de tout ce qui est vivant, par laquelle le *hieros gamos*, l'union sacrée des formes masculines et féminines, est garantie et accomplie.

Cette question des figures féminines en Dieu, qui ont avant tout leur expression dans la dernière Sefira, contient la représentation la plus étonnante du mythe et il me semble utile de faire quelques remarques sur l'idée kabbalistique de la *Schekina*, qui va plus loin que l'ancienne conception rabbinique. Je veux ne faire ressortir que quelques motifs centraux, qui sont essentiels pour la compréhension de cette idée fondamentale ; mais il ne faut pas oublier que d'autres motifs, dont il n'est pas question ici, sont liés à cette idée dans la littérature kabbalistique.

Dans la littérature talmudique et le judaïsme rabbinique non kabbalistique, on ne comprendra pas sous le mot Schekina (littéralement : habitation, à savoir de Dieu dans le monde) autre chose que Dieu lui-même dans sa présence et son activité dans le monde, et surtout dans Israël. La présence de Dieu, appelée « son visage » dans la Bible, est la *Schekina* dans le langage rabbinique. On ne rencontre nulle part dans la littérature plus ancienne de division entre Dieu Lui-même et sa Schekina, au sens d'une hypostase particulière, qui serait séparable de Dieu. Il en est tout autrement dans le langage de la Kabbale, à partir du *Bahir*, qui contient déjà la plupart des idées essentielles sur la *Schekina*. Elle y apparaît sous un aspect de Dieu, qui est compris comme un élément féminin en Lui et allant presque de soi. Nous trouvons déjà cette idée d'une certaine manière, comme nous l'avons dit plus haut, dans la troisième Sefira, qui représente en même temps la puissance démiurgique en tant que mère supérieure ou Schekina supérieure. Des sept puissances émanant d'elle, les six premières sont symbolisées comme les membres principaux de l'homme originel, et résumées comme le « fondement » phallique, qui est la représentation symbolique de la justice (*Zaddik*) comme celle de Dieu gardant les forces de la génération dans ses limites légitimes. Dieu est le droit, dans la mesure où il conduit cette force vitale vers tous les vivants, une force contenue dans sa propre Loi. Tel est l'homme qui porte en lui les forces de la génération dans ses limites légitimes, celui qui sait donner sa place à chaque chose, le juste auquel les kabbalistes appliquent le verset des Proverbes : « Le juste est le fondement du monde » (10 : 25).

La dixième Sefira ne représente plus un membre de l'homme, mais représente (en tant que complément du « masculin ») le féminin comme mère, épouse et fille à la fois, quoique se manifestant différemment sous ces divers aspects. L'affirmation d'un élément féminin en Dieu est naturellement l'un des progrès les plus riches en conséquence que la Kabbale ait accomplis en essayant de se fonder sur l'exégèse gnostique. Considérée souvent avec méfiance par le judaïsme rabbinique non kabbalistique et très strict, minimisée souvent par l'apologétique kabbalistique, la féminisation de la Schekina prouve la grande popularité que les aspects mythiques de cette conception ont acquise dans les cercles les plus vastes du peuple juif, et montre aussi que les kabbalistes ont suivi ici une impulsion religieuse fondamentale qui continue à agir dans le judaïsme.

Deux autres symboles, parmi beaucoup d'autres, sont décisifs pour la compréhension de la Schekina kabbalistique : son identification avec la communauté mystique d'Israël, d'une part, et avec l'âme (*Neschama*), d'autre part, toutes les deux issues du *Bahir*. Dans le Talmud et le Midrasch nous trouvons l'idée de la « communauté d'Israël » (dont découle le concept chrétien d'Église) seulement dans le sens d'une personnification de l'Israël historique et réel et comme tel placé en face de Dieu. La signification allégorique du Cantique des Cantiques par rapport à Dieu et envers l'Église juive, comme le Judaïsme le rapporte depuis toujours, ne sait rien d'une élévation mystique de l'état de l'Eglise à celui d'une puissance divine ou hypostase. La littérature talmudique n'identifie jamais la Schekina avec l'Église. Il en est tout autrement dans la Kabbale, où cette identification amène la symbolique de l'idée de féminité dans la sphère du divin. Tout ce qui avait été dit dans les interprétations talmudiques du Cantique des Cantiques sur la communauté d'Israël comme fille et fiancée, fut alors reporté sur la Schekina. Je doute que nous puissions nous livrer à des affirmations sensées, là où l'événement a la priorité : l'événement qu'est le renouveau d'un élément féminin en Dieu à travers les kabbalistes les plus anciens, ou bien l'identification exégétique des deux concepts de l'Eglise d'Israël et de la Schekina, autrefois séparés et à travers lesquels une grande part de l'héritage gnostique peut être maintenu sous une métamorphose juive. Je ne peux trancher ici entre l'événement psychologique et historique, qui représente dans son unité particulière le pas décisif de la théosophie kabbalistique. A cela s'ajoute un troisième élément, je l'ai déjà dit : la symbolique de la Schekina en tant qu'âme dans le *Bahir* et le *Zohar*. Que la sphère de la Schekina représente le lieu de la Psyché, est tout à fait neuf. N'était-ce pas le point le plus élevé de l'âme, que les conceptions juives plus anciennes ne représentent que dans ou sous le trône de Dieu. L'origine de l'âme dans ce concept féminin en Dieu Lui-même est d'une grande importance pour la psychologie de la Kabbale. L'idée de la Schekina, caractérisée dans ses traits fondamentaux les plus élémentaires, contient tout son caractère mythique, mais seulement à travers deux séries inséparables d'idées, celle de l'ambivalence de la Schekina, et celle de son exil.

En tant qu'élément féminin, mais aussi en tant que Psyché, la Schekina présente aussi des traits effrayants. Dans la mesure où toutes les Sefiroth antérieures sont résumées en elle, les puissances de la Grâce et de la Justice agissent avec une prépondérance alternée dans la Schekina, qui reçoit tout en elle et n'a rien hors d'elle-même. La force dirigeante en Dieu est l'origine du mal en tant que réalité métaphysique, qui provient de l'hypertrophie de cette force. Mais il y a un état du monde dans lequel la Schekina est prisonnière des forces de la Justice. On pense qu'elles viennent en partie de la Sefira de la Justice et se sont mêlées à elle. Comme l'exprime le *Zohar* : De temps en temps la Schekina goûte au côté amer, et sa grâce est alors obscure. Ce n'est pas par hasard que la très vieille symbolique lunaire réapparaît dans ce contexte. De ce point de vue, la Schekina apparaît alors comme « l'arbre de mort », opposé à l'arbre de vie. Lorsqu'elle apparaît en outre comme la mère miséricordieuse d'Israël, elle devient à ce stade le véhicule de la force qui dirige et qui juge. Disons ici que ces aspects quasi-démoniaques de la Schekina, de « la mère d'en bas » près de la « mère d'en haut », de la troisième Sefira, n'apparaissent pas encore. C'est en fait le démiurge (*Jozer bereschith*), mais avec une valeur positive et sans la nuance méprisante que les anciens systèmes gnostiques mettent dans ce terme. L'enchevêtrement de motifs étranges et contradictoires dans la symbolique de la troisième Sefira, qui est particulièrement « chargée » du point de vue mythique, en tant que mère originelle de tout l'Etre, est donc très compliqué.

Cette idée de l'ambivalence de la Schekina, de ces « phases » alternées, est en rapport avec celle de son exil (*Galuth*). L'idée d'un exil de la Schekina est talmudique : « Dans chaque exil où fut envoyé Israël, la Schekina était là » (8). Mais cela ne signifie plus que la présence de Dieu était avec Israël dans tous ses exils. Dans la Kabbale, cette idée exprime ceci : « Quelque chose de Dieu est lui-même exilé de Dieu ». Les deux séries de motifs, de l'exil de la communauté d'Israël dans le Midrasch et de l'exil de l'âme loin de son origine (qui apparaît dans de nombreuses idées et non seulement gnostiques) se réunissent dans le nouveau mythe kabbalistique de l'exil de la Schekina. Cet exil est quelquefois représenté comme le bannissement de la reine ou de la fille du roi par son époux ou son père, quelquefois aussi comme une victoire des forces démoniaques de « l'autre » côté, qui pénètrent dans le domaine pour subjuguer et soumettre à leur action dirigeante.

Dans la première Kabbale, cet exil n'est pas encore, la plupart du temps, un exil qui date du début de la création. Cela n'arrivera que dans la Kabbale de Safed, au XVIe siècle. L'exil de la Schekina, ou en d'autres mots la séparation du principe masculin et féminin de Dieu, est comprise en grande partie comme l'action destructive des péchés humains et de leur sens magique. Les péchés d'Adam se répètent sans cesse dans d'autres péchés. Au lieu de pénétrer, par la contemplation, dans l'ensemble des « Sefiroth » et dans leur unité prodigieuse, Adam tomba, lorsqu'on lui posa le choix, sur le chemin le plus facile, la dernière Sefira, dans laquelle pourtant tout semble indiquer comment contempler la divinité, séparée des autres « Sefiroth ». Au lieu d'éprouver l'unité de l'activité divine dans les mondes qui sont encore dominés par le règne de la vie secrète de la divinité, et de la renforcer dans son propre accomplissement, il la déchire. Depuis, le haut est profondément séparé du bas, le masculin du féminin. Cette séparation est décrite par beaucoup de symboles. C'est la séparation de l'arbre de vie, de celui de la connaissance, mais aussi la séparation de la vie et de la mort, c'est l'arrachage des fruits de l'arbre, auquel ils devaient rester attachés ; c'est aussi le pressage des sèves de la Justice à partir du fruit sacré de la Schekina, exprimés avec beaucoup de profondeur dans ce contexte. Mais c'est également la réduction de la lune, qui réapparaît dans d'autres symboles cosmiques. Et comme, pour le sentiment religieux des vieux kabbalistes, l'exil de la Schekina est un symbole de notre propre faute, ce doit être le sens de l'activité religieuse de relever d'un tel exil, ou d'y travailler. La réunion nouvelle de Dieu et de sa Schekina est le sens de la rédemption. En elle, l'élément masculin et l'élément féminin, considérés à nouveau mythiquement, seront ramenés à leur unité originelle, et dans l'unité ininterrompue des deux éléments, les puissances afflueront librement à travers tous les mondes Sous le pouvoir de la Kabbale, chaque fait religieux devait être accompagné de la formule : cela arriva expressément « pour l'amour de la réunion de Dieu avec sa Schekina » — une formule qui revient dans tous les textes et livres liturgiques du Judaïsme tardif, avant qu'elle ne soit écartée par le Judaïsme éclairé du XIXe siècle, qui ne savait que faire de telles idées, et éliminée des livres de prières au profit de celles de l'Occident.

En conclusion, je voudrais faire allusion au fait que les représentations symboliques de ce grand mythe (si riche en conséquences pour l'histoire de la Kabbale) de la Schekina et de son exil, se trouvent dans beaucoup de vieux rites ressurgis au jour. Le « rituel » des kabbalistes est déterminé, du commencement à la fin, par cette idée profondément mythique.

5

Il a été question plus haut, à titre d'exemples, de quelques symboles des kabbalistes, qui, me semble-t-il, peuvent illustrer parfaitement le problème des relations de la Kabbale et du mythe. Dans les systèmes des anciens kabbalistes, et avant tout le *Zohar*, nous avons non seulement affaire à une réanimation de quelques motifs mythiques mais nous trouvons une couche épaisse d'idées mythiques et de mythes élaborés. Aussi intéressante que soit, du point de vue idéologique, la réinterprétation spéculative et théologique d'une telle pensée mythique, que nous trouvons ensuite chez tant de kabbalistes (comme nous l'avons remarqué plus haut), elle ne peut être supérieure à la substance psychique qui en est le fondement. Dans plusieurs cas, à mon avis, la nouvelle formulation des mythes est esquissée sous une forme théorique, même dans la conscience de son créateur, et également comme le masque exotérique du contenu mythique ressenti comme mystère sacré.

Le mythe apparut de la façon la plus marquante (mis à

part le *Zohar*), dans les systèmes importants de la Kabbale tardive, chez Isaac Louria (1534-1572) à Safed, mais aussi, à la suite du mouvement de messianisme kabbalistique soulevé par lui, dans les *Theologoumena* hérétiques des Sabbatianistes. Toutes deux, la Kabbale orthodoxe de Louria et celle, hérétique, de Nathan de Gaza (1644-1680), des prophètes et théologiens du Messie kabbalistique Sabbatai Zwi, constituent les exemples parfaits des cultures de mythes gnostiques, à l'intérieur ou aux limites du Judaïsme rabbinique ; l'une, forme orthodoxe stricte d'une telle gnose, l'autre tendant à devenir hérétique et antinomiste. Les deux formes du mythe kabbalistique posent, en rapport étroit avec l'expérience historique du peuple juif, un fait qui explique sans doute une grande partie de la fascination que toutes deux, mais surtout la Kabbale lourianique, ont exercée sur les couches lointaines mais justement religieusement sensibles du peuple juif. Je ne puis parler ici de la mythologie hérétique des Sabbatianistes. Mais j'aimerais exposer au moins dans ses traits fondamentaux la structure du mythe lourianique, à titre d'exemple idéal du problème qui nous préoccupe ici. Il peut paraître présomptueux d'esquisser un tel résumé d'une ligne de pensée qui, dans sa forme littéraire canonique, nécessita plusieurs volumes épais pour parvenir à sa complète exposition ([9]) ; dans une grande partie, seule pénètre la pratique de la méditation mystique, qui contient des formulations théoriques. Pourtant, la structure fondamentale, le mythe fondamental de Louria, si j'ose employer cette expression, est d'une clarté si inhabituelle et si pénétrante, que son analyse, même brève, en vaut la peine.

Le mythe de Louria est, du point de vue historique, la réponse à l'expulsion des Juifs d'Espagne, un événement qui, comme aucun autre (avant les dernières années catastrophiques de l'histoire juive), a révélé l'urgence de la question du sens de l'exil et de l'appel du Juif dans le monde à la conscience des contemporains. Cette question s'exprime encore plus profondément que dans le *Zohar*, c'est la question du sens de l'expérience historique du Juif en exil, telle qu'elle est posée au centre des nouvelles conceptions que pose le système de Louria.

Ce nouveau mythe de Louria est concentré en trois grands mythes, dans la doctrine du *Zimzum*, ou la limitation propre de Dieu, de la *Schebira*, ou vase brisé, et du *Tikkun*, la formation extérieure harmonieuse, mais aussi la réparation et la restauration de la souillure du monde, qui provient du vase brisé.

L'idée du *Zimzum*, que le *Zohar* ignore et qui n'atteint, soutenue par d'autres conventions, sa signification propre que chez Louria, est très étonnante. Elle pose au début du drame du monde, qui est un drame de Dieu, différemment des systèmes plus anciens, non pas un acte d'émanation ou quelque chose de semblable, dans lequel Dieu sort de lui-même, se communique et se révèle, mais plutôt un acte par lequel il se limite en lui-même, se retire sur lui-même et contracte son essence en un plus profond secret de son être, au lieu de tendre vers l'extérieur. L'acte du *Zimzum* est pour Louria l'unique garantie qu'un processus du monde existe, dans lequel c'est justement le retour de Dieu en lui-même, qui crée n'importe où un espace originel pneumatique (appelé *Tehiru* par les kabbalistes) et permet que quelque chose existe, qui ne serait pas tout à fait Dieu dans son entité pure. Les kabbalistes ne le disent pas directement, mais cela est contenu implicitement dans leur symbolique : ce retour de l'essence de Dieu en lui-même est l'une des plus profondes formes de l'exil, du bannissement. Avec l'acte du *Zimzum*, les forces dirigeantes qui sont réunies en l'être de Dieu dans une harmonie infinie avec les racines de toutes les autres puissances, sont rassemblées et concentrées en un point, précisément dans cet espace originel d'où Dieu se retire. L'idée de l'élimination progressive et de la dissolution de ces puissances dirigeantes, dans lesquelles le mal est finalement en Dieu, définit chez Louria lui-même le caractère ésotérique entier du processus suivant, comme une purification de l'organisme divin des éléments du mal. Cette doctrine, en même temps théologique, choquante ou problématique, et qui avec d'autres motifs est sans doute en contradiction avec la pensée de Louria, cette doctrine d'un processus de sélection progressif du mal à partir de Dieu, est affaiblie ou dépassée principalement par son élève Chajim Vital, dans son grand ouvrage *Ez Chajim*, « l'arbre de vie ». Ainsi, le *Zimzum* apparaît non pas comme une crise originelle nécessaire en Dieu Lui-même, mais comme un acte libre d'amour qui affranchit d'abord (certainement de manière assez paradoxale) les forces de la Justice.

Dans cet espace originel (ou Plérome), les racines de la Justice séparées dans le *Zimzum* sont mêlées au résidu de la lumière infinie de la divinité qui s'est retirée de lui. Et le travail — l'un dans l'autre et l'un contre l'autre — de ces deux éléments, dans lesquels pénètre, plus tard, un rayon de l'essence de Dieu qui retombe dans l'espace primitif, détermine la nature des formes qui se construisent ici. Les événements qui interviennent dans ce Plérome sont conçus par Louria comme tout à fait intérieurs à Dieu. Il s'agit pour lui de la naissance des manifestations de l'infini dans le Plérome, qui révèlent à sa conscience le Dieu vivant dans l'unité de ces formes primitives. Car pour Dieu, ce qui est entré dans le processus du *Zimzum* et les degrés qui s'ensuivent, cette essence infinie de Dieu qui s'est cachée, joue souvent pour l'homme à peine un rôle. Le conflit entre le caractère personnel de Dieu, avant le *Zimzum*, et son essence proprement impersonnelle qui acquiert de la personnalité dans le processus du *Zimzum*, reste insurmontable.

Dans l'espace originel se forment les images primitives de l'Être divin, ces formes définies par la structure des Sefiroth, d'*Adam Kadmon*, de Dieu qui entre dans la création en tant que créateur. La situation précaire des différentes manifestations de la lumière divine, qui opèrent ici ensemble, provoque plus tard des crises. Tout, mais aussi tout ce qui se forme dans le Plérome, après l'émission du rayon à partir de la lumière de l'*En-Sof*, de l'être infini, porte les traces du double mouvement du *Zimzum* toujours renouvelé et de l'émanation qui afflue et se presse vers l'extérieur. Chaque degré de l'être se fonde dans cette tension. Des oreilles, de la bouche et du nez de l'homme premier jaillissent des signes qui révèlent des configurations profondément cachées, des mondes de l'état le plus intérieur. Mais l'esquisse principale de la création commence avec les lumières qui sortent étrangement des yeux de l'*Adam Kadmon*. Car ces vases, nés des mélanges de lumière les plus inférieurs, qui étaient destinés à recevoir les flots de lumière des *Sefiroth* de ses yeux et à servir d'instruments de la création, se brisèrent sous leur choc C'est la crise décisive de tout l'Être divin, de sa création, la brisure des vases, décrite par Louria avec une image zoharistique : « l'aspiration du roi originel ». Le *Zohar* interprète pourtant la liste des rois d'Edom (dans Gen. 36) qui régnèrent et moururent, « avant que des rois régnassent sur Israël », par la préexistence des mondes de la force dirigeante, qui périssent en eux par l'hypertrophie de cet élément. L'effort des premiers rois, orienté par le manque d'harmonie entre les éléments masculin et féminin, tel que le *Zohar* le connaît, se métamorphose pour Louria en « brisure des vases » ; c'est en sorte une crise des forces de la justice, qui, dans cet événement, sont rejetées vers le bas dans leurs parties les plus inassimilables et développent comme puissances démoniaques une existence propre. Deux cent quatre-vingt-huit étincelles venant du feu de la Justice, les plus dures et les plus lourdes, se précipitent vers le bas, mêlées aux débris des vases brisés. Car rien ne subsiste après cette crise comme auparavant. Toutes les lumières provenant des yeux de l'*Adam Kadmon* affluent à nouveau vers le haut, réfléchies par le choc sur les vases, ou se brisent en bas, et les principes de cet événement sont développés en détail par Louria. Là où quelque chose devait être, il n'y a plus rien. Tout se trouve ailleurs. Mais un être qui n'est pas à sa place, est en exil. Et ainsi tout être, à partir de cet acte premier, est en exil, a besoin d'être reconduit et a besoin également de rédemption. La brisure des vases se poursuit dans tous les stades suivants de l'Émanation et de la Création ; tout est comme brisé, tout a un défaut, tout est inachevé. La question des causes de cette cassure en Dieu est aussi irréfutable pour la Kabbale de Louria qu'insoluble auparavant. La réponse ésotérique à cette question (à savoir qu'il s'agit d'une purification (*catharsis*) de Dieu Lui-même, et d'une crise nécessaire, qui avait pour dessein de séparer le mal de Dieu) était sûrement l'opinion de Louria ; je l'ai déjà dit, cette réponse est rarement exposée publiquement sauf peut-être par Josef ibn T'bul, le deuxième élève important de Louria. D'autres se contentent de l'allusion à la loi de l'organisme, à la semence, qui éclate et meurt, pour devenir froment. Les forces de la Justice sont comme des graines, qui sont semées, poussent dans la création, mais justement par la métamorphose de la brisure et l'effort des premiers rois.

Ainsi en est-il de la crise originelle qui, dans la pensée gnostique, constitue le point décisif pour comprendre le drame du monde et ses secrets, au travers de l'expérience de l'exil qui se conserve comme un fait cosmique, tout comme un événement saisissant Dieu dans la manifestation de son être contient ces dimensions extraordinaires qui correspondaient au sentiment du Juif de ces générations. L'idée de l'exil en Dieu est présomptueuse et téméraire dans son paradoxe gnostique mais aussi décisive pour l'action de ces idées dans le Judaïsme. Devant une théologie rationnelle, de telles idées devraient être embarrassantes. Dans le monde de l'expérience humaine du Juif, elles représentaient un grand symbole vivant et séduisant.

Les vases des Sefiroth, qui devaient recevoir l'univers de l'émanation provenant de l'*Adam Kadmon*, sont également brisés. Pour réparer cette brisure ou pour reconstruire le bâtiment qui, après la séparation des puissances devenues démoniaques d'avec la Justice pure, peut devenir quelque chose de définitivement harmonieux, des lumières curatives et constructives sortent du front de l'*Adam Kadmon*. Le troisième stade du processus symbolique, appelé *Tikkun* (« restitution ») par les kabbalistes, correspond à leur action. Ce processus s'effectue, selon la conscience de Louria, en partie en Dieu, en partie chez l'homme, en tant que couronne de toutes créatures. Il est vrai que ce n'est en aucune façon un simple processus sans équivoque ; il est au contraire exposé à une multitude de complications. Car bien que lors de la brisure des vases, les puissances qui rendent autonome le mal se fussent trouvées séparées, elles ne le furent pas encore tout à fait. Ce processus de séparation doit se poursuivre, puisque des restes de la pure puissance dirigeante restent encore dans les configurations des mondes des *Sefiroth*, qui se construisent et qui ont besoin, soit de cette séparation, soit de leur métamorphose dans les forces constructives de l'amour et la grâce.

Dans cinq formes ou configurations, appelées par Louria *Parzufim*, visages de Dieu ou de l'*Adam Kadmon*, se forme dans le monde du *Tikkun* la nouvelle personnalité du premier homme. Ce sont les apparences de la « longanimité », *'Arich*, du père et de la mère, et de la « brièveté », *Se'ir 'Anpin*, et de l'idée féminine qui la complète, la Schekina, qui, de son côté, se manifeste en deux configurations, appelées Rachel et Léa. Tout ce que l'ancienne Kabbale, et particulièrement le *Zohar*, a l'intention de dire sur l'étroite relation de l'idée de masculinité et de féminité en Dieu, se développera indéfiniment dans une exécution précise et détaillée, par le processus de formation de ces deux dernières *Parzufim* et des événements qui se produisent entre temps. En gros, la forme du *Se'ir* coïncide largement avec ce que représente le Dieu de la Révélation pour le Judaïsme traditionnel. Il est le principe masculin qui est certainement sorti de son unité première avec le principe féminin au travers de la cassure des vases, et qui doit être rétabli maintenant sur une nouvelle base, sous un nouvel aspect. Les rapports de toutes ces formes les unes avec les autres, leur action et leur réflexion dans celles d'en bas, dans les mondes de la création, de la formation, de la mise en forme qui, sous la sphère de la Schekina, achèvent le « monde de l'émanation », donnent à la gnose lourianique son intérêt principal. Tout ce qui se produit dans le monde des *Parzufim*, se répète dans tous les mondes inférieurs. Ces mondes se construisent dans un flot ininterrompu venant de lumières de plus en plus troubles. C'était l'opinion de Louria, que la dixième *Sefira* de chaque monde, c'est-à-dire la Schekina, à la fois miroir et filtre, renvoie la substance propre des lumières qui s'y engouffrent et réfléchit ou ne laisse passer vers le bas que le résidu et sa réflexion. Mais le monde de cette formation est mêlé à chaque stade aux puissances démoniaques, les *Klippoth*, ce qui leur donne leur caractère matériel et grossier dans le phénomène physique. Dans son essence, le monde de la nature est également considéré d'une manière platonique nouvelle comme un domaine spirituel. Seule la brisure des vases accompagnée de la descente de toutes choses de leur plan a mêlé ce monde à celui du démoniaque, et leur séparation est ainsi l'un des soucis centraux de tous les efforts dirigés vers le *Tikkun*.

Cette fonction, de mener le processus du *Tikkun* à ses stades décisifs, est offerte à l'homme. Car, même si nombre de ces processus de restitution se sont produits dans la constitution du monde des *Parzufim* (se déroulant donc en Dieu Lui-même), on voit pourtant se conserver sur le plan de la création l'achèvement définitif du processus de la dernière réflexion de l'*Adam Kadmon*, qui apparaît dans le monde le plus inférieur de la formation (*'Assijah*), comme Adam, le premier homme dans le sens de la Genèse. Car Adam était certainement, d'après sa nature, une forme purement spirituelle, une grande âme, dont même le corps était composé d'une matière spirituelle, un corps astral et lumineux. Les puissances supérieures, même si elles étaient brisées et troublées dans la chute, affluaient sans résistance en lui, réfléchissant en lui la vie de tous les mondes, d'une manière microcosmique. Et c'était à lui de soulever et de mettre en place (par la force réunie de sa méditation et de l'action spirituelle) les étincelles tombées, aussi loin qu'elles fussent restées dans leur exil. Si Adam avait lui-même rempli sa mission, le processus du monde aurait renvoyé au premier Sabbat son achèvement, et la délivrance de la Schekina de son exil, et la séparation de l'élément masculin du *Se'ir*, se seraient accomplies. Mais Adam refusa ; un refus qui est représenté tour à tour sous différents symboles, comme celui de l'accomplissement prématuré de la relation des éléments féminin et masculin, ou sous les symboles déjà utilisés par les kabbalistes et qui consistent à fouler les plantations paradisiaques et à arracher le fruit de l'arbre.

La chute d'Adam répète sur le plan anthropologique cet événement que la brisure des vases représente sur le plan théosophique. Tout se reprécipite dans la confusion, s'emmêle encore plus profondément et ce mélange du monde paradisiaque de la nature avec le monde matériel du mal apparaît dans sa pleine force comme une conséquence de la chute. Plus la chance de rédemption quasi-achevée était grande, plus la chute de la nature matérielle devenue démoniaque dans les profondeurs était décisive. Voilà ce que représente dans le bannissement du paradis, l'exil au début de l'histoire de l'humanité. Les étincelles de la Schekina sont de nouveau dispersées partout, dans chaque sphère de l'être métaphysique et physique. Mais il y a plus. La « grande âme d'Adam », dans laquelle s'était concentrée toute la substance psychique de l'homme, c'est-à-dire de l'humanité, se brisa. La vaste structure cosmique du premier homme se rétrécit à ses dimensions actuelles. Les étincelles de l'âme d'Adam (comme celles de la Schekina) jaillissent les unes des autres, tombent et s'en vont en exil sous la puissance des *Klippoth*, des « débris ». Le monde de la nature et de l'expérience humaine est le théâtre de l'exil de l'âme. Chaque péché répète à nouveau en partie cet événement premier, de même que chaque bonne action est une contribution au retour des exilés. L'histoire biblique sert à Louria d'illustration de cet état de choses fondamental. Tout ce qui se passe, arrive selon la loi secrète du *Tikkun* et de ses défauts. Les étapes de l'histoire biblique sont considérées comme des chances renouvelées et que l'on rate toujours dans l'acte de décision. Leur apogée, qui comprend l'exil d'Israël, le séjour en Égypte et la révélation sur le Sinaï comme un symbole cosmique, est amoindri par la chute dans l'idolâtrie du veau d'or. Mais la Loi, soit la Loi de Noé qui engage toute l'humanité, soit la Loi de la Tora s'adressant à Israël, doit se servir de ce sens décisif comme instrument du *Tikkun*. L'homme qui agit dans le sens de la Loi, rapporte les étincelles tombées de la Schekina, mais aussi de sa propre sphère psychique. Il restitue sa forme spirituelle dans son achèvement originel.

Ainsi, l'existence et le destin d'Israël, vus d'ici, dans toute la réalité cruelle, dans toutes la confusion de l'appel et de la faute toujours renouvelés, est un symbole du véritable état de son être tout entier et même de celui de Dieu. C'est justement parce que l'existence réelle d'Israël réalise complètement l'épreuve de l'exil, qu'elle est en même temps symboliquement transparente. Ainsi, l'exil d'Israël est considéré, dans son aspect mythique, non plus comme une punition seulement pour la faute et comme la pierre de touche de l'épreuve, mais en même temps comme une mission profondément symbolique. Partout, aux quatre coins du monde, Israël doit s'en aller en exil, car partout une étincelle de la Schekina attend d'être rapportée et restituée par un acte religieux. L'idée de l'exil apparaît ici d'une façon surprenante comme une mission, fixée au centre de cette gnose profondément juive ; c'est une idée que la Kabbale a laissée lors de sa décadence au Judaïsme éclairé des XIXe et XXe siècles, comme un appel d'une puissante résonance.

L'exil de l'âme dans ses errements de réincarnation en réincarnation, de forme de l'être à une autre, correspond à l'exil des corps dans l'histoire extérieure. La doctrine de l'errement des âmes comme celle de l'exil de l'âme contient une intensité inattendue pour la conscience populaire. Pendant qu'Israël se soumet à la direction de la loi, il travaille à la restitution des choses. L'achèvement du *Tikkun* ou de l'état du monde correspondant n'est rien d'autre que le sens de la Révélation. En elle, tout est mis en place par la magie secrète de l'action humaine, les choses sont délivrées de leur confusion et ainsi libérées de leur chaos dans les sphères de l'homme et de la nature. Les puissances démoniaques persistent après le départ de la lumière, dans une passivité semblable à la mort, même plus capables d'une nouvelle action destructive. Dans un certain sens, le *Tikkun* ne restitue pas tout à fait une idée de la création pensée et jamais réalisée, mais l'exprime d'une manière générale.

Toutes les actions de l'homme, et spécialement de l'homme juif, travaillent au processus du *Tikkun*. Dans ce contexte, il sera concevable que le Messie ne soit qu'un symbole de ce mythe kabbalistique, une garantie de la restitution messianique de tout ce qui était en exil. Car l'acte du Messie n'est pas celui d'une personne chargée de la fonction particulière de rédempteur, qui serait le porteur du *Tikkun*, mais c'est mon action et la tienne qui apportent la rédemption. L'histoire du genre humain en exil se comprend comme un progrès continuel vers la fin messianique, malgré toutes les régressions. Maintenant, la rédemption ne se produit plus comme une catastrophe dans laquelle l'histoire elle-même disparaît et se termine, mais comme la conséquence logique d'un processus où nous sommes tous partenaires. L'arrivée du Messie ne signifie pour Louria que la signature d'un document que nous écrivons nous-mêmes. Le Messie ne fait que confirmer l'entrée d'un état qu'il n'a pas créé lui-même.

Ainsi, le monde de la Kabbale de Louria apparaît comme un grand « mythe de l'exil et de la rédemption ». Quant à l'épreuve du peuple juif, elle lui a donné sa force et son importance pour l'histoire des générations postérieures à Louria.

Nous sommes arrivés au terme de ces brefs exposés. Ainsi, le monde juif est construit dans l'ancien. Le mythe kabbalistique a eu un « sens », parce qu'il dérivait du rapport à une vérité, complètement réalisée, elle-même comprise comme symbole des symboles puissants de la vie juive, comme ceux d'un cas extrême de l'humanité. Les symboles des kabbalistes exigent des efforts considérables pour se réaliser. Si leur actualité fut réelle elle a maintenant disparu. Nous confrontons d'une façon nouvelle des questions anciennes. Mais si des symboles proviennent d'une réalité qui est remplie de sens et pénétrée de la lumière de l'intuition, et puisque l'on a dit que tout le temps « rempli » est mythique — alors nous pouvons dire : quelles réalités plus grandes a connues le peuple juif, que d'achever la rencontre avec son propre génie, avec sa nature véritable et parfaite, dans la souffrance et la défaite, le combat et la victoire de ces dernières années, dans le retour utopique à sa propre histoire ?

NOTES

(1) Je cite le *Bahir* d'après les paragraphes de mon édition allemande, Leipzig 1923. L'interprétation elle-même a été rectifiée à plusieurs endroits.

(2) *Kommentar zum Sepher Jezira*, publié par S. J. Halberstam, Berlin 1885.

(3) « Pesikta », éd. S. Buber, 40 b.

(4) Dans mon livre en hébreu sur *Les débuts de la Kabbale* (Tel-Aviv, 1949).

(5) Je reprends en partie, ici, quelques passages de mon livre *Die jüdische Mystik*, p. 38-39, que je ne saurais exprimer d'une façon plus frappante.

(6) Peut-être qu'une indication servirait ici, à savoir que le premier auteur qui appela la Kabbale une « théologie mystique des Juifs » fut, me semble-t-il, le théologien protestant Jon. Bened. Carpzow, qui employa cette expression dans son *Introductio in Theologiam Judaicam*, p. 39, qui parut en 1687 et fut publié dans l'édition *Pugio Fidei* par Raimundus Martinis.

(7) « Jod He Waw He » (les quatre lettres du nom de Dieu) ont en hébreu la valeur numéraire 45, comme le mot « Adam ».

(8) Dans le traité *Megilla*, 29 a.

(9) Voir les preuves littéraires, chapitre sur Louria, dans mon livre sur *Les grands courants de la mystique juive* (éd. franç. Payot, Paris).

4. La tradition et la nouvelle création dans le rite des kabbalistes

1

La nature de la mystique en tant que phénomène spécifique des systèmes religieux historiques présente deux tendances contradictoires qui se croisent et s'opposent. Comme la mystique dans l'histoire ne se place pas dans un espace immaculé (car elle est quelque chose de déterminé, ce qui veut dire qu'elle s'ajoute aux contenus positifs d'un phénomène concret comme le Judaïsme, le Christianisme ou l'Islam), la réinterprétation mystique, sans vouloir entrer en conflit avec la réalité et la tradition concrètes de cette religion, se trouve devant ce dilemme caractéristique : sa nouvelle connaissance de Dieu, qui mène assez souvent à un nouveau sentiment du monde, apparaît sous la forme d'une attitude consciemment conservatrice, ce qui n'est rien d'autre que reprendre la tradition. En fait elle s'efforce plutôt de confirmer une tradition à partir d'un nouveau point de vue. En même temps, on ne peut guère préciser tout ce qui est nouveau dans les impulsions qui s'y expriment et cela présente pour l'examinateur, malgré toutes les références, une transformation assez audacieuse des contenus religieux de la tradition. Cette tension entre une attitude conservatrice et une attitude progressiste, voire révolutionnaire, est inhérente à l'histoire de la mystique. Là où elle pénètre dans la connaissance, elle colore l'attitude personnelle des grands mystiques, qui pourtant optent, en pleine lumière, pour une attitude conservatrice à l'égard de leur propre tradition, sur le sentier raide et étroit qui frôle l'hérésie.

Cette remarque générale vaut aussi de façon absolue pour le mouvement kabbalistique dans le Judaïsme. Ses formes sont (excepté les formes messiano-hérétiques du Sabbatianisme au XVIIe et au XVIIIe siècle) projetées sous la forme d'idéologies conservatrices du Judaïsme rabbinique. Toutefois, elles comportent le plus souvent des éléments révolutionnaires, de telle sorte que l'on peut mettre souvent en question leur caractère conservateur. En outre l'on voit surgir dans la Kabbale (peut-être aussi dans beaucoup d'autres mouvements correspondants de l'histoire des religions) une autre tension, précisément dans les moments novateurs et progressifs. La transformation de la tradition historique change son visage, tout en s'efforçant de le garder, élargit les limites de l'expérience religieuse, tout en tâchant de les confirmer. Elle possède un double caractère : d'une part elle progresse, d'autre part elle ranime, en fouillant d'une façon nouvelle les diverses expériences du divin; en fait, elle ranime quelque chose de très ancien et d'archaïque. Le rajeunissement de la pensée religieuse retrouve toujours son expression en remontant à la plus anciene source d'images et de symboles, bien que ceux-ci puissent apparaître spiritualisés et transformés de manière abstraite. En réalité, on ne peut absolument dire que la spiritualisation spéculative ait exercé l'influence la plus durable. Si je puis me servir d'une expression audacieuse : le Dieu que la gnose kabbalistique opposait à celui des philosophes se révèle, et est éprouvé comme vivant, comme encore plus ancien.

Je me suis déjà occupé de ce problème de la renaissance de la mystique inhérente à la religion monothéiste. Les traités de notre époque sont destinés à tirer pour ainsi dire les conséquences de ce problème essentiel. « L'homme et le rite » n'est qu'un autre aspect plus pragmatique de cet autre problème « l'homme et le mythe » et c'est pour cela que je pourrai remonter à ces notions et m'efforcer d'en tirer les conclusions qui s'imposent pour le problème du rite dans la Kabbale. En effet les concepts des kabbalistes ne sont devenus fertiles pour le rite que là où ils interviennent à un niveau mystique enveloppé dans les allégories ou que l'on peut saisir immédiatement dans un symbole. Des réinterprétations spéculatives, si sublimes qu'elles soient, qui sont souvent liées aux images mystiques, n'enfantent jamais de nouveaux rites. Il est intéressant de remarquer que des kabbalistes, qui ont pour tâche de se soustraire dans leur pensée conciente du monde des images mystiques, se soient justement comportés d'une façon plus réservée ou même critique à l'égard des nouveaux rites, que la Kabbale à Safed produisait par exemple de façon abondante. Le processus par lequel la Kabbale luttait et confirmait sa popularité dans les cercles les plus larges du peuple juif, grâce à la production de nouveaux rites, a brisé une telle hésitation. La liaison du rite des kabbalistes avec leur mythe sera décrite à l'aide de plusieurs exemples choisis parmi les plus clairs.

Mais j'anticipe. Avant de pénétrer dans ce problème spécifique du rituel chez les kabbalistes, nous ferions bien de nous représenter le problème du rituel dans le Judaïsme et en particulier sous sa forme rabbinique classique. Comment peut-il être possible d'ouvrir, dans une forme de religion, connue généralement sous la forme classique et radicale du ritualisme, encore d'autres domaines dans la compréhension du rituel ou dans son élargissement? Cette question nous conduit au problème particulier du rituel dans le Judaïsme rabbinique. On pourrait le formuler peut-être ainsi : d'une part nous avons affaire à un ordre de vie orienté vers l'accomplissement rituel, avec une tendance à conquérir la vie elle-même dans un rituel continuel, pour le pénétrer et non seulement tirer quelques actes rituels de sa substance. D'autre part, dans le Judaïsme l'accomplissement de cet acte sacré du rituel est considérablement détaché de sa source, qui est toujours la mère du rituel : la liaison avec la mystique, qui intervient dans le rite, les gestes, se complique de façon dramatique.

Les rites juifs ont encore, il est vrai, tel qu'ils sont développés dans le Talmud, un rapport souvent très étroit avec la vie des hommes dans la nature. Le premier des six volumes de la Mischna, la première codification des lois juives concernant la religion et le rituel, est presque entièrement relié à la vie d'une société agraire et s'efforce de développer les lois de la Tora en fonction de la vie agricole, des conseils sur la récolte et le glanage, les premiers fruits de l'année sabbatique, sur l'ensemencement des plantes d'une même espèce, mais de nature différente, que l'on considérait comme un mélange interdit. Ce rapport s'affaiblit, cependant, avec l'histoire médiévale des juifs dans la Diaspora. Les rites deviennent rigoureux, car les prescriptions correspondantes de la Tora sont justement considérées comme ayant « un rapport avec le pays »; cela veut dire que leur accomplissement dépend du séjour en Palestine et qu'elles n'ont pas la même valeur au dehors. De cette façon, le rite du Judaïsme de la Diaspora prend sa forme particulière et paradoxale qui repose sur le remplacement du rite cosmique par celui de l'histoire. D'une part, nous avons une tendance à l'hypertrophie du rituel, qui pénètre tout, un désir du rite, qui a trouvé son expression la plus claire dans un passage du Talmud [1] où la communauté d'Israël dit à Dieu : « Seigneur du monde, j'ai établi beaucoup plus de prescriptions que Tu n'en sa mises sur moi, et je les ai respectées toutes. » D'autre part, nous avons affaire au détachement, par ce même rite, de ces racines et de ses rapports avec le monde naturel considéré dans l'essentiel de ses aspects. Le rite de la nature se change en rite de l'histoire, qui ne reflète plus le cours de l'année naturelle, mais le remplace par le souvenir historique, qui détermine considérablement l'année liturgique. C'est le souvenir de l'histoire première d'Israël qui se répète dans le rituel de la fête; c'est en cela et non dans la vie et la mort de la nature que sont fondées les racines émotionnelles de ce rituel.

La Bible rassemble bien les prescriptions concernant la récolte avec ces souvenirs historiques sur lesquels elle fonde les trois grandes fêtes de pèlerinage. De tout cela il n'est resté, pour la conscience vivante des Juifs dans l'exil, que de faibles souvenirs : l'histoire ancienne dont on se souvient ici ne concerne pas la conscience de ceux qui fêtent, par exemple, l'histoire mystique primitive, qui s'accomplit dans une autre dimension du temps, mais c'est l'histoire réelle d'un peuple; de telle façon qu'aucun accomplissement magique n'accompagne le rite issu de l'histoire. Les rites du souvenir n'« opèrent » pas, ils ne créent pas un rapport médiat des Juifs avec le monde et la nature qui les entourent, et ce qu'ils évoquent sans gestes évocateurs, c'est seulement ce dont ils se souviennent, la communauté des sexes et l'identification du dévot avec l'expérience profonde de la génération qui reçut cette Révélation. Le rite du Judaïsme rabbinique n'opère rien et ne *change* rien. Le pathos du souvenir, bien que non privé d'un sentiment plus profond, est pourtant plus raisonnable que celui de l'évocation ; il y a en effet quelque chose d'étrangement prosaïque dans les rites du souvenir, que le Juif se remémore dans la conscience de cette identité historique unique. Ainsi, il manque seulement à ce ritualisme *par excellence* du Judaïsme rabbinique, cet élément extatique, même orgiaque, qui se trouve toujours quelque part dans les rituels mystiques. Ce qui apparaît étonnant, c'est qu'un rituel qui a renoncé avec tant de sérieux et une telle conscience à tout accomplissement cosmique, se soit maintenu pendant tant de générations avec une puissance ininterrompue, en se développant même abondamment. La question concernant le caractère fondamental de ces puissances du souvenir, qui achevaient cet accomplissement, et de même la question de savoir s'il n'y avait pas encore en secret d'autres éléments issus de cette force persévérante, ces questions devraient être posées et provoquer des réponses relevant de la réflexion phénoménologique. Pour le problème qui nous occupe ici, il suffit de clarifier ces faits dans leur aspect contradictoire. Un autre aspect important est que tous ces rites qui ne remontent pas à cette catégorie du *souvenir* historique, mais à la *purification* de l'homme devant la face de Dieu, semblent de même totalement détachés, dans la tradition juive, de tout accomplissement mystique. Ces rites évoquent quelque chose dans l'homme et entreprennent de clarifier des choses qui semblent au spectateur assez proches du monde du mythe, sous des aspects historiques. Mais jamais la discussion n'entame le caractère mystique dans la littérature juive du Moyen Age — excepté dans le domaine de la Kabbale.

2

La Kabbale, avec toutes ces apparences systématiques, n'a jamais manqué d'accentuer la filiation réciproque de tous les mondes et de tous les degrés dans l'ordre de l'essence qu'elle connaît. Tout est lié avec tout et compris en tout, d'une manière précise, mais insaisissable. Rien n'existe sans une grande profondeur, et à partir de chaque point, cette profondeur de l'infini est visible. Les deux images dont les ontologies kabbalistiques se servent, se contredisent dans le contenu de leurs images : celle de la chaîne infinie et de la cohérence de ses membres et celle des coquilles liées entre elles, pour laquelle on emploie volontiers le symbole cosmique de la noix. Mais la réalité du monde spirituel et sa cohérence avec le monde naturel, qui doit être décrit par de telles images, ne contient pas une réelle contradiction pour le kabbaliste — on les trouve ensemble chez l'auteur du *Zohar*, l'une à côté de l'autre (2).

Dans la chaîne contenant les différents degrés de l'essence, tout est lié d'une manière magique. Dans ce sens, il est compréhensible que les kabbalistes tardifs (par exemple Cordovero) aiment à insister sur le fait que l'ascension dans les mondes plus élevés, et jusqu'aux limites du néant, n'implique pas (par exemple) un mouvement des hommes, mais « là où tu te trouves sont tous les autres mondes ». Ce monde de la divinité que la Kabbale tâche de saisir comme le monde dynamique des Sefiroth et dans lequel elle croit trouver l'unité infinie de l'essence divine, pas seulement dans son obscurité, mais justement dans son dévoilement créateur, ne peut être compris comme un monde de la pure transcendance. Ce monde est souvent ainsi, mais les intérêts vitaux pratiques des kabbalistes le font apparaître justement dans sa filiation et ses rapports médiats avec toute autre essence quasi extra-divine. Toute essence, dans son domaine inférieur naturel, mais aussi dans les mondes supérieurs des anges et des formes pures, du « trône » de Dieu, a un indice, je pourrais dire « sefirothique ». Cela indique quelque chose dans cette essence par quoi elle se rapporte à l'un des aspects créateurs de l'essence divine elle-même, c'est-à-dire à une « Sefira » ou bien à une configuration des « Sefiroth ». Que la transcendance brille dans la créature, leur rapport mutuel d'après la loi du symbolisme donne un sens au monde des kabbalistes. Si cette loi vaut pour ce monde : « ce qui est en-dessous est en-dessus, et ce qui est dans l'intérieur est à l'extérieur », on indique par là un seul caractère de l'image kabbalistique du monde, mais qui est essentiel. Car il faut ajouter à l'aspect symbolique, l'aspect magique, qui non seulement fait apparaître tout en tout, mais qui fait aussi influencer tout par tout. Ces deux aspects de la Kabbale sont rigoureusement essentiels pour son comportement à l'égard du rituel. Car c'est la question concernant la dimension de l'acte humain, la profondeur dans laquelle il pénètre, et la portée qu'il représente, qui a donné leur signification aux exposés des kabbalistes sur le sens du rituel et qui a exercé une influence dans l'histoire de la religion juive. L'acte sacré, l'accomplissement de la Loi, mais aussi les coutumes dévotes sont mis en rapport avec un monde et opèrent dans un monde que nous avons reconnu comme un monde mythique.

Dans ce contexte, je voudrais citer quelques passages des anciens kabbalistes, qui ont formulé avec une grande clarté ce dont il s'agit ici. Ces passages parlent généralement du sens de l'accomplissement des prescriptions (*Mizwoth*) de la Tora, dans lequel on peut comprendre le contenu de ses prescriptions ou le rituel qu'elles développent à partir de là. Isaac l'Aveugle, l'un des kabbalistes provençaux les plus anciens (vers 1200), écrit (3) : « Ton commandement, bien qu'il semble tout d'abord fini, s'élargit de plus en plus dans l'infini, et si tout le terrestre est fini, alors l'homme ne pourra jamais comprendre le sens de Tes commandements comme fini ». L'accomplissement d'un acte concret et isolé ouvre donc, quoiqu'il semble fini, une perspective sur l'infini. Le disciple de ce kabbaliste, Asriel de Gérone, a déjà donné de cette attitude une conséquence, celle d'ajouter aux commandements de Dieu Lui-même quelque chose de la nature de l'essence divine (4), et cette attitude est alors devenue un bien commun des kabbalistes, surtout grâce au *Zohar*. L'acte de l'homme qui exerce un rite est l'image corporelle finie de quelque chose, qui existe en soi dans le Plérome des Sefiroth dans une substance mystique. Menachem Recanati, qui vers 1300 a écrit un ouvrage très répandu sur le sens kabbalistique des Commandements, dit dans son introduction : « Partant du monde inférieur, nous comprenons le secret de la loi d'après laquelle le monde supérieur est dirigé, comme aussi les choses qu'on a appelées les dix Sefiroth, dont la fin se trouve dans son commencement, comme la flamme est liée au charbon » (5)... « et quand ces dix Sefiroth furent visibles, quelque chose fut visible aussi à toutes les autres créatures auxquelles correspond cette forme plus haute, dont il est dit (Job 8 : 9) : « Nos jours sur la terre sont comme une ombre » — dans le sens : nos jours ne sont qu'une ombre de la transcendance des « premiers jours » — et tout ce qui a l'essence de la créature, comme l'homme terrestre et toutes les créatures dans le monde, existe d'après l'image originelle (*dugma*) des dix Sefiroth » (6). Ce monde des images originelles s'appelle souvent dans le langage des kabbalistes la « Merkaba », le chariot du trône de Dieu, et dans ce sens Recanati dit aussi du rituel de la Tora que chaque détail en lui se rapporte à une certaine partie de la Merkaba supérieure. Il est vrai que ces « parties » forment un organisme secret. « Chaque commandement a un principe élevé et une raison secrète que l'on ne peut saisir, sauf par lui, qui seul contient ces mystères ; mais comme Dieu est un tout, eux aussi forment un tout, un dynamisme » ; apparemment celui de la vie divine infinie.

La Tora en tant qu'ensemble de ces commandements prend sa racine dans ce monde de Dieu, dans le plérome des Sefiroth. Recanati dit : « Dieu donc n'est pas quelque chose audelà de la Tora, la Tora n'est pas hors de Lui et Lui pas hors de la Tora, et c'est pour cela que les sages de la Kabbale disent que le Saint, Béni soit-Il, est Lui-même la Tora ». Recanati affirme donc que le rituel représente une compréhension de Dieu dans l'acte humain qui reçoit, dans un tel rapport avec le monde des « Sefiroth », sa valeur mystique. Nous ne nous tromperons pas en disant que cette valeur mystique que Recanati leur donne, est en même temps une valeur mythique. Ici, l'acte sacré est mis en rapport avec une scène, où il s'agit d'une action divine et où une telle action intradivine, la vie multiple dans son unité, parvient à une représentation symbolique dans le rituel. Ici, cependant, nous rencontrons un deuxième aspect du monde kabbalistique, dont j'ai parlé précédemment comme un monde magique. Car l'accomplissement rituel ne « représente » pas seulement cette vie manifestée dans des symboles sensuels, mais en même temps il l'« excite ». Cette dualité fondamentale dans le comportement des kabbalistes à l'égard du rite est restée caractéristique de tout temps. Celui qui accomplit la *Mizwa* fait toujours quelque chose de double. Il présente son être transcendant, celui sur lequel se base l'inexprimé et moyennant un symbole sensuel. Mais en même temps il conduit à cet être transcendant (ce que les kabbalistes plus tardifs appellent la « racine supérieure » de l'acte) un influx de puissance, dont Recanati n'hésite pas à dire que, bien qu'il soit stimulé par l'acte humain, il jaillit pourtant du « néant de la pensée divine » (ce qui désigne l'origine même des Sefiroth supérieures, dans le « Néant » divin). Et rien ne pourra mieux illustrer l'intimité dans laquelle la mystique et le mythe demeurent ensemble, que la dernière remarque de Recanati à propos de ces traités, d'après laquelle celui qui agit ainsi « donne pour ainsi dire existence à une partie de Dieu lui-même, si on peut parler ainsi ». Les accumulations des clauses de style, de « pour ainsi dire » et « si on peut parler ainsi » dans cette seule phrase, qui pourtant a été écrite avec une audace mythique, montrent le problème dans lequel les kabbalistes se voyaient placés, transformant le Judaïsme en une religion de mystères. Des propos correspondants, chez le même auteur ([7]) et surtout chez d'autres kabbalistes, pourraient être multipliés « ad libitum ».

Ainsi la Kabbale pouvait, si nous la considérons « sub specie » dans sa fonction conservatrice, aborder pour ainsi dire sans rupture le monde existant du rite, comme il était reconnu en principe, ou exercé en réalité dans le Judaïsme médiéval. Ainsi, on a rétabli la correspondance avec un niveau infiniment fertile, dans lequel le sentiment se nourrit, même quand c'est au prix d'un paradoxe théologique. Le principe toujours à nouveau mis en évidence par le *Zohar*, que toute « action supérieure », par laquelle on peut comprendre quelque chose de très large (comme nous l'avons vu), a besoin de l'« excitation » de l' « action inférieure », de l'impulsion partant d'en-bas, montre clairement que l'on comprend ici, de nouveau, le rituel comme l'accomplissement cosmique.

Ici, il est vrai, se dessinent deux lignes différentes de développement. L'une concerne l'interprétation des anciens rites sacrés et exigés par la tradition, dans le sens des images nouvelles (et si l'on veut très anciennes). L'autre conduit à la formation et à la création de nouveaux rites ; ceux-ci confèrent à ces images qui s'y rapportent étroitement un élément mythique de la pensée kabbalistique, une nouvelle expression qui correspond immédiatement à son sentiment et qui ne se fonde pas d'abord sur des réinterprétations et des exégèses.

Le rituel existant n'est pas changé. Il est plus ou moins accepté comme tel, et justifié justement dans son « Etre-particulier », par lequel il est conçu dans toutes ses parties comme un lien qui lie l'homme à ses origines métaphysiques. Le moyen de ce changement du rituel traditionnel en un rituel mystique, qui s'accomplit sur une scène cosmique et à travers tous les mondes, se rapporte aux profondeurs de la divinité ; les kabbalistes utilisent ce moyen dans ce qu'ils appellent *Kawwana*, ce qui signifie l'« intention » et la méditation mystiques, qui accompagnent l'acte d'accomplissement. La vraie activité, dit une source lourianique, c'est le corps, la *Kawwana* mystique. Cependant, c'est dans l'accomplissement qu'est l'âme de l'action « et si quelqu'un accomplit l'acte sacré sans une intention juste, alors il est comme un corps sans âme » ([8]). La *Kawwana* signifie exactement l'aspect de la divinité que l'on voit dans chaque démarche concrète que le rituel prescrit. Dans la totalité de telles démarches, qui constituent un certain rite, se décrit le mouvement qui est destiné à exprimer de façon symbolique ce rite. C'est pour cela que l'acte extérieur est changé en un mouvement mystique de la volonté humaine, qui s'efforce de se conformer à celui de la volonté divine par le moyen de la méditation. La doctrine de la *Kawwana* et la technique de son exécution se présentaient comme un instrument mystique, par lequel chaque acte culturel fut transformé en un mystère, accompli par l'initié. De tels rites, qui se multiplièrent (comme par exemple tout ce qui se rapporte à la liturgie), représentent souvent dans ce sens des indications parfaites de la montée de la *Kawwana* des plans inférieurs jusque dans les hauteurs les plus élevées. Il ne s'agit pas, dans ces rituels élaborés, seulement de concentration aux différentes

Sefiroth dans leur activité ; mais la montée de la *Kawwana*, qui ressemble à une ascension de l'âme, traverse les mondes de la cosmologie kabbalistique qui s'étendent entre ceux que l'on peut percevoir avec les sens et ceux des Sefiroth, différents dans les différents systèmes. Ces mondes « supérieurs » désignent encore la scène de l'action humaine dans ses dimensions mythiques. Les kabbalistes n'ont pas toujours distingué avec une précision suffisante dans leurs paroles, entre ces mondes « supérieurs » et cet autre plan « supérieur », celui de la divinité elle-même. Cependant, dans la description détaillée de la doctrine de la *Kawwana*, on trouve rigoureusement la conscience de l'essence différente de ces mondes et de ces degrés que la *Kawwana* traverse.

Très caractéristique sous ce rapport, nous avons par exemple le passage important du *Zohar* (9) dans lequel ont été décrits les quatre stades de la prière de la communauté. Il s'agit là d'une introduction à une exégèse détaillée de la prière du matin, dans ses quatre fonctions différentes. Chacune de ces fonctions est indiquée comme un *Tikkun*, c'est-à-dire en hébreu en même temps comme une perfection, une amélioration, une restauration ; il ne faut pas perdre des yeux que *Tikkun* signifie aussi simplement institution, arrangement, règlement. Qu'est-ce qui est perfectionné ou restauré dans ces quatre stades du *Zohar*? Premièrement, l'homme lui-même, qui se purifie et se perfectionne dans l'acte sacré ; deuxièmement, le monde naturel de la création, qui, s'il lui était donné un langage, éclaterait avec l'homme en hymnes ; troisièmement, ce monde « supérieur » des ordres des anges ; quatrièmement, cependant, le *Tikkun* de la prière n'est pas autre chose que « le nom sacré » lui-même, le nom de Dieu dans lequel est conçu le monde sefirothique. De cette façon, celui qui prie monte d'en bas jusque dans le monde de la divinité elle-même, et dans chaque monde il réalise quelque chose au moyen des paroles de louange et de vénération. Il n'accepte pas seulement la grandeur de la création et du Créateur ; il range quelque chose en elle et accomplit quelque chose qui appartient à son unité parfaite et qui resterait latent sans son accomplissement.

L'unité de l'inférieur et du supérieur, cette restauration que le *Zohar*, par exemple, désigne inépuisablement comme le sens du rituel, est ainsi compréhensible sous plusieurs aspects. Elle est une action mystique dans les profondeurs de la divinité elle-même, lorsqu'elle suscite (comme il a été déjà dit) la force créatrice ; mais elle est au fond une action mythique, en liant en un sens cosmique le ciel et la terre, le supérieur et l'inférieur. Finalement, elle n'est pas seulement une production, mais en même temps, dans le cours de l'histoire des kabbalistes et dans une mesure de plus en plus forte, elle est une restauration, pour autant que cette unité (telle qu'elle apparaît surtout dans le *Zohar* et l'ancienne Kabbale) fut dérangée et même anéantie par l'homme. Il n'est pas d'une importance essentielle, pour cet aspect de l'action culturelle, que ce dérangement provienne de l'homme ou (comme le disait la Kabbale lourianique) soit présent dans la structure de l'essence divine et dans la créature qui est créée, puisque l'essentiel c'est donc que le rituel, dans cette perspective, porte aussi une marque eschatologique. Car un *Tikkun*, qui apparaît dans ce sens comme la restauration de l'unité hors de la multiplicité, est toujours en rapport avec la rédemption. Finalement, c'est justement cette tension eschatologique dans la vie des Juifs, qu'a révélée avec une puissance incomparable la Kabbale de Safed. Même sans embrasser l'eschatologie, nous pouvons dire que c'était avant tout la fonction du rituel (tel qu'il apparaît dans le sens des anciens kabbalistes) de lier les hommes (en tant que microcosme) avec le grand monde et le « grand homme », l'*Adam Kadmon*. Il n'y a aucun doute que l'idée du microcosme a joué un grand rôle dans la conception des kabbalistes, surtout en ce qui concerne les conclusions pratiques pour le comportement humain. Longtemps avant la Kabbale, les talmudistes envisageaient l'idée d'une correspondance entre les commandements de la Tora et la structure de l'homme. D'après cette idée, les 248 commandements positifs correspondraient aux 248 membres des hommes et les 365 défenses aux 365 jours de l'an (ou aussi aux 365 veines dans le corps). De cette façon, chaque membre de l'homme semblait destiné à remplir un des commandements et chaque jour de l'année semblait destiné à sanctifier par une disposition personnelle le cercle des autorisations. Les kabbalistes ont repris explicitement cette image. Les dix commandements leur apparaissent comme les racines d'une structure mystique qui s'expriment dans les 613 commandements de la Tora ; mais cette structure n'est pas différente de celle dans laquelle les dix Sefiroth se manifestent par un contenu mystique dans les membres de l'*Adam Kadmon*. De cette façon, l'acte des hommes restaure la structure de l'*Adam Kadmon*, mais cela veut dire que c'est la structure de la divinité qui se révèle. Tout comme l'idée du microcosme montrait que l'homme, parce que le monde est contenu en lui et se reflète en lui, exerce une influence rétroactive sur le monde avec une magie immédiate, ainsi le concept kabbaliste contient, de façon « implicite », l'idée d'un rapport magique qui, toujours sublimé et intériorisé, se réalise dans les actes sacrés. Les anciens gnostiques juifs des IIe et IIIe siècles connaissaient, à l'encontre des philosophes du Moyen Age, un « corps de la divinité » (*Shiur Koma*), dont ils entreprirent de mesurer les membres ([10]). Les kabbalistes ont accepté cette conception en l'identifiant avec celle de l'*Adam Kadmon*. Les livres rituels des kabbalistes ne cessaient d'accentuer le rapport des commandements avec ce corps de la divinité ([11]).

Il est encore un dernier point de vue extrêmement significatif de l'attitude de la Kabbale à l'égard du rite. L'aspect positif du *Tikkun*, la restauration du juste rapport des choses dans la vraie unité, correspond à l'aspect négatif, pour lequel la Kabbale lourianique emploie le terme *Berur* (littéralement : « sélection »). C'est l'apparition des moments négatifs, qui faussent ce rapport, c'est-à-dire l'élimination des forces démoniaques et sataniques, « l'autre côté » (*sitra achra*) dans le langage des kabbalistes. En particulier, la théorie lourianique du rituel aboutit à l'idée que la Tora à l'intention de faire reculer et d'éliminer l'« autre côté », qui, déjà mêlé à tout, menace de dévaster en partant de l'intérieur. Cette élimination serait le but de plusieurs rites. Il convient de remarquer que nous possédons de la plus grande autorité rabbinique du XVIe siècle à Safed, Joseph Caro, non seulement la codification valable pour longtemps de la loi religieuse juive, mais aussi un journal kabbalistique visionnaire dans lequel l'esprit personnifié de la « Mischna », parlant par lui-même, lui a fait des révélations sur les secrets de la Tora ([12]). Cette élimination des « coquilles » de la sainteté est déclarée comme le sens de l'ensemble des prescriptions et des rites de la Tora ([13]). Et cela dans la bouche de l'auteur du *Schulchan 'Aruch* !

Il est vrai que l'« autre côté », en dehors des perspectives eschatologiques, ne peut être tout à fait dompté, même dans la constitution du monde tel qu'il est ; il n'a pas à l'être. Cela explique que, déjà dans la Tora, quelques-uns des rites les plus obscurs sont interprétés de façon à leur donner une place légitime dans l'« autre côté », et qu'ils soient enfermés au milieu de ses limites, sans être anéantis, ce qui est justement possible dans le monde messianique. Dans ce sens, le *Zohar* explique le rituel du bouc émissaire, qui est envoyé pour le jour de la réconciliation dans le désert (Lév. 16), le sacrifice d'expiation d'un bouc à la pleine lune (Nombres 28 : 15), le sacrifice d'un oiseau des lépreux et les rites sur la vache rousse (Nombres 19), comme aussi certains rites introduits seulement par le Judaïsme rabbinique plus tardif. La lutte de Dieu avec le démoniaque, qu'il a provoquée lui-même, ouvre naturellement des aspects rigoureusement mythiques dans la conception du rituel. Tant que peut exister dans notre temps un attrait pour les interprétations du rituel, dans un sens soumis aux considérations des kabbalistes, un des éléments consiste dans ces perspectives démoniaques. Ainsi s'explique l'influence apparente du livre d'Oskar Goldberg, « La réalité des Hébreux, introduction au système du Pentateuque [14] » dans les années trente. Bien que Goldberg démontre à propos de la Kabbale, à laquelle il oppose ses propres conceptions de la Tora, des idées grotesques et naïves, et bien qu'il oppose de façon polémique à la Kabbale ses propres exégèses de la Tora, et particulièrement de son rituel, ces exégèses sont pourtant, selon leur caractère, des interprétations du rituel particulièrement kabbalistiques. Elles sont exposées comme le sens précis des mots des chapitres concernant la Tora, mais il est vrai, des exégèses dont la terminologie kabbalisto-gnostique est remplacée par une terminologie moderne biologico-politique.

3

Cette attitude de la Kabbale à l'égard du rituel s'exerce de telle façon que certaines conceptions se répètent sous toutes les variantes possibles. Les fonctions principales que doit accomplir le rite en tant que représentation et excitation à la fois, sont en général les suivantes :

1) L'harmonie des puissances qui jugent (limitantes) et des puissances indulgentes et débordantes.
2) Les noces sacrées, l'union du masculin et du féminin.
3) La délivrance de la « Schekina » de sa confusion de « l'autre côté ».
4) La défense ou la victoire sur des forces de l' « autre côté ».

Nous sommes confrontés chaque fois avec ces pensées qui posent au centre certains moments de la doctrine des Sefiroth, soit isolément, soit en relation entre elles. Le son du *Schofar* au nouvel an est par exemple représenté en détail comme la liaison du premier moment au quatrième. Les rites des grandes fêtes et avant tout celles du Sabbat conviennent aux noces sacrées.

Assez souvent, un rite représente le monde environnant des Sefiroth sous tous ses aspects. Ainsi, les rites sont les symboles des secrets, mais aussi les moteurs de l'action des puissances divines, auxquelles le rituel est voué, dans la Kabbale comme dans chaque mystique qui utilise des formes traditionnelles.

La richesse des formes rituelles menace cependant d'étouffer l'esprit, et pourtant l'esprit cherche toujours à s'en servir comme moyen d'expression et à y pénétrer sous une forme contemplative. La dialectique de ce rapport ne se détache pas de l'évolution de tous ces rites mystiques, et les adversaires de la mystique ont rarement manqué d'y faire allusion. Deux exemples nous serviront pour montrer jusqu'où la métamorphose de l'action ou de l'expression humaines est allée dans le rituel sacré des kabbalistes du XIIIe siècle. L'expression « écoute Israël » (*Schema Israël*), qui se trouve au centre de la plupart des liturgies du Deutéronome 6 : 4 et sert toujours au Judaïsme rabbinique à exprimer la reconnaissance monothéiste de Dieu, devait naturellement fasciner les kabbalistes. « Écoute Israël, le Seigneur, notre Dieu, le Seigneur est un » — certainement, mais de quelle sorte d'unité parle le verset : d'une unité éloignée de toute reconnaissance, ou d'une unité se révélant elle-même dans le mouvement vivant des émanations divines ? Depuis toujours les kabbalistes ont consacré beaucoup d'efforts à prouver que cette formule qui règne sur la liturgie ne parle pas d'autre chose que du processus de l'apparition des dix Sefiroth en tant qu'unité agissante de Dieu. Ils ont essayé de le fonder, en spéculant sur les trois mots : « Le Seigneur, notre Dieu, le Seigneur » et sur les lettres du mot hébraïque « un » : *echad*. La méditation mystique qui cherche à pénétrer le verset dans son sens kabbalistique, envahit de bas en haut et de haut en bas ([15]) tout le monde des Sefiroth, d'après les méthodes des plus anciennes écoles de la Kabbale. Ce n'est pas un seul aspect, toujours significatif, du monde des Sefiroth mais toute sa plénitude qui doit être concentrée dans ce mot directeur. A partir de là la logique de la pensée gnostique, qui se complique en progressant, conduit à l'orfèvre de Wilna, le prophète sabbatianique Heschel

Zoref (1633-1700), qui a consacré à l'exposé des mystères théosophiques et eschatologiques de ce verset plus de 3 000 pages.

De telles idées, qui ont pour contenu la métamorphose d'actes profanes en actes rituels, se trouvent en contraste avec cette conception mystique d'une formule sacrée, dont le Judaïsme a toujours et partout conservé conscience de la dignité. Le besoin de manger et les relations sexuelles ne se situent peut-être qu'aux frontières de ce domaine, car l'on pourra dire que, aussi bien dans le Judaïsme rabbinique que dans la pensée mythique, ces actes ont le plus étroit rapport avec les domaines sacrés. Buber citait ([16]) un exemple qui me paraissait plus caractéristique. Il s'agissait de l'exemple du patriarche Hénoch, qui ne provenait certainement pas de la littérature hassidique polonaise du XVIIIe siècle mais des cercles du hassidisme allemand du XIIIe siècle ([17]). D'après cette source, le patriarche Hénoch, qui d'après la tradition fut enlevé par Dieu et métamorphosé sous les traits de l'ange Métatron, aurait été cordonnier. A chaque point de l'alène il n'assemblait pas le cuir du dessus avec celui du dessous, mais tout ce qu'il y a en haut avec ce qu'il y a en bas ; ainsi, son métier était constamment accompagné de méditations par lesquelles il amenait le flot des émanations d'en haut vers le bas (si bien que l'acte profane devint rituel), jusqu'à ce que lui-même fût transfiguré, et ainsi le Hénoch terrestre devint le Métatron supra-céleste à qui s'adressaient ses méditations. Cette tendance à transformer le profane en sacré se rencontre à l'autre extrémité dans la relation des kabbalistes avec l'accomplissement humain en tant que cosmique. Du reste, il est remarquable de constater qu'il existe une légende correspondante dans un texte tantrique indo-thibétain, les « Histoires des 84 magiciens » ([18]), où (dans un mythe semblable à Jacob Böhme) le *Gourou Camara* (cela signifie cordonnier) reçoit d'un Yogi des directives sur le cuir, l'alène, les fils et le soulier comme fruit créé en lui-même, sur lesquels il médita douze années durant, nuit et jour, au-dessus de son métier de cordonnier, jusqu'à ce qu'il atteignît l'illumination parfaite et fût enlevé en haut.

Dans le sens des principes généraux exposés ici, les kabbalistes ont cherché, à partir de leur première apparition, à ancrer mythiquement le rite du Judaïsme rabbinique par, si j'ose dire, « une pratique mystique ». Tout d'abord ces essais se rapportent avant tout à la liturgie et à tout ce qui s'y apparente.

A la place des rites extatiques par lesquels les anciens mystiques (de la « Merkaba ») juifs de l'époque talmudique achevèrent la montée de l'âme vers Dieu, s'installe ici, au centre de la doctrine de la *Kawwana*, le rite de la prière elle-même, qui révèle certainement des dangers et des abîmes dont le naïf adorateur n'a aucune idée. Pourtant, la fin de la prière du matin, au moment où l'orant, à l'origine, se prosternait à terre, devient dans l'accomplissement lourianique de la *Kawwana* une entreprise très dangereuse. Lorsqu'il a atteint le plus haut point et se sait enfermé dans le nom divin qu'il a uni, il doit se lancer et sauter dans les précipices de « l'autre côté », pour, comme un plongeur, aller chercher « des étincelles de sainteté » qui sont prisonnières ou exilées là-bas. « Seul le parfait Zaddik peut accomplir cette méditation puisqu'il est digne, d'après son mérite, de descendre et d'entreprendre ces recherches à partir des *Kelippoth*, des domaines de l' « autre côté », même contre son gré. Dans un autre cas il pourrait arriver que s'il joue son âme et l'envoie dans les *Kelippoth*, il ne puisse pas seulement y chercher les âmes qui y sont tombées, mais que sa propre âme reste en cet endroit (19) ».

Les rites des fêtes et du Sabbat furent encore davantage soumis à cette métamorphose. Les premiers kabbalistes spéculèrent avec une prédilection particulière sur ces rites obscurs de la Tora, les soi-disant *Chukkim*, dont les causes rationnelles sont insondables et qui sont liés plus étroitement aux idées mythiques où ils se trouvaient enfermés à l'origine. Le domaine des prescriptions ne les attire pas moins, prescriptions liées à la Palestine, et dont la *Kawwana* n'était même plus exécutable concrètement (comme celle sur le *Hebe* ou le Jubilé), par laquelle le culte du sacrifice est compris efficacement comme un rite sensuel et corporel qui, projeté à l'extérieur, représente exactement ce que la prière accomplit au centre de la parole pure. C'est pourquoi, d'après cette doctrine, la prière ne représente qu'un sacrifice dans lequel l'homme s'offre lui-même (20).

Les importantes tentatives d'explication des rites du Judaïsme comme des rites kabbalistiques, telles qu'elles apparaissent dans le *Zohar* et autres œuvres du XIVe siècle, restèrent longtemps limitées à des cercles restreints. La situation se présenta autrement lorsque la Kabbale partie de Safed au XVIe siècle commença son cycle de victoires comme puissance dominant le Judaïsme. J'ai déjà parlé dans « Kabbale et mythe » des idées qui sont ici au premier plan. Leurs conséquences furent de nature éminemment pratique. Cette nouvelle Kabbale qui traite du Messianisme cherchait à atteindre les cercles les plus éloignés. Elle le pouvait, moins par l'exposé gnostique, toujours difficile à comprendre, des anciens rites, que par la propagation de nouveaux rites incommunicables, qui expriment justement des aspects mythiques de la Kabbale, et qui en appellent le plus fortement à la conscience populaire. D'une part les kabbalistes de Safed recoururent au *Zohar*, et les choses que l'auteur a rêvées, emmêlées dans son monde archaïque et reprojetées dans le lointain passé, furent largement répandues. D'autre part, des sociétés pieuses furent fondées pour la propagation de tels rites, d'abord en Palestine, puis en Italie et en Pologne ; leurs membres se donnaient pour tâche d'accomplir un certain rite, avec beaucoup de zèle et d'opiniâtreté.

En particulier, à la suite de la Kabbale lourianique, des œuvres qui réunissaient dans une unité l'ancien et le nouvel idéals virent le jour. A côté du *Schulchan 'Aruch* de Joseph Caro, de la codification, libre de tout élément kabbalistique, du rituel rabbinique, s'ajoutèrent au XVIIe siècle le *Schulchan 'Aruch*, de Isaac Louria ([21]), et beaucoup d'œuvres semblables et très importantes pour la recherche du rituel. Ce n'est pas sans logique qu'apparut, à côté de « L'arbre de vie », l'œuvre dans laquelle Chajim Vital représentait le mythe lourianique, « Le fruit de l'arbre de vie », l'œuvre où l'emploi du rite kabbalistique était le plus large. La description la plus importante de la vie du Juif pieux dans le sens du rituel kabbalistique se trouve dans l'œuvre volumineuse *Chemdath Jamin* (« La parure des jours »), l'un des livres les plus étranges et les plus problématiques de la littérature kabbalistique ([22]). Ici, l'ancien et le nouveau se sont réunis profondément et le penchant incontestable de l'auteur anonyme aux aspirations messianiques de Sabbatai Zwi, s'est lié d'une façon organique à l'ascétisme mystique de l'école lourianique. Il n'est pas étonnant que cette représentation généreuse, passionnée du rituel kabbalistique dans le Judaïsme oriental où elle a vu le jour, ait fait une profonde impression et que son action ait continué jusqu'au début de notre siècle. Ce que le *Chemdath Jamin* a signifié pour « la vie » du Juif d'après la Kabbale, une autre œuvre de l'école lourianique a entrepris de le faire pour son « aspiration », le *Ma'abar Jabbok*, « le passage au-dessus du fleuve de Jacob » (c'est-à-dire le passage de la vie à la mort), écrit par le kabbaliste italien Aaaron Berachjah Modena (vers 1620).

Si l'on compare des œuvres comme ces deux-là, représentant la vie et la mort du Juif et écrites avant le développement de la Kabbale, on verra combien le mouvement a métamorphosé le visage du Judaïsme dans tous ses aspects, théoriquement et pratiquement.

J'aimerais illustrer plus exactement par quelques exemples ce développement des rites kabbalistiques.

4

Il y a naturellement nombre de rites qui portent un caractère strictement ésotérique et ne peuvent être pratiqués en général que dans le cercle des adeptes. De tels rites sont en partie très anciens et datent des cercles de mystiques qui précédèrent les kabbalistes du XIIIe siècle. Quelques rites semblables, qui portent le caractère d'initiations particulières, se trouvent décrits dans la littérature la plus ancienne. Ils sont, dans une mesure particulière, d'un caractère théurgique et n'étaient pas (comme les rites kabbalistiques discutés plus loin) revêtus d'une forme en général concevable et accessible aux novices.

Un rite d'initiation au sens plus précis est celui qui a pour but la remise du nom de Dieu par le maître au disciple. Une tradition peut-être encore plus ancienne, transmise seulement oralement, sur la prononciation de tels noms, était encore présente au XIIe siècle en Allemagne et en France. Eleasar de Worms (vers 1200) décrit cette initiation de la façon suivante [23] : « On livre le nom seulement aux gens réservés (on peut traduire les « initiés »), qui ne se mettent pas facilement en colère, sont modestes et craignent Dieu et qui enfin accomplissent les commandements de leur Créateur. Et l'on ne livre le nom qu'au-dessus de l'eau. Avant de l'apprendre à son disciple, le maître et son disciple doivent plonger et se baigner dans de l'eau courante profonde de quarante « mesures », aussitôt revêtir des vêtements blancs et jeûner le jour de l'enseignement. Puis tous les deux doivent se tenir jusqu'aux chevilles dans l'eau, sur laquelle le maître récite une prière qui se termine par ces mots : « La voix de Dieu est au-dessus des eaux! Loué sois-Tu, Seigneur, Toi qui révèles Ton secret à ceux qui le craignent, Toi qui connais les mystères. » Puis tous les deux doivent diriger leur regard vers l'eau, réciter des versets de psaumes qui célèbrent Dieu au-dessus des eaux ». Alors le maître livre ce nom secret de Dieu que l'adepte doit posséder, sur quoi ils vont à nouveau à la synagogue ou à l'école et récitent encore une action de grâces au-dessus d'un vase rempli d'eau.

Un rite théurgique, issu du même cercle, et qui enseigne « l'attraction du nom » en rapport avec un rite magique strict, nous est aussi transmis. Dans un « livre sur l'attraction et la pratique du manteau de la justice », qui s'est conservé dans beaucoup de manuscrits ([24]), il est révélé à l'ancienne doctrine juive que l'homme peut attirer le nom ([25]), sous une forme toute concrète ([26]). Les noms secrets de Dieu doivent être écrits sur du vrai parchemin de cerf, dans lequel on coupera un vêtement sans manches qui, un peu comme le pectoral du grand prêtre, couvre les épaules et la poitrine jusqu'au nombril et tombe sur le côté jusqu'aux hanches. De plus, on doit faire un chapeau de ce parchemin pour accompagner le vêtement. Quand l'inscription sur le vêtement magique confectionné est terminée, il faut jeûner sept jours, ne rien toucher d'impur et ne rien goûter de ce qui vient de l'animal, même pas des œufs ou des poissons, seulement des légumes secs et autres choses semblables. Après les sept jours, il faut aller la nuit près de l'eau et crier au-dessus le nom qui est écrit sur le vêtement. Si l'on perçoit dans l'air, au-dessus de l'eau, une forme verte, c'est le signe qu'il y a encore quelque chose d'impur dans l'adepte et que cette préparation doit se répéter encore pendant sept jours, et s'accompagner d'aumônes et de bienfaits. « Et prie ton créateur, afin de ne pas être une fois encore confondu. Mais si tu aperçois la forme au-dessus de l'eau dans une auréole rouge clair, sache que tu es intérieurement assez pur pour attirer le nom. Puis va dans l'eau jusqu'aux hanches et attire le nom respectable et redoutable dans l'eau ». Ce rite doit prêter à l'adepte une force irrésistible, par quoi il lui sera conseillé d'appeler en même temps les anges qui lui appartiennent et qui apparaîtront alors devant lui, sans qu'il voie autre chose qu'une fumée qui s'étend devant lui. La signification magique de l'eau comme milieu convenant à une telle initiation, qui correspond par exemple aux idées très répandues sur le baptême, ne se trouve justement pas dans le Judaïsme ni dans la littérature talmudique ([27]). Je doute que cette initiation dans l'eau soit encore pratiquée après le XIVe siècle. Les plus anciennes prescriptions sur la création du Golem qui nous sont transmises dans les écrits du même kabbaliste qui nous a conservé les rites mentionnés ci-dessus, me semblent avoir le caractère d'un rite théurgique, dans lequel l'adepte prend conscience de sa force créatrice à l'intérieur de certaines limites. Le problème du Golem est en vérité très compliqué et j'en ai parlé en particulier dans le cinquième chapitre. Dans ce contexte, je voudrais surtout mettre l'accent sur le fait qu'il ne s'agit pas tant d'un motif légendaire, par les données exactes que nous possédons sur la restauration du Golem, mais plutôt de l'achèvement d'un rite précis qui cherche à atteindre une vision particulière, à savoir celle de l'animation créatrice de la figure du Golem. Le rite des adeptes, comme le décrivent les sources authentiques, devint une légende dans la conscience populaire.

Tournons-nous maintenant vers ces rites, qui sont non seulement développés à nouveau par des kabbalistes, avec l'aide de conceptions plus anciennes, mais qui furent longtemps exercés, et même jusqu'à présent, dans les cercles les plus larges. Il sera peut-être préférable de discuter d'abord de quelques rites concernant la conception des noces sacrées. Cette idée joue un grand rôle dans le *Zohar* et chez tous les kabbalistes postérieurs. Ce qui est exécuté dans ce *hieros gamos* (*Siwwuga Kadischa*, comme l'appelle le *Zohar*), c'est avant tout la réunion des deux Sefiroth *Tif'ereth* et *Malchuth*, de l'aspect masculin et féminin de Dieu, du Roi et de sa « matrone », qui n'est rien d'autre que la Schekina et la communauté mystique d'Israël. Dans une compréhension plus populaire, ces noces sacrées, si l'on considère le sens du symbole de la Schekina, pourraient faire allusion à celles de Dieu avec Israël, qui pour le kabbaliste ne sont rien d'autre que l'aspect extérieur d'un événement qui se passe lui-même dans le secret de la divinité.

Dans ce sens, aucune fête n'était plus apte à être interprétée comme celle des noces sacrées, que la fête de la semaine, le cinquantième jour après la fête de *Pessach*. Cette fête, celle de la révélation sur le Sinaï, qui a lieu d'après la Tora cinquante jours après la fuite d'Égypte, est celle de la réunion entre Dieu et Israël, et de là à l'idée de noces, il n'y avait pour les kabbalistes qu'un pas. Le *Zohar* raconte ([28]) que Simon ben Jochai et ses compagnons attribuaient à la nuit d'avant cette fête une signification mystique particulière. Puisque c'est la nuit où la mariée s'apprête à célébrer son mariage avec son époux, il était conforme que tous ceux qui appartenaient au palais de la mariée, c'est-à-dire les mystiques et ceux qui connaissent la Tora, lui tiennent compagnie, et partagent avec elle dans un rite solennel les préparations du mariage. Ce sont les mystiques qui habillent la Schekina de la parure convenable avec laquelle elle ira le lendemain sous le baldaquin nuptial. La parure complète d'une mariée consiste, comme les talmudistes l'interprètent pour Esaïe 3, en vingt-quatre morceaux. Ce ne sont, d'après le *Zohar*, que les vingt-quatre livres de la Bible. Celui qui récite des extraits de tous les livres cette nuit-là et ajoute la signification mystique de leurs secrets, pare la fiancée comme il convient et se réjouit avec elle toute la nuit. L'adepte devient, cette nuit-là, « garçon d'honneur » de la Schekina, et quand le lendemain le fiancé demande qui a si magnifiquement paré la fiancée, elle le montre du doigt et l'appelle.

Depuis le début du XVIe siècle, ce récit de *Zohar* devint le fondement d'un rite profond. On passe la nuit d'avant les noces mystiques éveillés jusqu'au lendemain et un certain choix de tous les livres de la Bible, mais aussi de tous les traités de la « Mischna » ainsi que plusieurs morceaux du *Zohar* traitant de cette fête, sont lus, accompagnés de chants. Ce rite devint particulièrement populaire et est encore exercé aujourd'hui. La représentation des noces fut à ce point poursuivie que, le lendemain matin, en enlevant la Tora dans la Synagogue et avant la lecture des dix commandements, un contrat de mariage entre le « fiancé Dieu » et « la vierge Israël » était lu en plusieurs endroits par les kabbalistes (29). Israël Nagara, le poète lyrique religieux du cercle de Safed, a composé dans un lyrisme mystique, d'abord sous la forme d'un poème, une promesse de mariage semblable, qui ressemble au style du document légal prescrit pour le mariage par la loi juive (30). Ce document et d'autres analogues, qui annonçaient l'accomplissement des noces sacrées, trouvèrent de plusieurs façons accueil et expansion. Le moment allégorique et le moment strictement symbolique s'y trouvent mêlés; alors la question des noces d'Israël avec Dieu, le jour de la Révélation, n'est qu'une allégorie profonde; celle du mariage de la Schekina avec son Seigneur représente un symbole mystique, qui exprime ce qui se trouve au-dessus de toutes les images.

Le rite du Sabbat et en particulier celui de l'entrée du Sabbat et de la nuit, le soir du vendredi, a vu, en rapport avec cette idée des noces sacrées, un changement et une transformation des plus remarquables. On va même jusqu'à dire que le Sabbat est précisément le jour de la Kabbale. La lumière venant du monde supérieur pénètre dans le monde profane dans lequel l'homme vit les six jours de la semaine. C'est la lumière du Sabbat qui reste sombre jusqu'à la semaine suivante et qui au milieu de la semaine suivante est relayée par la lumière du prochain Sabbat. C'est le jour où un souffle particulier, « l'âme du Sabbat », pénètre le croyant. Le fait de le posséder rend le croyant capable de recevoir d'une façon exacte, ce jour-là, plus qu'à un autre jour, les secrets du monde « pneumatique ». C'est à partir de là que l'on consacra particulièrement ce jour à l'étude de la Kabbale.

En ce qui concerne la fête du Sabbat, comme celle des noces sacrées, il y avait trois exposés, rapportés séparément dans le Talmud, en un rapport étroit avec cette idée et l'éclairant. Tout d'abord, quelques maîtres du Talmud avaient l'habitude de se couvrir d'un manteau le soir de la veillée du Sabbat et de crier : « Venez, laissez venir vers nous la reine du Sabbat ». D'autres avaient coutume d'appeler : « Viens, ô fiancée, viens, ô fiancée. »

Deuxièmement, un autre passage rapporte que Simon ben Jochai et son fils virent, vers le soir du vendredi, un vieillard se diriger là-bas dans le crépuscule en se pressant, avec deux fagots de myrtes. Ils lui demandèrent : Que veux-tu faire avec ces deux fagots? Il répondit : Je veux par eux honorer le Sabbat ([31]). Mais un troisième passage rapporte que les disciples de la Tora avaient l'habitude d'accomplir leur devoir conjugal justement pendant la nuit du vendredi ([32]). Ces données disparates sont comprises dans le rite des kabbalistes comme une indication que le Sabbat est justement une fête nuptiale et que l'union terrestre de l'homme et de la femme n'est qu'une représentation symbolique des noces célestes ([33]). A cela s'ajoute la symbolique mystique qui identifie la fiancée, le Sabbat et la Schekina. Un autre symbole mystique qui s'est développé à partir d'un tout autre rapport, a gagné de l'importance pour le rituel du Sabbat des kabbalistes. Il est souvent question de la Schekina dans le *Zohar*, comme du champ des pommiers sacrés ([34]), par lequel elle représente également le principe cosmique de l'élément féminin comme un champ, mais qui apparaît, par les pommiers qui fleurissent en lui, comme le centre de toutes les Sefiroth ou des plantations sacrées qui s'y déversent et qui deviennent actives en elle. Pendant la nuit du Sabbat, le Roi s'unit à la fiancée du Sabbat et pendant que ce champ sacré est fertilisé, les âmes des justes surgissent de leur union mystique. En vertu de ces idées esquissées ici, et qui ont déjà connu un large exposé dans le *Zohar*, les kabbalistes de Safed ont développé depuis le milieu du XVIe siècle un rite particulièrement impressionnant et solennel, dont il n'est pas du tout question dans les sources antérieures. Tout fut placé sous la perspective dominante de la fête des noces mystiques ; et l'étrange demi-jour, dans lequel la Schekina apparaît mêlée indistinctement à la Reine du Sabbat, mais aussi à chaque maîtresse de maison juive que le Sabbat consacre, a prêté à ce rite une popularité et une action si grandes qu'il domine encore concrètement jusqu'à aujourd'hui le rite du Sabbat dans ses traits essentiels ou dans ses souvenirs.

Comment apparaît ce rite kabbalistique des mystiques ?([35]) Longtemps avant le Sabbat, à l'heure des vêpres, les kabbalistes de Safed et Jérusalem avaient l'habitude, habillés de blanc (en tout cas pas en rouge ou noir, car ces vêtements auraient indiqué les puissances dirigeantes ou limitantes), de sortir de la ville pour se rendre dans le champ qui, par l'arrivée de la Schekina, était métamorphosé en « pré sacré ». Ce défilé représente une procession qui va au-devant de la fiancée. On chantait alors des hymnes particuliers à la fiancée et des psaumes de joie (comme le Psaume 29, d'autres 95-99). Le plus célèbre de ces hymnes, le chant qu'a écrit Salomon Alkabez de Safed dans le cercle de Moïse Cordovero :

> « Va, mon bien-aimé, au devant de la fiancée,
> laissez-nous recevoir la grâce du Sabbat »,

unit à la symbolique mystique des espérances messianiques pour le retour de la Schekina en exil, et est encore chanté aujourd'hui dans chaque synagogue. Lorsque cette procession vers le pré n'eut plus réellement lieu, la coutume resta de préparer la fête qui consistait à aller chercher la fiancée sur le parvis de la synagogue, et quoique cela ait maintenant disparu, la coutume de se tourner vers l'ouest au dernier verset du grand hymne et de s'incliner devant la mariée qui arrive, s'est conservé jusqu'à maintenant. Louria nous affirme qu'il aperçut, étant alors sur les collines de Safed, la foule des âmes du Sabbat arrivant avec la fiancée du Sabbat. Etrange en effet est l'usage, très souvent affirmé, de dire les psaumes du Sabbat les yeux fermés ; les kabbalistes en trouvaient la raison dans le fait que la Schekina était désignée dans le *Zohar* comme « la belle vierge qui n'a pas d'yeux », elle les avait perdus en exil à force d'avoir pleuré ([36]). Le vendredi après-midi le Cantique des Cantiques était alors chanté comme chant nuptial de la Schekina ; d'après l'interprétation transmise, il se rapportait à l'union intime du Saint, loué soit-Il, avec la communauté d'Israël. Les prières traditionnelles du Sabbat n'étaient dites qu'à la fin du rite qui consistait à aller chercher la mariée.

Après la prière, le mythe rituel était repris de nouveau à la maison. Isaac Louria déclarait recommandable et riche en signification mystique d'embrasser les mains de sa mère en rentrant à la maison. Puis on tournait solennellement autour de la table, pendant qu'on prenait sur la table, en silence, les deux fagots de myrte destinés à la fiancée et au fiancé ; ensuite on chantait un salut aux anges, c'est-à-dire les deux anges qui d'après le Talmud ([37]) accompagnent à la maison l'homme au commencement du Sabbat. La récitation du 31ème chapitre des Proverbes de Salomon suit l'hymne de quatre strophes aux anges : « Paix soit avec vous, anges de la paix »; dans ce chapitre, on faisait la louange de la noble maîtresse de maison et de son travail, ce que les kabbalistes interprètent dans tous ses détails comme un hymne à la Schekina. Il est en effet étrange que cette louange de la maîtresse de maison juive n'ait pu entrer dans le rite du Sabbat que par la voie détournée de l'interprétation mystique. Cet « hymne à la matrone » doit être exécuté assis avec une voix mélodique. Puis, celui que cette fête célèbre, exprime (d'après le *Zohar*) encore une fois avant le repas le mystère du festin, c'est-à-dire qu'il prépare l'acte sacré par des paroles qui, tandis qu'elles décrivent symboliquement son sens sacré, possèdent en même temps le geste exorcisant, par lequel la Schekina sera appelée avec son époux et avec « l'ancêtre sacré » à partager le festin. On dit dans une invocation araméenne solennelle :

> Préparez le festin de la foi parfaite
> Pour la joie du saint Roi,
> Préparez le festin du Roi.
> Voici le festin du champ des pommes sacrées,
> et « celui au petit visage », et le « saint patriarche ».
> Voyez, ils viennent, pour fêter avec elle le festin.

Mais ce qui se produit dans cet acte sacré est décrit par le grand hymne d'Isaac Louria, une des productions très peu authentiques de ce grand représentant de la Kabbale à Safed. Louria a mis en vers de tels hymnes pour les trois repas du Sabbat qui, dans la forme solennelle de l'araméen zoharistique, ont en effet quelque chose de ce geste par lequel le mage accompagne un événement prodigieux et par lequel il l'évoque comme une présence spatiale. Ce n'est pas en vain qu'ils se lisent comme les hymnes pour le culte d'une religion de mystères. J'aimerais transposer ici l'hymne pour le repas du vendredi soir (38).

Je chante en hymnes
la procession vers les portes
du champ de pommes,
qui sont sacrées.

Nous lui préparons maintenant
une table nouvelle,
un beau chandelier
qui doit briller au-dessus de nos têtes.

Entre la droite et la gauche
Arrive la fiancée
avec pompe, parée
solennellement.

Son époux l'étreint
profondément (39),
il lui offre son accomplissement
et la presse de toutes ses forces

Peines et lamentations
ont cessé.
Maintenant ce ne sont que des visages,
des âmes et des esprits nouveaux.

Il lui apporte de la joie
sans mesure,
Des lumières et des fleuves
de bénédiction rayonnent.

Garçons d'honneur, commencez
à préparer la mariée,
et toutes sortes de mets
et de poissons (40).

Forgez des âmes
et des esprits nouveaux
sur les trente-deux chemins
et les trois branches (41).

Elle a soixante-dix couronnes
et le roi au-dessus d'elle
afin que tout soit couronné
dans le Saint des Saints.

En elle tous les mondes
sont formés et enfermés,
pourtant ils rayonnent tous
de « l'Ancêtre des jours ».

J'installe, en direction du Sud,
le Chandelier mystique,
et vers le Nord, la table
sur laquelle reposent les pains.

Le vin dans la coupe et
les branches de myrte
sont dédiés aux fiancés
et aux faibles pour leur donner des forces.

Nous leurs tressons des couronnes
faites de mots précieux,
pour le couronnement des soixante-dix
sur les cinquante portes.

Que la Schekina soit entourée
de six pains du Sabbat
et qu'elle soit liée
de chaque côté vers le haut.

Ainsi les forces impures sont affaiblies
et désormais dispersées
et les démons menaçants
sont enchaînés.

Cet hymne est un reste du rite kabbalistique du Sabbat et ne peut être comparé dans le sens des kabbalistes à un des autres bénédicités que l'on aime chanter ou ne pas chanter le soir du Sabbat. Le nouveau sens ne se retrouvera pas dans une ancienne prière, sur le chemin de l'exégèse mystique ou de la *Kawwana*; au contraire l'événement ésotérique se crée lui-même sa langue et sa forme liturgiques. La pointe finale de l'hymne, l'enchaînement des démons le jour du Sabbat, qui doivent fuir dans le gouffre du grand abîme, est toujours accentuée dans les autres chants de Louria destinés aux autres repas. Le dernier chant du crépuscule à la fin du Sabbat revient encore une fois avec un appel à la conjuration des puissances de l'autre côté, des « chiens effrontés », une conjuration qu'il achève, pendant qu'il la décrit.

« Les chiens effrontés doivent rester dehors et n'ont pas le droit d'entrer. Mais moi j'invite « l'ancêtre des jours » aux vêpres, jusqu'à ce qu'ils soient dispersés, jusqu'à ce que sa volonté réduise à néant les « coupes ».

Il les lance dans leur abîme, ils doivent se cacher au plus profond des rochers. Et tout cela maintenant, à l'heure des vêpres, pour la fête du *Se'ir Anpin* (42). »

Sans nous consacrer maintenant aux autres rites kabbalistiques du Sabbat, qu'il nous soit permis d'ajouter encore quelque chose.

De même que le rite de « l'accueil de la fiancée », avant l'approche du Sabbat proprement dit, introduit plus tôt le commencement du jour sacré, et ajoute un élément profane au domaine sacré, plusieurs kabbalistes attribuent une grande valeur à un quatrième festin du Sabbat qui dure très tard dans la nuit, après la *Habdala*, la bénédiction de transition entre le Sabbat et le jour normal (dans le Talmud il en est brièvement question comme d'une coutume partagée par quelques-uns). Ce repas (où quelquefois il ne s'agit du reste même pas de manger) nous enlève la fiancée de notre domaine, comme cet autre rite l'y avait introduit. Il y avait des kabbalistes qui attribuaient la plus grande valeur à l'accomplissement du repas mystique de « l'accompagnement de la reine ». Si les trois repas officiels du Sabbat étaient dédiés aux patriarches : Abraham, Isaac et Jacob, celui-ci l'était à David, à l'oint de Dieu et par là aussi au Messie. Mais ces quatre patriarches représentent d'après le *Zohar* les pieds du trône divin ou de la « Merkaba ». Il n'est pas étonnant que Nathan de Gaza, le Jean et Paul du Messie kabbalistique Sabbatai Zwi, prolongeât ce quatrième festin de la fin du Sabat jusque vers minuit. « Il avait l'habitude de dire : c'est le festin du Roi Messie, et en faisait un grand principe (43) ».

5

A l'autre extrémité des rites kabbalistiques se trouvent ceux qui sont en rapport avec l'exil de la Schekina, le rendent dramatiquement présent et le déplorent. Le mouvement extrêmement ascétique, qui pénétra particulièrement dans la Kabbale après l'exil d'Espagne, et devint encore plus grave après l'imprégnation de l'apocalyptique, se révèle tout particulièrement ici. L'expérience historique du peuple juif et l'événement mystique d'un monde dans lequel le sacré se trouve dans un combat, où il applique toutes ses forces contre le satanique, se fondent ici intimement. A proprement parler il y avait partout et à toute heure une raison de chanter une plainte, de faire pénitence et de se livrer à l'ascétisme, par le simple fait de l'exil. La plénitude des rites, qui ont grandi sur ce terrain, ne peut en aucun cas nous surprendre. J'aimerais illustrer par deux exemples l'apparition de nouveaux rites qui donnent au mythe de l'exil un caractère irréfutable. Tous les deux ont été exercés pendant des siècles dans de vastes cercles et plusieurs talmudistes savants se plaignaient que les simples pieux, rabbiniquement ignorants, employaient plus de ferveur et de soin à l'accomplissement de tels rites qu'à l'accomplissement des commandements de la Tora elle-même.

L'un de ces rites est la plainte de Minuit, *Tikkun Chazoth*. Un maître du Talmud du IIIe siècle disait : « La nuit est divisée en trois veillées et pendant chaque veillée, le Saint est assis, loué soit-Il, et il rugit comme un lion : Quel malheur d'avoir détruit Ma maison, brûlé Mon temple et envoyé Mes enfants en exil parmi les peuples ([44]) ». Il est étrange que presque 1000 ans se soient écoulés avant que les conséquences rituelles de ce passage du Talmud ne soient tirées. Ce n'est qu'au XIe siècle qu'un chef de l'école babylonienne, Haj Gaon, raconte que les gens pieux imitent Dieu en cette matière et se lamentent pendant les trois veillées nocturnes sur la destruction du Temple ([45]). Son père, Scherira Gaon, définit comme un usage pieux de se lever à minuit et de réciter hymnes et chants ([46]). De façon surprenante, il n'est pas du tout question chez lui de lamentations. C'est seulement dans le cercle des kabbalistes de Gérone, vers 1260 (si le texte ([47]) correspondant est, comme je le suppose, apparu vers cette époque en Espagne), qu'une coutume semble être apparue qui réunit ces deux motifs. « Les Hassidim du plus haut rang se lèvent la nuit pour chanter des hymnes à chaque vigile, se jettent à terre en suppliant et en priant, s'étendent dans la poussière en sanglotant et déversent des flots de larmes, reconnaissent leurs fautes et confessent leurs péchés ». La Vigile de minuit apparaît alors liée à d'autres mythes comme exercice des cercles de kabbalistes dans le *Zohar*, tels qu'il en mentionne à plusieurs endroits. A minuit, Dieu pénètre dans le Paradis, pour se promener avec les justes. Alors, tous les arbres du paradis éclatent en hymnes. Du côté Nord s'élève un vent, et une étincelle jaillit de la force du Nord, du feu en Dieu, qui n'est rien d'autre que la puissance dirigeante, et frappe sous les ailes de l'archange Gabriel (qui provient lui-même de cette force en Dieu) ([48]). Son cri réveille alors tous les coqs à minuit. D'après d'autres représentations un vent du Nord du paradis porte cette étincelle directement sous les ailes des coqs en bas sur la terre et produit ainsi le chant du coq à minuit ([49]). Puis il est temps pour les pieux de se lever, comme ci-devant le Roi David, et de se livrer à l'étude de la Tora jusqu'à l'aube ou, d'après d'autres ([50]), de réciter des chants à la Schekina. Car, à partir de minuit la puissance de la sévère Justice qui le soir domine le monde est brisée ; ainsi s'explique, d'après les kabbalistes, qu'après le premier chant du coq, les esprits et les démons n'aient plus de force ([51]).

Ces motifs s'unissent déjà dans le *Zohar* à ceux de l'exil de la Schekina ([52]). Vers minuit, Dieu se souvient « de la *Hinde* qui repose dans la poussière » ([53]) et verse deux larmes « qui brûlent plus que tout feu du monde » dans la grande mer ([54]). Il éclate en plainte et ébranle à cette heure-là tous les 390 mondes. C'est pourquoi les anges ne disent des hymnes que pendant deux heures, durant la deuxième veillée nocturne et se taisent ensuite. Car ces anges s'appellent *Abelé Sion*, ceux qui pleurent Sion ([55]) — interprétation fort étrange du nom d'une tendance ascétique juive datant du début du Moyen Age, et appliquée à une classe d'anges. Il semble que, d'après quelques passages, tout cela se passe, avant que le vent du Nord ne s'élève du Paradis. La Schekina, qui est en exil, chante à minuit des chants et des cantiques à son époux ([56]) ; d'après d'autres un dialogue a lieu à cette heure-ci entre Dieu et la Schekina, ou plus exactement un *hieros gamos* entre eux ([57]).

Le *Zohar* ne développe, à partir de toutes ces idées sur la vie secrète de minuit, aucun rite propre de lamentation. Il n'exige des mystiques que d'être éveillés à cette heure, pour s'associer, par des études et des méditations sur les mystères de la Tora, à la troupe « des compagnons de la Schekina ». Il ne sait encore rien d'un rite particulier de lamentation sur l'exil. S'il est question de plusieurs façons, dans les générations suivant l'apparition du *Zohar* (1285-1290), d'exercices pieux lors des vigiles, en tant que souvenir de la destruction du Temple ([58]), nous n'apprenons rien d'un rite précis de l'heure de minuit. Mais il en va autrement à Safed. Le souvenir d'une coutume à moitié oubliée est liée à l'idée du *Zohar* sur l'heure de minuit, d'un côté, et sur l'exil de la Schekina, de l'autre, et amène ainsi un nouveau rite, comme forme symbolique de l'expérience du Juif de cette génération. Il est étrange que ces rites de l'exil soient nés justement en Palestine et non dans les pays de la *Diaspora*. Les Kabbalistes qui, autrefois (vers 1550), se retrouvèrent, venant de tous les pays à Safed, pour tenter d'édifier une « communauté de Saints », apportèrent avec eux cette conscience aiguë de l'exil, et lui donnèrent son expression rituelle exactement à l'endroit à partir duquel, selon leur doctrine, la rédemption messianique devait commencer.

Abraham Halevi Beruchim, l'un des plus actifs membres de ce cercle, dit « qu'il allait toujours à minuit par les rues de Safed et criait en pleurs : « Levez-vous, pour l'amour de Dieu, car la Schekina est en exil, la maison de notre Sainteté est brûlée et Israël est en détresse. » Il ne bougeait pas devant les fenêtres des savants, avant de voir qu'ils se réveillaient » ([59]). Ce mystique, qui apercevait la Schekina dans une vision près du mur des lamentations à Jérusalem, pleurant et se lamentant, tout de noir vêtue, était pour les mystiques de Safed une incarnation, tout au moins une étincelle de l'âme du prophète Jérémie. Dans le cercle de Isaac Louria chaque coutume eut une forme particulière et stable ([60]). D'après lui, le rite de minuit comprend deux parties : « l'ordonnance pour Rachel » et « l'ordonnance pour Léa ». Rachel et Léa sont donc d'après cette Kabbale deux aspects de la Schekina, l'un la représentant loin de Dieu et se lamentant, l'autre dans son union toujours présente avec son maître. D'où l'ordonnance pour Rachel : *Tikkun Rachel*, représentant le rite particulier de lamentation pendant lequel il arrive que l'homme « partage lui-même la plainte de la Schekina » et ne pleure pas du tout sur ses propres misères, mais sur celles qui provoquent l'exil de la Schekina.

Il faut donc se lever à minuit, s'habiller, aller près de la porte, s'asseoir près des montants de la porte, puis se déchausser et se voiler la tête. Tout en pleurant il faut alors prendre des cendres du foyer et les placer sur son front, à l'endroit où seront déposées le matin les *Tefillin*, les phylactères de la prière. Puis il faut baisser la tête et nettoyer ses yeux dans la poussière du sol, tout comme la Schekina, « la belle sans yeux », repose dans la poussière. Puis on récite une liturgie particulière, le Psaume 137 (« Près des eaux de Babylone nous sommes assis et pleurons »), le Psaume 79 (« ô Dieu, des gens se sont introduits dans Ton domaine et ont profané Ton Temple ») et le dernier chapitre des Lamentations, de même que des cantiques particuliers de lamentation qui étaient composés à Safed et à Jérusalem. Cinq de ces chants sont devenus pour ainsi dire une partie de ce rite.

Puis on accomplit « l'ordonnance de Léa », dans laquelle l'expression centrale n'est plus l'exil mais la promesse de la rédemption, qui constitue dans cette liturgie le point central. Des psaumes messianiques interviennent alors, surtout un grand dialogue sous forme d'hymne entre Dieu et la communauté mystique d'Israël, qui est la Schekina. Dans un hymne de Chajim Cohen d'Aleppo, un élève de Vital, la Schekina se plaint de son exil et Dieu lui fait entrevoir la rédemption sous des couleurs claires. Mais à chaque strophe d'espoir, la Schekina répond par une strophe de lamentation. Même les ignorants doivent accomplir ce rite, selon l'avis des kabbalistes, « car la période entre minuit et le matin est une période de grâce et un rayon de cette grâce peut tomber sur eux même le jour ». Derrière ces deux parties du rite une troisième était recommandée, l'« ordonnance pour l'âme », *Tikkun ha-Nefesch*, qui consiste à unir Dieu et la Schekina avec chaque membre de son corps, « afin que ton corps soit un char royal pour la Schekina ».

A la suite de la grande explosion messianique de 1665-1666, celle du mouvement sabbatianiste, l'accomplissement de ce rite fut pendant longtemps un objet de litige entre les partisans de ce mouvement messianique et leurs adversaires. Les Sabbatianistes déclaraient d'ailleurs, aux différents stades de leur radicalisme, que la partie du rite se rapportant à Rachel était dépassée, car la Schekina était déjà sur le chemin du retour de son exil. Celui qui pleure est comparable à celui qui pleure au Sabbat ([61]). Ils n'accomplissent que la deuxième partie du rite, qui exprime les espérances messianiques. Même des Juifs pieux, qui ont montré beaucoup de réserve vis-à-vis du mouvement et qui ne pouvaient se familiariser avec la suppression de la plainte, accomplissaient le rite, soit debout, soit assis dans leur chambre à leur place, sans aller à la porte. Mais la Kabbale orthodoxe persévérait dans l'accomplissement précis du rite des lamentations.

Le deuxième exemple de ce genre de rites concerne la transformation du jour précédant la nouvelle lune en un jour de jeûne et de pénitence, qui trouva sa plus grande expansion ([62]) sous le nom de « petit jour d'expiation » (*Yom Kippour Katan*), nom apparu d'abord à Safed.

Si une vieille tradition bien enracinée n'avait donné au jour même de la nouvelle lune une signification solennelle et interdit expressément le jeûne ce jour-là, ce jour aurait été sans doute établi par les kabbalistes comme un jour du souvenir de l'exil et comme un jour de jeûne et de pénitence. Car les motifs qui sont particulièrement efficaces se rapportent au jour de la pleine lune lui-même. Mais comment la joie de revoir la lune fut-elle transformée en une plainte sur sa disparition progressive ?

Dans le Talmud (*Sanhédrin* 42 a) on trouve encore, dans la formule prescrite pour la bénédiction de la pleine lune, un parallèle significatif entre le renouveau de la lune et la rédemption messianique : « Il dit à la lune qu'elle se renouvelle, qu'elle soit une couronne magnifique pour ceux qui, portés dans le corps maternel, se rajeunissent comme elle, et qui glorifient leur créateur ».

Le changement de la force de la lune en imperfection au cours de ses phases, revient dans d'autres conceptions. La Tora recommande, le jour de la pleine lune, le sacrifice particulier d'un bouc, mais on ne comprend pas très bien pour qui est accompli ce sacrifice. Dans une explication du Talmud (63), il est dit que Dieu avait réduit la lune, qui avait à l'origine la même puissance lumineuse que le soleil. Lorsque la lune s'en était plainte, Dieu avait dit : « Offrez-moi un sacrifice, car j'ai diminué la lune ».

Mais les kabbalistes interprètent cette diminution de la lune comme le symbole de l'exil de la Schekina. La Schekina est elle-même « La Lune sacrée », qui a perdu son rang, à qui on a volé sa lumière et qui a été envoyée dans un exil cosmique. Depuis, elle ne brille, comme la lune, que lorsque sa lumière est réfléchie. L'explication talmudique s'en tenait à la désignation de la lune comme petit luminaire dans l'exposé de la création de la Genèse ; mais les kabbalistes semblent faire allusion au fait qu'avant la rédemption messianique, la lune (c'est-à-dire la Schekina), même si elle a retrouvé sa puissance lumineuse, retombe vers le vide et le dénûment. C'est seulement dans la rédemption que la lune est rétablie dans son état originel ; cette affirmation repose sur un verset d'Esaïe (30 : 26). Mais entre temps, pour les kabbalistes, aucun événement cosmique ne semble être plus nettement en relation avec l'exil de toute chose, avec l'imperfection et le défaut qui est inhérent à tout être, que précisément cette diminution périodique de la lune.

On voit donc se rencontrer ici les deux moments qui dominent d'une manière si décisive le monde de la Kabbale tardive : la déchéance qui est l'exil et la régénération de la lumière après sa complète disparition, qui est une garantie du renouveau futur de toute chose dans la rédemption. Puisque, comme on l'a dit, le jour de la nouvelle lune ne peut être facilement dépouillé de son caractère solennel, on a introduit, dans le cercle de Salomon Alkabez et de Moïse Cordovero, à Safed, d'après une vieille coutume pieuse, le jour de la nouvelle lune comme jour de pénitence, qui était particulièrement consacré à la méditation sur les deux grands thèmes de l'Exil et de la Rédemption. Il est du reste frappant qu'il n'y ait aucune trace (64), dans les plus anciens textes authentiques de la Kabbale lourianique, de ce jour et du jeûne, au contraire de beaucoup d'autres suppositions. Par contre, Abraham Galante, l'élève de Cordovero, nous dit que c'était (autour de 1570) en général la coutume à Safed que ce jour-là les hommes, femmes et enfants jeûnent, et passent toute la journée à prier et à faire pénitence, à confesser leurs péchés, et à se repentir (65). Le nom de « petit jour d'expiation » est employé là pour la première fois (66). Mais on ne sait pas si ce nom vient du fait que chaque mois il était fait pénitence pour les péchés, ou du fait qu'un parallèle avait été tiré entre le bouc émissaire du jour de la réconciliation, envoyé en expiation dans le désert, et le sacrifice (dont on a parlé plus haut) du jour de la nouvelle lune, qui consiste justement en un bouc. La première explication semble l'explication historique (67).

Les liturgies très variées, qui ont été composées pour ce jour-là, reflètent toutes la réunion des deux moments que ce jour exprime. « Je suis la lune et tu es mon soleil ». Ces paroles tirées d'une des prières (68) exposent le motif qui se transforme constamment. Et puisque la disparition complète de la lune représente la descente dans les dernières ténèbres de l'exil, l'heure est venue, d'après les kabbalistes, de méditer « sur le secret du Messianisme (69) ». L'extraordinaire rite de cette journée, qui est développé dans le *Chemdat Jamim*, est l'un des documents les plus caractéristiques de la Kabbale sabbatianiste, qui fonde une conduite strictement ascétique sur l'idée que le Messie est déjà là, mais encore mêlé à une tragique mission dans les profondeurs les plus impures de l'exil, si bien que l'espérance de la rédemption doit faire ses preuves précisément à ce point le plus paradoxal, à savoir l'exil du Messie lui-même (70).

6

Les deux catégories de rites que je viens d'étudier se rapportent étroitement les unes aux autres. Car les « noces sacrées » sont toujours une cérémonie dans laquelle la rédemption est anticipée, dans laquelle la séparation et l'exil de la Schekina sont au moins momentanément réduits ou atténués. Il en est tout autrement pour les rites qui ont pour but une défense des puissances de « l'autre côté », une conjuration des démons et des forces destructrices. Ce domaine s'est très largement développé, dans lequel la Kabbale se réfère, sous de nouvelles formes (et souvent, non seulement sous de telles formes) à d'anciennes idées magiques existant depuis longtemps auparavant.

J'aimerais développer ici ce rapport par un exemple particulièrement frappant montrant que ce rite de défense devint habituel et plus tard quasi général dans les cercles kabbalistiques. Quiconque avait jusqu'alors (et même en partie encore aujourd'hui) assisté à un enterrement à Jérusalem, était étonné par un étrange spectacle, qui se déroule quelquefois près de la tombe ouverte, avant la mise du corps en terre. Dix Juifs dansent en ronde autour du mort et récitent un psaume, qui est en général conçu dans la version juive comme un plan de défense contre les démons (Psaume 91), ou telle autre prière. Après cette danse, on pose une pierre sur la bière et l'on récite le verset suivant (Genèse 24 : 6) : « Abraham donna des cadeaux aux fils des concubines qu'Abraham avait et les renvoya ». Cette étrange danse des morts est répétée sept fois. Le sens de ce rite, qui est presque incompréhensible pour tous ceux qui y assistent, se rapporte aux idées de la Kabbale sur la vie sexuelle de l'homme et la sainteté de la semence humaine. On voit intervenir ici un mythe qui a pour objet la délimitation de l'acte générateur vis-à-vis d'autres pratiques sexuelles qui sont « démonisées » et avant tout l'onanisme.

Les démons sont, d'après la tradition talmudique, créés le vendredi soir au crépuscule, sous la forme d'esprits qui n'ont plus conservé de corps puisque le Sabbat intervint entre temps. D'où la conclusion (qui n'est peut-être pas éloignée des sources talmudiques) que les démons cherchent, depuis, un corps et s'accrochent à cet effet aux hommes. Voici encore une autre idée. Lorsque Adam, après le meurtre d'Abel par son frère, ne voulut plus « connaître » sa femme, des démons féminins, Succubes, vinrent à lui et furent reçus par lui ; de cette union où la puissance génératrice d'Adam fut mal employée et déviée. est née une race de Démons qui sont nommés (71) *Nig'e Bne Adam* (« esprits pernicieux, qui viennent de l'homme »). Les kabbalistes ont souligné ces anciennes conceptions de la procréation démoniaque par la pollution ou d'autres pratiques, particulièrement les pratiques onanistes, et ils ont indiqué dans le *Zohar* que Lilith, la reine des Démons, ou ceux qui appartiennent à sa cour cherchent à exciter l'homme, à qui il manque un partenaire féminin, à accomplir l'acte sexuel, pour créer ainsi à leur profit un corps à partir du sperme tombé dans le vide. Du reste, aussi loin que je puisse regarder, la question de savoir qui a développé en premier lieu ces conséquences et ces formulations détaillées sur les Succubes et Incubes, dans les cercles juifs ou chrétiens, reste obscure. Dans des textes araméens de conjuration, elles ont déjà été mentionnées dans des cercles juifs ; mais de toutes façons elles ne se sont développées vraiment que dans le *Zohar*, à la fin du XIIIe siècle, et elles jouent un rôle très important dans ses idées sur l'union de « l'autre côté » avec la vie humaine. Alors que l'accomplissement de l'union entre homme et femme est considéré par les kabbalistes, dans ses limites sacrées, comme un mystère abordé avec beaucoup de respect, la formulation la plus classique et la plus répandue de l'essence de la méditation mystique dans le sens des kabbalistes est contenue dans un écrit sur l'essence et l'accomplissement de l'union conjugale ([72]). Ainsi, le mauvais usage de la force génératrice est au contraire un acte destructeur dont ce n'est pas l'élément sacré, mais « l'autre côté » qui tire un profit. Une idée de pureté nous a donc conduits à cette conséquence de considérer toute atteinte (consciente ou non) à ses lois comme un acte générateur de démons.

Cette idée a été liée d'une façon étrange à la mort de l'homme, au XVIe siècle, d'abord chez le kabbaliste Abraham Sabba ([73]), venu d'Espagne. Tous les enfants illégitimes que l'homme a procréés avec les démons au cours de sa vie apparaissent après sa mort pour prendre part aux lamentations et à son enterrement. « Car tous ces esprits, dont le corps est formé des gouttes de son sperme, le considèrent comme leur père. Mais pour cela il doit supporter un châtiment le jour de son enterrement ; quand on le porte dans sa tombe, ils se précipitent sur lui comme des abeilles et crient : « Tu es notre père » et ils se désolent et se lamentent derrière sa civière, parce qu'ils perdent maintenant leur patrie et qu'on les tourmente ([74]) avec les démons qui restent et qui planent (sans corps) dans l'air ». D'après d'autres, ils proclament à cette occasion leurs revendications à l'héritage des fils du mort et cherchent ainsi à léser ses enfants légitimes. Le rite qui consiste à tourner sept fois autour du mort pour former un cercle sacré, est une cérémonie de protection par laquelle on doit empêcher que tous les enfants illégitimes ne s'approchent du mort, souillent son corps ou ne provoquent d'autres méfaits. D'où ce verset de la Genèse sur les « fils des concubines (démoniaques) » qu'Abraham chassa afin qu'ils n'importunent pas son fils légitime, Isaac. Un rite semblable poursuit ce même but, consistant à poser sept fois la bière à terre sur le chemin du cimetière [75]. Pour ces raisons, les kabbalistes défendaient expressément que les enfants et spécialement les fils du mort ne l'accompagnent. Celui qui est pieux doit, sous peine de bannissement, défendre à tous ses enfants, encore de son vivant, de l'accompagner à sa tombe, afin d'empêcher que ses descendants démoniaques illégitimes, au cas où ils se trouveraient près de la tombe, ne compromettent ses enfants engendrés dans la pureté.

Dans ce contexte, l'exposé du recteur du gymnase de Francfort, Johann Jakob Schudt, est caractéristique ; il raconte en 1717 à propos des Juifs de Francfort [76] : « Ils croient fermement que lorsque le sperme échappe à un homme, il formera de mauvais esprits, avec l'aide de Machlath (un démon féminin) et Lilith, mais qu'ils mourront en leur temps. Si un homme meurt et que ses enfants commencent à pleurer et à se lamenter, alors ces esprits mauvais arrivent, veulent avoir ce que les autres enfants ont, « plument » et harcèlent alors le mort ; et Dieu, lorsqu'il voit ce spectacle près du corps, se rappelle à nouveau les péchés du mort. Je sais que les Juifs recommandaient de leur vivant à leurs enfants de ne pas se plaindre ni de pleurer jusqu'à ce que le corps soit purifié dans le cimetière en le nettoyant, le lavant et même en coupant les ongles des mains et des pieds, car ainsi les esprits impurs ne pouvaient plus toucher au corps purifié ».

Un autre rite étrange est lié à ce même groupe d'idées. Particulièrement pendant les années bissextiles, il fallait jeûner le lundi et le jeudi pendant certaines semaines, pour « améliorer » par des prières particulières et des exercices de pénitence la tache que l'homme fait à son être véritable par la pollution nocturne et l'onanisme. Ce rite s'appelle *Tikkun Schobabim.* Les lettres qui commencent les passages de la Tora lus dans la Synagogue le jour de ces Sabbats, forment justement le mot *Schobabim*, « les pervertis », ce qui se rapporte à ces enfants « mal élevés » de l'homme [77] dont on demande par ce rite le retour au domaine sacré. Cette coutume est signalée en Autriche au XVe siècle, sans que la note sexuelle soit explicitement mentionnée ([78]). Les kabbalistes s'en sont emparé et l'ont développée ([79]).

Il est naturel que Lilith ne soit pas seulement liée aux pratiques sexuelles illégitimes. Même l'union conjugale de l'homme avec son épouse est menacée par elle, car elle cherche à s'infiltrer dans le domaine d'Ève. D'où un autre rite recommandé par le *Zohar* et qui a pour but l'éloignement de Lilith du lit conjugal.

« Pendant l'heure où l'homme s'unit à sa femme, il doit diriger ses pensées vers la sainteté de son Seigneur et dire :

« Dans un doux vêtement de velours — es-tu ici ?
Arrête, arrête !
N'entre pas et ne sors pas !
Rien de toi et rien en toi !
Retourne, retourne, la mer gronde,
Ses vagues t'appellent ([80]).
Mais je saisis la partie sacrée,
Je suis entouré de la Sainteté du Roi. »

Alors il doit pendant quelque temps couvrir sa tête et celle de sa femme de linges et arroser plus tard son lit d'eau claire ([81]). »

Dans les rites de cet ordre, qui apparaissent d'une façon nette comme liés au domaine sexuel, on trouve les pages les plus sombres du rite kabbalistique, qui reflètent les angoisses et les émotions de l'homme. Leur influence et leur action, enracinées dans des domaines non pas mystiques et sublimes mais mythiques et dévoilés, ne sont pas moindres que celles des autres rites dans lesquels les kabbalistes ont leur visage tourné non pas vers « l'autre côté » mais vers le Sacré et sa réalisation sur la terre.

NOTES

(1) *'Erubin* 21 b.

(2) Moïse de Léon, *Sefer ha-Rimmon*. Manuscrit du British Museum. Add. Or. 26. 920, 47 b., et *Zohar* I, 19 b.

(3) Dans son commentaire (pas encore imprimé) à propos de *Jezira* I, 6.

(4) « Les commandements sont eux-mêmes *Kabod* », c'est-à-dire qu'ils sont, dans leur caractère, une partie du Plérome divin. Cf. le Commentaire d'Asriel sur l'Aggadoth du Talmud, éd. Tishby (1943), p. 39.

(5) Une citation du premier chapitre dans le *Jezira*.

(6) Recanati, *Ta'ame ha-Mizwoth* (Bâle 1581), feuille 3 a.

(7) Dans le Commentaire de Recanati sur le Talmud, il y a un passage très semblable : « L'organisme entier de l'homme est formé, dans ses membres et dans sa structure, suivant l'organisme de l'homme divin. Comme les membres

de l'homme sont seulement arrangés suivant les desseins de la création, ce qui s'entend au sens de la formation cosmique, ils doivent être ainsi un portrait et un tronc pour les membres du divin, et il doit augmenter en eux la puissance et l'émanation du néant originel ['*afissath ha-'ajin*], sinon, en cas d'abus, il provoque des lois contraires. Et c'est le sens secret du verset (Lévitique 24 : 20) : « Si un homme fait du mal à un autre — c'est-à-dire à sa forme originale — le même mal sera fait à lui-même aussi ».

(8) *Schulchan 'Aruch*, par R. Isaac Louria (1681), 31 d.

(9) Zohar II, 215 b.

(10) Cf. à propos de ces idées mon livre, *Jüdische Mystik*, p. 68-72.

(11) Il y a des livres semblables qui voient les commandements de la Tora comme les membres de *Schi'ur koma*.

(12) Cf. à ce sujet le livre (insuffisant) de H. L. Gordon, *The Maggid of Caro*, New York 1949.

(13) Joseph Caro, *Maggid Mescharim* (Wilna 1879), 34 d, dans une interprétation détaillée du rituel du bouc émissaire au jour de la réconciliation, à propos de cette dispute entre les deux côtés : le « sacré » et « l'impur ».

(14) Berlin, 1925. Une justification philosophique de la métaphysique kabbalistique du rituel de Goldberg a été entreprise par Erich Unger, *Wirklichkeit, Mythos, Erkenntnis*, Munich 1930.

(15) Isaak l'Aveugle, cité dans *Be'ur zu Nachmanides' Tora-Kommentar*, par Meir ibn Sahula. Varsovie 1875, 32 d; *Zohar* I, 233 a et II, 216 b.

(16) Cf. Martin Buber, *Die chassidischen Bücher* (1938), p. 351. D'une façon singulière, Buber tire du texte une conséquence qui est radicalement opposée à celle des sources d'où elle est tirée.

(17) La rédaction dont je me sers dans le texte suivant est celle que le kabbaliste Isaac de Akko (vers 1300) a entendue de son professeur allemand, Juda ha-darschan Aschkenasi (*Me'irath 'Enajim*, Ms. Leiden, Warner 93, 158 a.). D'Isaac de Akko elle est (sans indication des sources) passée à Moïse Cordovero à Safed, par qui elle a connu ensuite une vaste audience.

(18) Traduit par A. Grünwedel, in Bäsler-Archiv V (1916), p. 159.

(19) Ch. Vital, *Scha'ar ha-Kawwanoth* (Jérusalem 1873), 47 a. Cette pratique radicale est développée à partir d'un passage du Zohar (III, 120 b), où l'on dit que celui qui prie, parvenu à ce stade de l'exaltation, « se livre à l'arbre de la mort » et doit être prêt à mourir.

(20) Cf. mon *Der Begriff der Kawwana in der alten Kabbala, Monatschrift für Geschichte und Wissenschaft des Judentums*, Bd. 78 (1934), p. 517/18.

(21) Rédaction remaniée d'un extrait (par Jacob Zemach, en 1637) des parties de l'œuvre de Chajim Vital concernant le rituel.

(22) Elle fut imprimee six fois entre 1731 et 1763. Elle fut composée à Jérusalem à la fin du 17e siècle, ou, comme le montrent des recherches nouvelles de Tishby, au début du 18e siècle.

(23) Le texte est inédit. J'utilise le manuscrit Warner 24 (Leiden) où il est imprimé comme introduction à l'article *Sefer ha-schem* de Eléasar (237). Ce texte est apparemment indiqué par Bachja ben Ascher qui cite, en 1291, dans son Commentaire sur la Tora (Lévit. 16, 30) (éd. de Venise 1544, 147 C) : « C'est une tradition des mystiques selon laquelle on transmet le nom de Dieu uniquement sur l'eau. »

(24) *Sefer ha-malbusch we-tiqqun me'il ha-zedaqa*. Ms. British Museum, Margoliouth 752, 92-93.

(25) Cf. les *Odes de Salomon* 39 : 7, où l'emploi de la langue de Paul dans l'épître aux Romains 13 : 14 et Galates 3 : 27 semble juif; cf. aussi G. Quispel, *Gnosis als Weltreligion*, Zürich 1951, p. 55-56.

(26) Un parallèle avec le rituel baptismal : dans maintes sectes gnostiques, le prosélyte attire le nom mystique de Jésus : cf. Quispel dans *Eranos-Jahrbuch*, 1952, vol. XXI, p. 126.

(27) Cf. M. Ninck, *Die Bedeutung des Wassers im Kult und Leben der Alten* (1921).

(28) *Zohar* I, 8 a, et III, 98 a. A cet égard il y a un parallèle très intéressant dans l'œuvre hébraïque de Moïse de Léon; cf. *Sod chag schabuoth*, Ms. Schocken Kabb. 14, 87 a.

(29) Dans la synagogue Sefardique de Jérusalem, j'ai encore entendu une lecture semblable ces dernières années.

(30) Nagara, *Semiroth Jisrael* (Venise 1599), 114 a ss.

(31) Cf. Moritz Zobel, *Der Sabbath* (Berlin 1935), p. 59, 64.

(32) Traité *Kethubboth* 62 b.

(33) Ce symbolisme contredit la suite des idées de Simon ben Jochai dans le Midrasch ancien, qui considérait le Sabbath et la communauté d'Israël comme des conjoints et concevait la célébration du Sabbath dans les dix commandements dans le sens d'un mariage par « Sanctification » de la mariée. Cf. Zobel, *Der Sabbath*, p. 49.

(34) A cause d'une formule du Talmud (*Ta'anith* 29 a), qui cependant doit caractériser seulement un parfum, surtout agréable : « comme un champ de pommiers ».

(35) J'emploie dans ce qui suit surtout la forme du rite, telle qu'elle est donnée dans *Schulchan Aruch* de Isaak Louria et dans *Chemdath Jamim*, vol. I. L'analyse de chaque élément particulier du rite dans son développement n'a pas de place ici.

(36) Dans *Zohar* II, 95 a, cette vierge est la Tora (se rapporter ici au Chapitre II, § 4); la signification mot à mot de la métaphore se rapporte à une vierge, « sur qui ne sont pas (braqués) des yeux » (que personne ne voit).

(37) Traité *Schabbath* 119 a.

(38) Je peux employer seulement en partie la nouvelle traduction — beaucoup trop libre — d'Ernst Müller, qui est donnée dans Zobel, p. 191.

(39) La neuvième Sefira, *Jessod*, « le fond », est comparée à des organes du sexe masculin et féminin.

(40) Le poisson est un symbole de fécondité. L'habitude, répandue en tous lieux, se rattache entre autres au mariage, qui doit être conclu pendant cette nuit.

(41) De la Sagesse, l'existence s'avance sur 32 voies. Les trois branches sont celles de la grâce, du jugement et de l'amour d'autrui, les trois « piliers » du monde des Sefiroth, dont les âmes descendent. Les soixante-dix couronnes de la mariée du verset suivant sont citées dans *Zohar* II, 205 a.

(42) *Se'ir Anpin* signifie dans le *Zohar* la sévérité, par opposition à la clémence, comme aspect de Dieu. Chez Louria, « celui avec le petit visage » est pris dans sa signification mot à mot. C'est la divinité dans sa conduite infinie et son développement comme seigneur de la Schechina.

(43) *'Injane Schabbetaj Zewi*, éd. Freimann (1913), p. 94. D'où les affirmations du livre *Chemdath Jamim* et le rôle important de ce banquet dans le mouvement Hassidique.

(44) *Berachoth* 3 a.

(45) L'indication de Haj est peut-être liée à une recommandation semblable dans *Seder Elijahu rabba*, éd. Friedmann, p. 96. Cependant, il ne faut pas oublier que, en même temps, les Vigiles (de la nuit) étaient déjà, depuis le 5e siècle, adoptées par les milieux monastiques du christianisme.

(46) Cf. dans l'édition A. Freimann des *Réponses* de Maïmonide (No. 25), p. 21.

(47) Le livre anonyme de Morale, attribué à plusieurs autorités, *Sefer hajaschar*. Cf. chap. III, éd. Cracovie, 1586, 8 a.

(48) *Midrash ha-ne'elam* de Ruth, dans *Zohar Chadasch*, Varsovie, 1884, 87 d, et dans *Zohar* III, 23 a, 171 b. Cf. la relation étymologique des mots *Gabriel* (« Puissance de Dieu »), *Geber* (« Coq »), et *Geburah* (force — dans la langue du *Zohar* toujours la force de la puissance qui juge). III, 172 a on dit ensuite de l'ange Gabriel, qu'il note les actes des hommes pendant le jour et puis les lit vers minuit après son « cri du coq » céleste.

Si les orteils de ses pieds n'étaient pas faits irrégulièrement et ne le paralysaient pas (un motif que je ne connais d'ailleurs pas), alors « il mettrait à cette heure le monde en flammes ».

(49) I, 10 b, 77 b; III, 22 b. — J'emprunte au Dr. Zwi Werblowsky le rappel que Abeghian, *Armenischer Volksglaube*, Leipzig 1898, p. 38, connaît cette même idée du cri du coq céleste; celui-ci, avant le cri du coq terrestre, réveille les chœurs des anges pour la louange de Dieu. Il existe un parallélisme très curieux, dont les particularités mériteraient une recherche plus précise.

(50) III, 302 a (= *Zohar Chadash* 53 b).

(51) Ainsi, Menachem Recanati (vers 1300) a déjà bien compris, dans son commentaire de la Tora (Venise 1545), 179 b, le passage du *Zohar* III, 284 a.

(52) Voir surtout les deux passages capitaux : *Zohar Chadash* à propos de Ruth 87 d et *Zohar* II, 195 b /196 a.

(53) I, 4 a. Cf. aussi *Zohar Chadash*, 47 d.

(54) III, 172 b. L'idée des deux larmes provient d'un passage du Talmud, *Berachoth* 59 a.

(55) Tout ceci d'après *Zohar* II, 195 b.

(56) *Zohar* III, 284 a.

(57) Dans *Midrash hane'elam* à propos de Ruth, *Zohar chadash*, 87 d (le dialogue), et dans *Zohar* II, 205 a.

(58) Ainsi chez Salomon de Adreth à Barcelone (vers 1300) et chez Ascher ben Jechiel à Tolède (vers 1320). A tort, une note de F. I. Baer, *Die Juden im christlichen Spanien* I, p. 474, a été comprise comme si à Saragosse, en 1378, une union avait déjà été établie pour accomplir ce rite.

(59) Lettre de Safed, éd. S. Assaf, *Kobez al jad*, vol. III (Jérusalem 1940), p. 122.

(60) La forme classique de ce rite, telle qu'elle était alors répandue en Europe, est le plus souvent imprimée dans *Sha'are Zion* de Nathan Hannover (Prague, 1662). Cf. aussi Jacob Zemach, *Nagid u-mezawweh* (1712), F. 5 b (les citations suivantes proviennent de ces deux sources); de même que *Pri'Ez Chajim*, de Vital, chapitre 17.

(61) Comparer mes développements dans *Zion*, vol. 14 (1949), p. 50, 59-60.

(62) Cf. le développement par Armin Abeles, *Der kleine Versöhnungstag* (Vienne, 1911), dont les affirmations valables ont partiellement besoin de rectifications. Un des témoignages les plus anciens de Safed est celui de Salomon Alkabez, *Menoth Halewi* (Venise 1585), 9 a : « Maintenant que le sanctuaire est détruit, il est des gens pieux qui, à la place du sacrifice solaire, jeûnent à la veille du premier jour d'un *mois nouveau* ». (Cela est pourtant écrit vers 1550). L'habitude était déjà connue en Allemagne vers le milieu du 15e siècle. Cf. le livre *Leket Joscher* par Josef ben Moses, éd. Freimann, Berlin 1903, vol. I, p. 47 et 116.

(63) Traité *Chullin* 60 b.

(64) Dans les véritables écrits de Vital, de son fils Samuel Vital et de Jakob Zemach, on ne trouve rien de tout cela.

(65) Textes in S. Schechter, *Studies in Judaïsm*, vol. II, p. 294. et 300. Cf. aussi les sources citées au début de la note 62.

(66) D'abord chez Elia de Vidas, l'ami de Cordovero, qui écrivit en 1575, à Safed. Cf. son *Reschith Chochmah* (La porte de la Sainteté), Chap. 4. Hiskija de Silva, *Pri chadusch* à *Orach Chajim*, § 417 affirme (mais seulement cent années plus tard) que le nom de Cordovero était déjà connu.

(67) Ainsi chez Jesaja Horowitz, *Schne Luchoth ha-Brith* (1648), 120 b : Les jours du mois passé entrent ainsi comme « purifiés », dans le nouveau mois. Tout le long passage, qui parle aussi du « petit jour de la Réconciliation », semble, d'après son style, provenir d'un manuscrit de Cordovero.

(68) Dans *'Or Boquer*, par Josef Fiametta (Venise 1741), 5 a.

(69) *Chemdath Jamim* au premier jour du nouveau mois, vol. II, éd. Venise 1763, 12 a.

(70) Sur le caractère sabbatianiste de ce rite cf. mes explications dans la revue hébraïque *Bechinnoth*, tome 8, Jérusalem 1955, p. 15-16.

([71]) Cf. *Midrash Tanchuma*, éd. S. Buber I, p. 12, 20 et *Zohar* II, 231 b.
([72]) Dans le *'Iggereth ha-Kodesch*, par Josef Gikatilla (vers 1300), plus tard imputé à Moïse Nachmanide.
([73]) Abraham Sabba, *Zeror ha-Mor* (Venise 1567), 5 a.
([74]) *Chemdath Jamim* (1763), vol. II, 98 b, et Bezalel ben Salomo de Kobryn, *Korban Schabbath*, Dyhernfurth 1691, F. 18 c. Une affirmation semblable se trouve déjà dans les œuvres de Ch. Vital, p. ex. dans *Scha'ar ha-Kawwanoth* (Jérusalem 1873), 56 b /c.
([75]) *Ma'abar Jabbok* (Mantua 1623), 66-67 de la 2e Partie (chap. 29-30).
([76]) Schudt, *Jüdische Merckwürdigkeiten*, vol. IV, appendice, p. 43.
([77]) Louria attribuait déjà cette signification à ces créatures démoniaques. Cf. *Scha'ar Ruach ha-Kodesch* (1912), 23 a.
([78]) Dans *Sefer Leket Joscher*, vol. I, p. 116.
([79]) Jesaja Horowitz, *Schne Luchoth ha-brith* (1648), 306 b, et Mordechai Jaffe, *Lebusch ha-'Ora*, § 685. Moïse Sakuto, *Tikkun Schobabim*, Venise 1716; et des écrits semblables de cette époque, largement répandus, ont développé tout un rituel.
([80]) Le domicile véritable de Lilith se trouve dans les profondeurs de la mer.
([81]) *Zohar* III, 19 a.

5. L'idée du Golem dans ses rapports telluriques et magiques

1

Il y a près de quarante ans apparaissait le fantastique roman de Gustave Meyrink : « Le Golem ». Meyrink entreprenait d'esquisser comme une image symbolique du chemin vers la rédemption, tout en saisissant en passant et en métamorphosant d'une manière étrange une forme de la légende populaire judéo-kabbalistique. De telles élaborations littéraires et de telles métamorphoses du contenu du Golem sont surtout répandues dans la littérature juive et allemande du XIXe siècle, depuis Jacob Grimm, Achim von Arnim et E.-Th. Hoffmann, et témoignent de la fascination particulière qui émane de cette figure où tant d'auteurs essayèrent de voir un symbole des conflits et des combats qui leur tenaient à cœur (1). Cependant Meyrink dépassa ces tentatives : tout est ici transformé, plus encore, défiguré par le fantastique. Ce sont plutôt des idées hindoues que juives sur la rédemption qui apparaissent ici, sous la forme très exotique et futuriste du Ghetto de Prague et d'une prétendue kabbalistique, qui doit beaucoup au médium douteux, Mme Blavatsky. Mais dans ce chaos confus et impur, le « Golem » de Meyrink est entouré d'une atmosphère unique, dans laquelle des éléments d'une grande profondeur sont liés à un certain charlatanisme et au désir « d'épater le bourgeois ». D'après l'interprétation de Meyrink, le Golem est un phénomène « Ahasvérique » qui apparaît tous les trente-trois ans (le nombre n'est pas par hasard celui de l'âge de Jésus) à la fenêtre d'une chambre sans accès dans le Ghetto de Prague. Ce Golem est en partie l'âme collective matérialisée du Ghetto, avec tous les côtés sombres du fantomatique, en partie un sosie du héros, un artiste qui combat pour sa rédemption par lui-même et qui purifie messianiquement le Golem, son propre moi non racheté. Il reste naturellement peu de choses de la tradition juive (même sous ses formes dégénérées et transformées à partir de la légende) dans cette forme du roman devenu célèbre. Comme une analyse des traditions juives authentiques nous apprendra peu sur le Golem, et que j'ai l'intention d'en montrer les moments principaux, j'aimerais aussi présenter la forme juive tardive de la légende telle que Jacob Grimm l'a donnée dans le « Journal pour ermites » en 1808 (2) :

« Les Juifs polonais fabriquent, après certaines prières récitées et jours jeûnés, la forme d'un homme en argile et en glu et s'ils prononcent au-dessus le « Schemhamphoras » miraculeux (le nom de Dieu), il doit devenir vivant. Il ne peut naturellement pas parler mais il comprend suffisamment ce que l'on dit ou commande. Ils le nomment Golem et l'emploient comme domestique pour exécuter les travaux domestiques. Seulement, il ne doit jamais sortir de la maison. Sur son front est écrit *emeth* (vérité), il grossit chaque jour et devient facilement plus grand et plus fort que tous ceux qui vivent dans la maison, alors qu'au début il était si petit. Par peur de lui ils effacent la première lettre afin qu'il ne reste que *meth* (il est mort), sur ce, il s'écroule et redevient de l'argile. Un homme avait laissé par insouciance grandir son Golem ; il était devenu si grand qu'on ne pouvait même plus atteindre son front. Alors il ordonna, par peur, au valet de lui enlever ses bottes, avec l'idée qu'étant baissé, il pourrait lui atteindre le front. Cela réussit, la première lettre fut enlevée mais tout le poids d'argile tomba sur le juif et l'écrasa. »

2

Un examen de l'idée du Golem en tant qu'homme créé par un art magique doit évoquer quelques-unes des idées juives sur Adam, le premier homme. Il est donc évident que la création du Golem entre en concurrence avec la création d'Adam et que la force créatrice de Dieu Lui-même est copiée, soit à titre d'imitation, soit en conflit avec elle.

La définition étymologique d'Adam créé par Dieu avec la terre, en hébreu *'adama*, n'est pas, chose curieuse, utilisée expressément dans l'exposé de la création par la Genèse, et pour autant que je le comprenne, n'est pas critiquable par les orientalistes. Elle apparaît plus tard dans l'adaptation rabbinique et talmudique de l'exposé de la création, qui revient souvent à de très anciens motifs. Adam est l'être pris à la terre et y retournant à nouveau, à qui la vie et la parole furent données par un souffle de Dieu. Il est l'homme de la terre qui est en même temps (comme l'ont formulé plus tard des kabbalistes avec un jeu de mots de Esaïe 14 : 14, sur une étymologie risquée) l' « Image du plus grand », s'il remplit sa fonction [3], précisément dans le libre choix du bien. Cet Adam était créé à partir de la matière de la terre, l'argile précisément, comme le souligne le livre de Job (3 : 6), mais de la plus fine argile. Philon dit déjà : « Il va de soi que Dieu voulait créer ce produit semblable à l'homme avec le plus grand soin et qu'il ne prit pas de la poussière du premier morceau de terre ; il isola la plus pure, la plus fine et la meilleure matière de toute la terre, ce qui convenait le mieux à sa création [4] ». Cela correspond à l'idée de la Haggada juive qui varie ce motif sous toutes les formes possibles : « Il le créa à partir du plus clair de la terre, il le créa à partir du plus fin de la terre, il le créa à partir du (futur) endroit du culte (Sion), à partir de l'endroit de son expiation [5] ». D'après les prescriptions de la Tora, une partie de la pâte, la plus parfaite, sera mise de côté en vue d'un emploi sacré ; de même Adam est la meilleure partie de la terre qui fut prise, c'est-à-dire au centre du monde, sur le mont Sion, au lieu de l'autel dont on dit : « tu dois me faire un autel à partir de la terre » (Ex. 20 : 21) [6]. Cet Adam est naturellement pris au centre et au nombril de la terre, mais tous les éléments se réunissent dans sa création. Dieu réunit de partout la poussière à partir de laquelle Adam devait être fait, comme l'expriment des étymologies du mot Adam qui le comprennent en tant qu'abréviation de ses éléments ou des noms des quatre points cardinaux dont il est fait [7].

Une étape suivante s'affirme déjà dans la Haggada talmudique. Adam sera désigné comme Golem à un certain stade de sa naissance. « Golem » est un mot hébreu qui n'apparaît dans la Bible qu'à un endroit, Psaume 139 : 16, un psaume qui est toujours mis dans la bouche d'Adam. Golem signifie ici, et certainement dans les sources tardives : « sans forme ». Rien ne dit qu'il s'appelle Embryon comme cela est quelquefois affirmé. La littérature philosophique du Moyen Age l'emploie comme terme hébraïque pour la matière (*hylê*) sans forme, et cette signification réapparaîtra aussi en partie dans les réflexions ultérieures. L'Adam que le souffle de Dieu n'a pas encore atteint est désigné dans ce sens comme Golem.

Un célèbre passage du Talmud [8] décrit les douze premières heures de la première journée d'Adam : « Acha bar Chanina a dit : la journée avait douze heures. Pendant la première heure la terre fut accumulée ; pendant la deuxième il devint un Golem, une masse encore informe ; dans la troisième ses membres furent étendus ; dans la quatrième l'âme fut jetée en lui; dans la cinquième il se tint sur ses pieds ; dans la sixième il donna (à tous les vivants) un nom ; dans la septième Ève lui fut adjointe ; dans la huitième ils se mirent au lit à deux et le quittèrent à quatre ; dans la neuvième il connut l'interdiction ; dans la dixième il passa outre ; dans la onzième on le jugea ; dans la douzième il fut chassé et il quitta le paradis, comme il est dit au Psaume 49 : 13 : Et Adam ne resta pas une nuit dans la sainteté. »

Les remarques sur la deuxième et la quatrième heures sont pour nous très importantes. Avant d'avoir une âme (*neschama*) et avant de parler, pendant qu'il donnait un nom à toutes les choses, il était à l'état brut. Non moins étrange est l'amplification de ce motif dans un Midrasch des IIe et IIIe siècles. Adam y est décrit non seulement comme Golem mais comme Golem de grandeur et de force cosmiques à qui Dieu a montré, dans son état sans vie et sans parole, toutes les générations futures et jusqu'à la fin des temps. La réunion de ces deux motifs, entre lesquels il existe une tension manifeste, sinon une contradiction, est très étrange.

Avant de posséder le discernement et la raison, Adam a eu une vision de l'histoire de la création, qui se déroule devant lui. Le « Rabbi Tanchuma disait au nom du R. Elazar (il s'agit d'Elazar ben Azaria) : dans l'heure où Dieu créa le premier Adam, il le créa comme Golem et il fut étiré d'un bout à l'autre du monde, comme il est dit au Psaume 139 : « Tes yeux voyaient mon Golem ». Le Rabbi Juda bar Simon disait : « Pendant qu'Adam se trouvait là, devant celui qui parlait, et formait le monde, il lui montra toutes les générations et leurs sages, toutes les générations et leurs juges, toutes les générations et leurs meneurs (9) ». On pourrait ainsi penser qu'à ce stade, Adam possédait encore un pouvoir tellurique, tiré de la terre d'où il était issu et qui lui permettait d'avoir de telles visions. La monstrueuse grandeur d'Adam qui emplit tout l'univers fut réduite, d'après la Haggada, à l'échelle humaine après la chute de l'homme seulement, même si c'est encore une dimension gigantesque. Deux conceptions apparaissent dans l'image de la grandeur à l'origine cosmique de cet être terrestre. Dans l'une Adam apparaît comme un être originel extraordinaire, issu des mythes cosmogoniques ; dans l'autre cette mesure apparaît plutôt comme une représentation extensive de la force de l'univers tout entier qu'il résume en lui.

En effet, nous trouvons cette dernière conception dans un passage midraschique, le Midrasch *Abkir*, dans les fragments duquel se sont conservées bien des conceptions anciennes et tombant dans la mythologie. Nous y lisons : « Le Rabbi Berachia disait : Lorsque Dieu voulut créer le monde, il commença sa création avec rien d'autre que l'homme et il le fit Golem. Lorsqu'il commença à lui donner une âme, il dit : Si je le présente maintenant, on dira qu'il était mon compagnon pendant la création, c'est pourquoi je veux le laisser comme Golem (à l'état brut, non terminé) jusqu'à ce que j'aie tout créé. Lorsqu'il eut tout créé, les anges lui dirent : Ne fais-tu donc pas l'homme dont tu as parlé ? Il répondit : Il y a longtemps que je l'ai fait, seule l'âme manque encore. Alors il lui donna une âme, le mit sur pied et résuma le monde entier en lui. Avec lui il commença, avec lui il termina, comme il est dit (Psaume 139 : 5) : Tu m'as formé devant et derrière [10] ». La tranquillité avec laquelle l'exégèse haggadique abandonne ici la base de l'exposé biblique, avec laquelle elle pose au début de toute la création celle de l'homme en tant que Golem, dans lequel la puissance de tout l'univers est comprise, et seulement à la fin son animation, tout cela est vraiment très étrange. Ce ne sont pas la deuxième et la quatrième heures dans la vie d'Adam (comme dans le passage cité plus haut) qui divisent son état sans forme et son animation, mais tout le mécanisme de la création se trouve entre les deux. Tout comme auparavant, de la terre avait été prise au monde pour être amassée, le monde entier est résumé en lui sous une formulation expressive.

Cette déviation mythique et osée du récit de la Bible se répète sur un autre point qui est d'importance pour notre sujet. Alors que la Genèse ne connaît que le privilège du souffle de la vie issu de Dieu et par lequel Adam devient une *nefesch chaja*, une âme vivante (Gen. 2 : 7), il ne manque pas dans la vieille tradition juive de traces d'un esprit tellurique qui soit inné à Adam, contredisant ainsi ce qu'en dit la Bible.

La Haggada passe au-dessus du texte biblique pour revenir à d'autres idées, comme cela se produit si souvent. Nous avons quelque chose de semblable dans l'idée d'une femme créée avant Ève et qui est née du désir de compenser la contradiction entre Gen. 1 : 27 affirmant que l'homme et la femme sont créés en même temps, et Gen. 2 : 21 affirmant qu'Ève serait née d'une côte d'Adam. Ainsi, une femme fut créée de la terre pour Adam (non pas de la côte ou du côté), d'après un Midrasch (11) approuvé dans cette forme aux IXe ou Xe siècles. C'était Lilith, mais elle réclama une compensation qui ne plut pas au maître de la création. Elle argumentait ainsi : nous sommes tous les deux égaux puisque nous venons de la terre. Là-dessus ils se disputèrent tous deux et Lilith, qui était en colère, prononça le nom de Dieu et s'enfuit pour commencer une carrière démoniaque. Au IIIe siècle encore, cette conception était connue, sous une autre forme et sans lien avec le motif démoniaque de Lilith. Ici, il est question de la première Ève et Caïn et Abel se sont disputés la possession de cette Ève créée indépendamment d'Adam et donc pas parente avec eux ; sur quoi Dieu les retransforma en poussière (12).

Pour revenir à l'âme, il est affirmé d'une façon assez étonnante dans des traditions du IIe siècle, que le verset de Gen. 1 : 24 : « que la terre produise une âme vivante » se rapporte à l'esprit (*ruach*) du premier Adam, qui n'était pas de l'air venant d'en haut mais un esprit de la terre, une force vitale inhérente à la terre. Il me semble évident que ces idées ont un rapport avec des idées gnostiques, dont le caractère originellement juif, bien qu'accepté par les hérétiques, fut souvent méconnu. Nous connaissons, d'après l'exposé de Hippolyte dans les « Philosophoumena » (V, 26), un système judéo-chrétien mélangé d'une gnose ophitique du milieu du IIe siècle, rapporté d'après le livre de Baruch d'un certain Justinus. D'après lui, il y avait trois principes originels : le Dieu bon, Elohim comme père de tout ce qui est né (qui est le Dieu de la Genèse), et l'Edem à moitié vierge, à moitié serpent, qui s'appelle aussi Israël et Terre. A propos de cette Edem, il existe une confusion entre les deux mots *'adama* (Terre) et 'Eden (écrit Edem dans la Septante) ; cette confusion étrange était peut-être déjà l'œuvre des hérétiques juifs qui n'étaient plus maîtres de l'hébreu. L'Edem de Justinus a des caractères empruntés aux deux, même si ces caractères principaux sont ceux de *'adama*. C'est, comme Lipsius le dit, la personnification mythologique de la terre (13).

Adam et Edem sont présentés ensemble comme Adam et 'Adama dans le Midrasch (14). Le Paradis, le jardin, qui était différencié à la façon juive de l'Eden, est d'après lui l'ensemble des anges qui sont d'une façon allégorique les arbres du Paradis. « Mais après que le Paradis fut né de l'amour commun d'Elohim et de l'Edem, les anges prirent une partie de la meilleure terre d'Elohim, c'est-à-dire non point de la partie animale de l'Edem mais des parties humaines et nobles de la terre » et en formèrent l'homme. La Psyché d'Adam provient exactement, comme dans la tradition du Midrasch citée plus haut, de la terre vierge ou Edem ([15]) (tout comme dans le Midrasch Adam proviendra de ses meilleures parties), à la différence du Pneuma, de la *neschama* de la Bible, à laquelle Elohim a contribué.

Il est alors question ici, toujours dans le sens de la signification de l'Edem en tant que terre, d'un mariage mythique (*gamos*) de la terre avec Elohim, dont Adam apparaît comme le « symbole éternel », le « sceau et le monument de leur amour ». Les éléments tellurique et pneumatique agissaient ensemble dans Adam et ses descendants, car, comme le dit Justin, la Terre-Edem a apporté à Elohim toute sa force comme une dot lors de son mariage. Je tiens pour vraisemblable que cette âme tellurique d'Adam provient d'une spéculation juive plus ancienne où elle peut être supposée par le Midrasch sur la vision par Adam des générations futures ; elle parvint par les gnostiques jusqu'aux Naasséniens et aux Ophites, où elle convenait tout à fait au schéma de la Psyché et du Pneuma.

Dans les conceptions du Golem plus tardives, le renouveau de telles idées sur le mariage entre Dieu et la terre ne joue plus le rôle qu'elles ont dans la Kabbale espagnole. Mais dans les pays où le Golem commença sa carrière au Moyen Age, en Allemagne surtout, sont apparus des écrits comme la critique tardive de l'alphabet de Ben Sira ; Dieu et la Terre concluent un traité formel sur la création d'Adam. Dieu exige Adam pour mille années comme prêt de la terre et lui donne une obligation en bonne et due forme pour « quatre aunes de terre », signée par les archanges Michel et Gabriel, témoins, et qui se trouve jusqu'à présent dans les archives du commis aux écritures célestes : Métatron ([16]).

3

L'idée de la répétition d'une telle création d'un homme par des moyens magiques ou artificiels pas très définis nous conduit maintenant dans une tout autre direction. Des récits légendaires du Talmud sur quelques Rabbis célèbres des

IIIe ou IVe siècles forment le point de départ de cette conception postérieure du Golem.

« Rabha disait : Si les justes voulaient, ils pourraient créer un monde, car il est dit (Es. 59 : 2) : Car vos péchés forment une séparation entre vous et votre Dieu ». Ainsi, s'il n'y avait pas de péchés, comme chez les justes parfaits, alors il n'existerait aucune scission entre le pouvoir créateur de Dieu et celui du pieux sans péché. En effet, le texte continue comme s'il voulait prouver ce pouvoir créateur : « Rabha créa un homme (mot à mot : être masculin) et l'envoya à Rabbi Zera. Il parla avec lui, et il ne donna pas de réponse. Alors il dit : Tu descends bien des compagnons (des membres de l'école supérieure talmudique) ; retourne à ta poussière. » D'après quelques érudits, la phrase de Rabbi Zera devrait être comprise autrement par suite du double sens du mot araméen en question et serait plutôt : Tu descends bien des mages. Suit un autre texte du Talmud : « R. Chanina et R. Oschaja s'occupaient chaque veille de Sabbat du livre de la création (d'après une autre variante : avec les prescriptions (*halachoth*) sur la création) et se procuraient un veau au 1/3 de sa grandeur nature et le dévoraient ([17]) ».

La puissance créatrice des hommes pieux est donc limitée. Rahba peut, il est vrai, créer un homme qui peut aller jusqu'à Rabbi Zera, mais il ne peut lui donner la parole et c'est à ce mutisme que Rabbi Zera reconnaît la nature de celui qui se trouve devant lui. Cet homme artificiel ou magique ne remplit aucune fonction d'une nature pratique. Il n'est rien dit des moyens par lequel il est créé, à moins que nous puissions déduire de la légende postérieure sur la création du veau comme repas de Sabbat, que les mêmes prescriptions sur la création qui concernent Chanina et Oschaja, étaient aussi connues plus tard de Rabha. L'une des légendes se passe en Palestine, l'autre à Babylone. Il est presque sûr (et cela a toujours été reconnu par la tradition juive) qu'il s'agit de magie dans cette création, quoique sous une forme autorisée. Les lettres de l'alphabet, encore davantage celles du nom de Dieu ou même celles de toute la Tora qui étaient instrument de Dieu lors de la création, ont une puissance secrète, magique. Celui qui est initié peut les employer. Bezalel, le fondateur de la voûte céleste, connaissait la combinaison des lettres avec lesquelles le ciel et la terre furent créés — c'est ce que nous entendons dans le nom d'un érudit babylonien du IIIe siècle, qui fut pendant sa génération le représentant le plus éminent de la tradition ésotérique ([18]). Ces lettres sont sans aucun doute celles du nom de Dieu ([19]) : comme le ciel et la terre sont créés par le grand nom de Dieu (un texte certain de l'ésotérisme juif de ce temps-là), de même Bezalel peut répéter en petit cette création dans une magnifique construction de la voûte céleste. Représentez-vous donc la voûte céleste de tout un microcosme, une image merveilleuse de tout ce qui est dans le ciel et sur la terre.

Une tradition semblable de la puissance créatrice des lettres est le fondement du Midrasch suivant sur Job 28 : 13 ; ce verset traitant de la Sophia est compris ici par la Tora : « Personne ne connaît leur ordre (véritable), car les paragraphes de la Tora ne sont pas indiqués dans leur ordre juste. Sinon chacun qui les lirait, pourrait créer un monde, animer les morts et faire des miracles. C'est pourquoi l'ordre de la Tora est caché et n'est connu que de Dieu ([20]) ».

Ainsi, nous arrivons au texte qui a joué un si grand rôle dans l'idée du Golem : le livre *Jezira* (c'est-à-dire : « Le livre de la création »). On n'a pu établir quelle est la variante correcte de la légende indiquée ci-dessus sur la création du veau du Sabbat, à savoir : si elle se rapporte vraiment au livre bref et énigmatique qu'est le *Jezira*, où ces Rabbis pouvaient puiser des indications thaumaturgiques, ou à d'autres « prescriptions inconnues sur la création », c'est-à-dire sur la naissance magique de choses et d'êtres. La mention du *Jezira* à cet endroit ne me semble pas aussi impossible qu'on l'a souvent supposé. Certes, nous ne savons pas quand est apparu exactement ce texte énigmatique où sont exposées la signification et la fonction des « trente-deux chemins de la sagesse », c'est-à-dire des dix « Sefiroth » ou nombres primitifs et des vingt-deux consonnes de l'alphabet hébreu. Le texte fut composé entre le IIIe et le VIe siècle par un Néo-pythagoricien ([21]).

Certains passages sont d'une importance décisive pour notre réflexion. L'idée du Golem n'est pas liée à l'idée des dix Sefiroth et la symbolique kabbalistique postérieure des Sefiroth ne joue aucun rôle dans ce domaine du Golem. Lors de la création du Golem, le nom de Dieu et les lettres, qui sont les signatures de toute la création, sont très importantes. Ces lettres sont les éléments de construction, les pierres avec lesquelles la création fut érigée. Le terme hébreu par lequel le livre parle des consonnes comme de « lettres élémentaires », reflète sans doute le double sens du mot grec *stoicheia* qui considère également les lettres comme des éléments.

Le deuxième chapitre dit entre autres à propos de leur fonction lors de la création : « Vingt-deux éléments de lettres : Il les renversa, les démonta, les pesa, les combina et les échangea (il les transforma d'après des lois déterminées) et créa par elles l'âme de tout ce qui était créé et de tout ce qui serait un jour créé. »

Et plus loin : « Comment les combina-t-il, les pesa-t-il et les échangea-t-il ? *A* avec toutes (les autres consonnes) et toutes avec *A*, *B* avec toutes et toutes avec *B*, *G* avec toutes et toutes avec *G* et toutes retournent en cercle vers le départ par trente-deux portes (le nombre des combinaisons de vingt-deux pour deux éléments), et ainsi il en résulta que tout ce qui est créé et parlant *provient d'un nom*. Il est clair que ce nom d'où tout résulte est le nom de Dieu et non un groupe de consonnes formant un nom (22) ». L'autre signification pèche aussi bien contre ce contexte que contre l'usage linguistique. A chaque « porte » du cercle, dans lequel les lettres de l'alphabet sont ordonnées, se trouve donc une combinaison de deux consonnes, ce qui correspond, dans le sens des idées grammaticales de l'auteur, aux racines de deux lettres de la langue hébraïque, et la force créatrice sort dans l'univers par ces portes. Cet univers est scellé comme un Tout dans les six directions avec les six permutations du nom *J. H. W.*, mais chaque élément unique vit en lui, et tisse une de ces combinaisons, qui sont les véritables signatures de tout ce qui est vrai, comme on l'a dit dans une formulation à la Jacob Böhme (23).

Le livre *Jezira* indique par de grands traits et avec certains détails astronomico-astrologiques et anatomico-physiologiques, comment la construction du Cosmos provient surtout des vingt-deux lettres (il n'est plus question des dix « Sefiroth » après le premier chapitre), de telle façon que l'homme et le monde soient tous les deux en harmonie sur le plan microcosmique. Chaque lettre « règne » sur un membre de l'homme ou une région du monde extérieur. La manière sommaire et thématique de l'exposé laisse ouverte la question de savoir ce qu'il en est de ce processus par lequel se réalisent les choses et les événements non mentionnés. Quoique présenté comme un manuel théorique pour la compréhension de la construction de la création, il n'est pas exclu que le livre constitue en même temps une clé pour des pratiques magiques, au moins comme une esquisse générale que devaient accompagner des informations plus précises sur l'application de ces principes à d'autres choses, sous forme d'instructions orales. L'affinité est claire entre la théorie sur la langue du livre et la conception systématique d'une magie à partir de la puissance des lettres et des mots.

Dans les commentaires en partie philosophiques, en partie magiques et mystiques du Moyen Age, on constate que le livre fut compris et interprété dans les deux sens. On peut naturellement se demander si la tradition des Juifs français et allemands de lire le livre *Jezira* comme un manuel magique ([24]) avait été leur intention originelle. La conclusion du livre semble en effet orienter dans cette direction, et elle ne lui est certainement pas opposée. Alors que l'on attribuait à Abraham, en tant que proclamateur du monothéisme, l'idée exposée ci-dessus sur le rapport de la création avec les éléments de la langue, on lit : « Lorsque notre père Abraham vint, il regarda, considéra et vit ([25]), sonda et comprit, renversa, creusa, combina et construisit (c'est-à-dire créa) ([26]) et il *y réussit*. Là le Seigneur du monde se révéla à lui, il le mit dans son sein, lui baisa la tête et le nomma son ami (une autre version ajoute encore : et le fit son fils) et conclut avec lui et sa postérité un pacte éternel ». Cette conclusion est expliquée d'une manière à la fois édifiante et candide par les commentateurs médiévaux et modernes qui ne veulent pas reconnaître les tendances magiques du livre. L'étrange « il créa et il y réussit » se rapporte non seulement aux efforts d'Abraham de nature spéculative et qui furent couronnés de succès, mais plus expressément à sa méthode au sujet des lettres, où tous les verbes employés par l'activité de Dieu dans la création de toutes choses sont exactement répétés. Il me semble que celui qui a écrit cette phrase avait l'idée d'un procédé par lequel Abraham fut capable d'imiter ou de répéter ce processus créateur, par la puissance des lettres et par la seule force de son intelligence. Cela correspond au fait que le livre *Jezira* ne porte pas dans la vieille écriture le titre *Hilchoth Jezira*, qui était implicite dans l'exposé talmudique d'après la version citée plus haut (si toutefois les rapports de dépendance ne sont pas renversés et n'ont pas recouru à ce titre dans le Talmud), mais était aussi désigné dans cette écriture comme « l'alphabet de notre père Abraham » (*'Othioth de-'Abraham 'Abinu*) dans l'en-tête et à la fin du texte. Juda ben Barsilai, qui a commencé au début du XIIe siècle, dans le Midi de la France ou en Catalogne, son commentaire important où il cite souvent beaucoup de variantes importantes, nous apprend notamment ([27])

que le titre porte aussi : « Celui qui regarde en lui-même (c'est-à-dire qui s'y plonge d'une manière contemplative) ([28]), dont la sagesse est sans mesure » — est donc parallèle à la sagesse créatrice de Dieu !

Je ne puis pas en conclure que les commentateurs du livre issus du Hassidisme allemand du XIIe et du XIIIe siècle aient été très loin du sens du texte lorsqu'ils conférèrent à Abraham la création des êtres par un processus magique, décrit ou indiqué seulement dans le *Jezira*, auquel se rapporte constamment dans ce milieu le verset de Gen. 12 : 5 ([29]). Il y a donc ici un problème. Cette exégèse implique une exception exprimée par les ésotéristes sur l'exégèse reçue de Gen. 12 : 5, soit déjà de bonne heure comme la chose paraît possible, soit dans la formation médiévale de l'idée du Golem. Dans ce verset il est dit qu' Abraham et Sarah emportèrent avec eux dans leur fuite vers l'ouest « les âmes qu'ils avaient faites à Haran ». La Haggada exotérique applique le verset à la faculté d'Abraham et de Sarah de faire des âmes ; parmi les hommes et les femmes de leur race ils faisaient des prosélytes croyants à un Dieu. Dans ce contexte, une explication du IIe siècle ajoute encore : « Abraham pouvait-il donc créer des âmes ? Pourtant, si toutes les créatures du monde se rassemblaient pour créer une mouche, et lui donner une âme, elles ne le pourraient pas ! » ([30]). Ainsi la création d'une mouche serait aussi impossible à l'homme que la création de choses plus petites qu'un grain d'orge par les démons, d'après une autre tradition ([31]). Mais dans ce rapport entre l'interprétation thaumaturgique du *Jezira* et l'idée de la création d'un homme ou Golem avec son aide, on comprit le verset de la Genèse (dans lequel *nephaschoth* peut signifier âmes, mais aussi personnes ; ou dans le *Jezira* justement organisme humain) comme le résultat de l'étude du livre d'Abraham. Cette exégèse qui avait été rejetée par les sources anciennes est acceptée ici.

Si cette exégèse de Gen. 12 : 5 est quelque peu ancienne, on peut supposer que la question polémique du Midrasch : « Est-ce qu'Abraham peut créer des âmes ? » peut être justement dirigée contre la conception thaumaturgique de ce verset chez les ésotéristes. Mais si elle est récente et date seulement du Moyen Age, elle est toutefois plus ancienne que la naissance du rite que nous allons voir plus loin. Elle ne fait pas encore d'hypothèses sur l'espèce des personnes qu'Abraham emmène avec lui et qui peuvent se mouvoir comme l'homme créé par Rabha. Ce ne sont pas des interprétations symboliques de la conclusion rituelle d'une étude magique, mais elles émigrent réellement avec Abraham. Cette exégèse serait plutôt comprise comme une imitation du récit talmudique sur Rabha, provoquée par l'accent thaumaturgique de la conclusion du livre *Jezira.* Je tiens la dernière explication pour plus plausible. Juda ben Barsilai, qui avait d'excellentes sources anciennes à sa disposition, ne connaît pas encore cette explication, quoique il aurait dû la mentionner à la fin de son commentaire parallèlement aux sources de la Haggada citées. L'interprétation de la conclusion du *Jezira* proposée ici me semble forcée par le texte lui-même et en tout cas indépendamment de la question de l'âge de cette exégèse de Gen. 12 : 5.

Mais si l'ésotérisme juif a considéré Abraham dès le IIIe siècle (si toutefois le texte du *Jezira* est de ce siècle) pour capable de créations aussi merveilleuses par la connaissance de la *Hilchoth Jezira* telle que l'auraient répétée les Rabbis, cela nous permet de rapprocher cette idée d'une autre idée parallèle appartenant à cette époque et d'y faire la lumière. Graetz fut le premier à supposer ([32]) un rapport entre la gnose orthodoxe juive ou ésotérique du livre *Jezira* et certaines idées de l'écrit contenant d'étranges éléments juifs et à moitié juifs (ebionistes des soi-disant Pseudo-clémentines), en se basant sur plusieurs parallèles cosmogoniques. On sait que ces écrits représentent un étrange mélange judéo-gréco-chrétien du IVe siècle (donc du temps de Rabha et de sa création du Golem), dans lequel des sources plus anciennes sont utilisées.

Dans les chapitres à moitié gnostiques des « homélies » sur Simon Magus ([33]), on trouve un parallèle aux idées de la thaumathurgie juive et du monde à moitié gnostique du livre *Jezira* ; Simon Magus s'est glorifié d'avoir pu créer un homme non pas à partir de la terre, mais à partir de l'air, par des transformations théurgiques (θεῖαι τροπαί), homme qu'il a ramené à son élément (comme plus tard dans les écrits sur la création du Golem), par la désorganisation de ces transformations. « D'abord il dit que le Pneuma humain s'est changé en nature chaude et a aspiré l'air environnant comme une ventouse. Ensuite il l'a transformé en eau, puis en sang et du sang il a fait la chair. Lorsque la chair fut devenue ferme, il a formé un homme non pas à partir de la terre mais à partir de l'air et ainsi s'est persuadé qu'il avait fait un nouvel être humain. Il a aussi affirmé l'avoir remis à l'air en ayant désagrégé les métamorphoses. »

Ce qui arrive par les métamorphoses de l'air, l'adepte juif l'accomplit dans l'idée du Golem avec les transformations magiques de la terre par le moyen des « alphabets » du livre *Jezira*. Dans les deux cas une telle création ne sert pas un but pratique mais sert à désigner le rang de l'adepte comme celui d'un créateur. On a supposé que ce passage des Pseudo-clémentines avait pénétré parmi les alchimistes par des voies inconnues et y avait fait fructifier l'idée d'Homunculus de Paracelse ([34]). Le parallèle à l'idée du Golem juif est beaucoup plus frappant. Les métamorphoses divines dans le processus de Simon Magus rappellent les « métamorphoses » (*temuroth*) des lettres dans la cosmogonie du *Jezira*, par quoi les choses existent.

4

Les quatres conceptions exposées ici expliquent la naissance de l'idée médiévale du Golem dans le cercle du Hassidisme français et allemand, qui s'est transmise à partir de là aux kabbalistes espagnols, sans devoir pour autant se transformer. La légende et le rite se rejoignent ici d'une étrange manière. Ce qui fut possible à Abraham et Rabha, ce qui fut attribué aux anciens pieux dans des légendes apocryphes connues en partie dès avant le XIe siècle, entendait souligner le puissant ésotérisme religieux qui s'est manifesté avec une force nouvelle au temps des croisades, dans une expérience d'initiation de la force créatrice des hommes pieux.

Je voudrais exposer tout d'abord quelques points de vue permettant le développement de cette idée. Le Golem (ce nom apparaît alors dans plusieurs textes ([35]) comme la désignation de la figure semblable à l'homme créée par la faculté magique de l'homme, à la fin du XIIe siècle) est d'abord l'objet d'exposés encore légendaires et apocryphes. Puis il se transforme en l'objet d'un rite d'initiation mystique évident, qui affirme aux adeptes sa suprématie sur le savoir mystérieux, mais devient ensuite pour les non-initiés un objet de légende, un mythe tellurique. La nature de cette création du Golem a occupé les vieux Hassidistes et plus tard quelques-uns des kabbalistes. L'homme est un être de la terre, mais il a une force magique. Le problème est révélé par la question : Crée-t-il avec elle un être purement magique ou un être parent des sources telluriques? Il me semble que dans le développement de ces idées ces deux alternatives sont en désaccord l'une avec l'autre.

Il faut observer tout d'abord que l'idée hassidiste de cette magie, par l'application des prescriptions du livre *Jezira*, tient cette magie pour une capacité naturelle de l'homme qui lui est prêtée dans certaines limites. La création elle-même est tout à fait magique : tout y vit en vertu des noms secrets qui lui sont inhérents. Ainsi, la connaissance magique est une connaissance pure, non déchue, qui parvient à la nature humaine dans son image avec Dieu. Cette opinion, qui domine les exposés, écrits et légendes ultérieurs, est difficile à différencier de l'idée spécifiquement kabbalistique de la magie, qui constitue le fondement du *Zohar*. La magie y apparaît toutefois ([36]) comme une faculté qui s'est révélée d'abord dans la chute du premier Adam, qui date de la déchéance de l'homme par sa faute, de son attachement à la terre, d'où il vient.

Le *Zohar* décrit cette connaissance magique, qui n'est apparemment pas identique à celle du *Jezira*, comme une connaissance au sujet des feuilles de « l'arbre de la connaissance ». Les feuilles de l'arbre de la mort, avec lesquelles Adam pare sa nudité, sont pour lui le symbole central du savoir essentiellement magique. Ce n'est que dans la nudité d'Adam, avec la privation de la lumière céleste, que la magie lui est donnée comme une science qui peut cacher cette nudité. Ce n'est qu'avec cette personne physique terrestre, qui est une conséquence de la chute, que naît la magie, maintenant « démonisée ». Elle est liée à l'existence du corps. Tant qu'Adam eut encore ce « corps de lumière », ce *kuthnoth 'or* (mot à mot : « vêtement de lumière ») que le Midrasch ésotérique du milieu du IIe siècle lui attribuait au lieu du *kuthnoth 'or* (les vêtements de peau) (Gen. 3 : 21) ([37]), son être spirituel exclut la relation magique, qui est liée au domaine de l'arbre de la connaissance et de la mort et à la déchéance de la terre. Il me semble que les formes les plus tardives de l'idée du Golem, avec leur accentuation du péril et de ce qu'il y a de destructeur et de tellurique dans le Golem, ont été peut-être influencées par les conceptions de la magie kabbalistique; mais cela ne me semble pas décisif. Toutefois, cette idée de la nature de la magie ne joue aucun rôle dans l'histoire tardive du Golem.

Les plus anciens témoignages du Moyen Age sur la conception magique du livre *Jezira* se trouvent chez Juda ben Barsilai, à la fin de son commentaire du *Jezira* (p. 268), et cela prouve qu'il a été lu par Elasar de Worms et vraisemblablement par tout le groupe du Hassidisme rhénan (vers 1200).

Le passage contient un morceau sur Abraham et une forme apocryphe très étrange de l'exposé talmudique sur Rabha et Zera, qui diffère d'une manière caractéristique de l'exposé talmudique original. Puisque l'auteur connaît en d'autres endroits cette dernière forme (p. 103), il est clair qu'il copie, comme il le dit au début, d'anciennes « critiques » du livre *Jezira*, à la fin desquelles il a trouvé ces morceaux. Ils ont été à peine considérés ([38]), mais ils gagnent à être cités dans notre contexte :

« Lorsque notre père Abraham naquit, les anges dirent devant Dieu : Maître du monde, Tu as un ami dans le monde et Tu veux lui cacher quelque chose? Aussitôt Dieu parla (Gen. 18 : 17) : Est-ce que Je tiens quelque chose caché devant Abraham? Et Il conféra avec la Tora et dit : Ma fille, viens, nous voulons te marier avec mon ami Abraham. Elle dit : Non pas, jusqu'à ce que le débonnaire (c'est-à-dire Moïse) vienne et prenne la douce (la Tora) (le mot hébraïque peut vouloir dire : épouser). Aussitôt Dieu conféra avec le livre *Jezira* et lui dit la même chose et le transmit à Abraham. Il était assis seul et méditait (*me'ajjen*) là-dessus, mais il ne pouvait rien y comprendre lorsqu'une voix céleste se fit entendre et lui dit : Veux-tu t'assimiler à moi? Je suis Un et ai créé le livre Jezira et y ai médité ; mais toi, en tant qu'être isolé, tu ne peux comprendre. Alors prends-toi un compagnon, alors méditez tous les deux et vous comprendrez. Aussitôt Abraham alla chez son Maître Sem, le fils de Noé, et ils restèrent trois ans ensemble jusqu'à ce qu'ils aient su créer le monde. Et jusqu'à maintenant il n'y a personne qui puisse le comprendre seul, mais deux savants (sont nécessaires), et encore ils ne le comprennent qu'au bout de trois ans, sur quoi ils peuvent faire tout ce que leur cœur demande. Rabha aussi voulait comprendre le livre seul. Alors Rabbi Zera lui dit : cela signifie bien (Jérémie 50 : 36) : « Une épée sur les isolés, ils deviennent fous », cela signifie : Une épée pour les docteurs de la loi, qui sont seuls pour méditer avec la Tora ([39]). Voulons-nous donc venir ensemble et nous occuper du livre *Jezira*. Ainsi ils restèrent trois années durant en longues contemplations et ils réussirent enfin à comprendre. Alors on leur donna un veau, et ils l'abattirent pour en faire une fête à la gloire de la fin des méditations. Aussitôt qu'ils l'eurent abattu, ils l'oublièrent (c'est-à-dire : la compréhension du livre *Jezira*). Alors ils passèrent encore trois années ensemble et la retrouvèrent encore une fois ».

Ce passage me semble être le point de départ de la conception du Hassidisme, qui voit dans la création du Golem un rite. Ici, on voit de manière implicite comment on fait, à la fin d'un traité du Talmud, une telle fête de clôture, alors qu'ils veulent organiser une fête comme clôture des études. De même, on trouve sous cette forme de légende la création magique comme confirmation et fin de l'étude du *Jezira*. Bien plus : cette création *peut* même n'avoir aucune utilité pratique dans la claire interprétation de l'exposé talmudique originel sur Chanina et Oschaja (qui sont ici confondus avec Rabha et Zera). Au moment où ils abattent vraiment le veau, pour le consommer lors de la fête, ils oublient tout leur savoir ! A partir de la forme talmudique de la légende, un motif tout neuf est donc développé. Cette création du Golem, comme nous la nommons toujours, a son sens en elle, elle est une clôture rituelle : inauguration dans le secret de la création. Aussi n'est-il plus étonnant que les prescriptions sur la création d'un Golem apparaissent à l'origine comme la clôture de l'étude du *Jezira*, comme cela a été dit par Elasar de Worms à la fin de son commentaire du livre. Les cercles tardifs, que l'idée du Golem a encore plus profondément préoccupés, savent peut-être encore quelque chose d'un tel rite lors de la clôture de l'étude de *Jezira*. Le philosophe marocain Juda ben Nissim ibn Malka, sorte de kabbaliste très personnel, dit dans son commentaire du *Jezira*, écrit en arabe aux environs de 1365, que l'on aurait transmis à ceux qui étudiaient le livre un manuel magique, qui s'appellerait *Sefer Rasiel* et serait constitué de sigles, de figures magiques, de noms secrets et d'exorcismes ([40]).

La rédaction apocryphe de l'exposé chez Juda ben Barsilai a un étroit rapport avec une version que nous lisons ([41]) dans un Midrasch plus tardif du XIIe siècle. Là aussi on trouve l'étude d'une force créatrice de l'univers, non pas avec un compagnon mais avec deux : « Lorsque Dieu créa son monde, il créa d'abord le livre de la création et regarda dedans et à partir de là il créa son monde. Lorsqu'il eut terminé son œuvre, il le mit (le livre *Jezira*) dans la Tora et le montra à Abraham qui n'y comprit rien. Alors une voix céleste se fit entendre et dit : Veux-tu donc comparer ton intelligence à la mienne? Alors il alla chez 'Eber et chez Sem, son maître, et ils restèrent trois ans ensemble à méditer jusqu'à ce qu'ils surent créer un monde. Alors Rabha et Rabbi Zera s'occupèrent aussi du livre *Jezira* et il leur fut remis un veau qu'ils abattirent, et Jérémie ([42]) et Ben Sira s'en occupèrent trois années durant et il leur fut donné un homme. »

Il n'est pas contraire à cet exposé de penser qu'il semble régner une certaine disproportion entre la création d'un monde et celle d'un veau. Le savoir au sujet de la création du monde est purement contemplatif, tandis que celui au sujet de la création d'un homme, telle qu'elle est attribuée à Jérémie et à son fils Ben Sira, présente des nuances de sens. Le nombre des deux ou trois adeptes qui se sont intéressés à cette étude et aient accompli le rite de la création du Golem ensemble, n'est pas fortuit. Il semble tenir compte de la prescription de la Mischna (*Chagiga* II, 1) qui interdit, même si toutes les autres conditions morales pour l'étude de la théorie des mystères sont remplies, que plus de deux ou trois personnes s'occupent de la création (c'est-à-dire du premier chapitre de la Bible et dans un sens plus large de la Cosmogonie en général). Cela fut aussi appliqué à l'étude du « Livre de la création ». La fin de la citation donnée est jusqu'alors le plus ancien témoignage sur la création du Golem par Ben Sira et son père. Nous avons là-dessus trois récits au moins que je voudrais reproduire, car ils sont très instructifs pour le développement et la compréhension de certains éléments de la conception :

a) Dans la préface au commentaire anonyme du livre *Jezira* connu comme Pseudo-Saadia, il est dit après quelques lignes sur Abraham qui s'accordent avec ce qui a été dit plus haut (43) : « Ainsi il est dit dans le Midrasch que Jérémie et Ben Sira (44) créèrent un homme par le livre *Jezira* et sur son front était écrit *'emeth*, vérité, comme le nom qu'il avait prononcé au-dessus de la créature, comme accomplissement de son action. Mais chaque homme effaça le mot *'aleph*, pour dire ainsi : seul Dieu est vérité et il devait mourir ». Il est donc clair que le Golem répète la création d'Adam, et par lui nous apprenons pour la première fois que le nom de « vérité » fut prononcé aussi lors de sa création. « Vérité » est d'après un mot talmudique connu (*Schabbath* 55a) le sceau de Dieu, qui est imprimé ici dans sa créature la plus distinguée.

b) Le récit que des élèves de Juda le Pieux de Spire (mort en 1217 à Ratisbonne) ont noté est encore plus clair (45). « Ben Sira voulait étudier le livre *Jezira*. Alors une voix céleste se fit entendre : Tu ne peux pas la (une telle créature) faire seul. Il alla trouver son père Jérémie. Ils s'occupèrent de cela et trois années après un homme fut créé sur le front duquel le mot *'emeth* était écrit comme sur le front d'Adam. Alors l'homme qu'ils avaient créé leur dit : Dieu seul a créé Adam et lorsqu'il voulut faire mourir Adam il fit disparaître *'aleph* de *'emeth* et il laissa *meth*, mort. Ainsi devez-vous faire pour moi et non pas créer encore un homme, afin que le monde ne retombe pas sous l'empire de l'idolâtrie comme au temps de Hénoch ([46]). L'homme ainsi créé leur dit : « Changez les combinaisons des lettres (par lesquelles il fut créé) et enlevez le *'aleph* du mot *'emeth* sur mon front — et ainsi il tomba en poussière ». Ce Golem de Ben Sira a donc la parenté la plus nette avec Adam, il lui fut même donné la parole par laquelle il exprime des avertissements à l'encontre de l'usage de telles pratiques. Voyons le sens de ces avertissements à l'encontre du culte des idoles et le sens de l'exemple d'Hénoch. La destruction du Golem résulte de cette inversion magique des lettres par laquelle il naquit. Le sceau de Dieu sur son front semble apparaître de lui-même sur son front au cours du processus magique de création, et non pas avoir été inscrit par les adeptes.

c) Cette nouvelle fut alors amplifiée dans un texte kabbalistique du début du XIIIe siècle, d'une manière très étrange. Le rapport entre les cercles hassidistes dans la Rhénanie et le Nord de la France avec ceux des vieux kabbalistes du Languedoc qui sont à l'origine de cette critique, est ici très visible. Dans un texte pseudo-épigraphique attribué au maître de la Mischna, Juda ben Bathyra, on peut lire ([47]) :

« Le prophète Jérémie s'occupa seulement du livre *Jezira*. Alors une voix céleste se fit entendre et dit : Trouve-toi un compagnon. Il alla chez son fils Sira et ils étudièrent le livre trois années durant. Puis ils en arrivèrent à combiner les alphabets d'après les principes kabbalistiques de la combinaison, de la synthèse et de la formation des mots, et ainsi ils créèrent un homme sur le front duquel était écrit : *J H W H Elohim Emeth* ([48]). Mais il y avait un couteau dans la main de cet homme nouvellement créé, avec lequel il fit disparaître le *'aleph* de *'emeth* ; alors il resta : *meth*. Alors Jérémie déchira ses vêtements (à cause du blasphème implicite de l'inscription : Dieu, le Seigneur, est mort !) et dit : « Pourquoi effaces-tu le *'aleph* de *'emeth* ? Il répondit : je veux te conter une parabole. Un architecte construisait beaucoup de maisons, de villes et de places, mais personne ne pouvait apprendre son art et l'égaler dans son savoir et son adresse jusqu'à ce que deux personnes l'aient persuadé. Alors il leur enseigna le secret de son art et ainsi ils surent tout de la bonne manière. Lorsqu'ils eurent appris son secret et ses capacités, ils commencèrent à l'agacer par des paroles jusqu'à se séparer de lui et à devenir des architectes comme lui ; mais ce qu'il faisait pour un « thaler », ils le faisaient pour six « groschen ». Lorsque les gens le remarquèrent, ils cessèrent d'honorer l'artiste, vinrent vers eux, les honorèrent et leurs donnèrent leurs commandes quand ils avaient besoin d'une construction. Ainsi Dieu vous a-t-il créé dans son image, et sa forme. Mais là où, comme lui, vous avez créé un homme, on dira : il n'y a pas de Dieu au monde en dehors de ces deux-là! Alors Jérémie dit : Quelle issue y a-t-il? Il dit : écrivez l'alphabet à partir de la fin dans cette terre que vous avez répandue avec concentration. Ne méditez pas seulement en direction de la construction mais plutôt en sens contraire. Ainsi firent-ils et chaque homme devint poussière et cendre devant leurs yeux. Alors Jérémie dit : Vraiment, on ne devrait étudier ces choses que pour reconnaître la force et la toute-puissance du créateur de ce monde, mais pas pour les accomplir vraiment. »

On voit se rencontrer ici dans la vision kabbalistique de la création du Golem deux motifs qui s'entrecoupent. Dans l'interprétation et la rédaction de l'exposé, en ce qui concerne le moral et le légendaire, un signal d'alarme apparaît. Chaque création du Golem, qui était pour le Hassidisme la confirmation de la similitude de l'homme avec Dieu, devient avertissement dans l'audacieuse inscription du front : une création du Golem réussie qui ne s'accomplit que dans un symbole, n'introduirait que « la mort de Dieu »! La hybris du créateur se retournerait contre Dieu. Cette idée a été mise en évidence avec beaucoup de netteté par le kabbaliste anonyme, tandis qu'elle ne semble que mentionnée dans le deuxième exposé.

Le motif de l'avertissement d'une telle création (non point tant à cause du danger qui lui est inhérent ou même à cause des forces extraordinaires cachées en lui, mais au contraire à cause de la possibilité d'un égarement polythéiste) met en relation ces notions du Golem avec l'idée d'une origine de l'idolâtrie qui était courante dans ces mêmes cercles. Hénoch doit être venu chez son père Seth et avoir fait des recherches sur son origine. Lorsque Seth lui dit qu'Adam ne possédait ni père ni mère, mais que Dieu l'avait formé à partir de la terre, alors Hénoch partit et prit une motte de terre et en fit une figure. Puis il revint chez son père et lui dit : Mais elle ne peut ni marcher ni parler. Alors Seth dit : Dieu lui insuffla la vie par le nez. Lorsque Hénoch le fit, Satan arriva, se glissa dans la figure et lui prêta ainsi l'apparence de la vie. Ainsi le nom de Dieu fut-il profané et ainsi commença le culte des idoles, tandis que la race d'Hénoch adorait cette figure ([49]).

La question du Golem se complique ainsi de celle de la nature des images et des statues, qui avait pour le Judaïsme, ennemi de l'iconolâtrie, un intérêt quasi polémique. Dans maintes traditions juives, les images du culte apparaissent en fait comme une sorte de Golem vivant. Ce n'est pas tout à fait à tort que l'on a mis en relation l'idée répandue hors du Judaïsme de statues vivantes, avec le cercle de la légende du

Golem, parallèle avec lequel seul le magique pur, et non les éléments telluriques, peuvent être rencontrés dans ces traditions ([50]). Dans les traditions juives apparaît surtout un motif qui est sans doute en rapport avec maintes formes de la légende du Golem : le stimulant magique par le nom de Dieu.

Quelque chose de semblable est relaté dans le Talmud (*Sota* 47 a), où l'on parle de Gechazi : il aurait découpé à l'image du taureau de Jéroboam, dont il est question dans le livre des Rois (II, 12 : 28), un nom de Dieu dans la bouche, sur quoi l'image aurait prononcé les premiers mots du Décalogue : Je suis ton Dieu et : tu ne dois pas en avoir d'autres. De même au sujet de l'image que, d'après Daniel (chap. 3), le roi Nabuchodonosor aurait faite, elle aurait eu la vie par « le ruban de fer-blanc du Grand Prêtre volé dans le Temple de Jérusalem, que le roi lui avait mis et qui portait les quatre lettres *JHWH*. Mais Daniel enleva le nom de Dieu sous le prétexte de le baiser, et l'image tomba sans vie à terre » ([51]). Cette idée que le nom de Dieu aurait animé d'une puissance pure les images du culte polythéiste, est en conflit avec d'autres : par exemple que le Diable ou (dans des passages anticatholiques) Samaël et Lilith descendent dans de telles images. Tous les deux se trouvent par exemple dans le *Zohar* ([52]). Les légendes qui ont été conservées au XIe siècle par Achima'az d'Oria dans sa chronique familiale prouvent que cette représentation était déjà vivante sous une forme qui rappelle les formes tardives de la légende du Golem, et qu'elle était connue des cercles juifs italiens au début du Moyen Age (dont le Hassidisme allemand a repris beaucoup de traditions). On raconte les miracles magiques du mystique Aharon de Bagdad et de R. Chananel. Ailleurs des morts se lèvent, on leur redonnera pour un temps la vie en leur glissant sous la langue un morceau de parchemin avec le nom de Dieu, ou bien en le cousant dans la chair du bras droit. Lorsque le nom est enlevé (ici aussi en partie comme dans la légende de Daniel, sous le prétexte d'un baiser) le corps redevient sans vie ([53]).

Le heurt mentionné plus haut des forces pures et impures dans les images du culte, est en rapport avec l'image la plus irritante pour la conscience juive : celle du veau d'or. Il est dit une fois que Samaël, le Diable, aurait parlé de lui ([54]). Nous trouvons l'autre thèse dans un Midrasch ([55]) perdu mais cité dans des sources médiévales. L'union de cette magie avec celle du livre *Jezira* d'un côté, et celle des magiciens de l'autre, est développée sous la forme d'un contraste dans un livre merveilleux, paru après 1200 dans le même cercle que la représentation du Golem. L'auteur anonyme du « Livre de la vie » confronte le procédé de Rabha en ce qui concerne la création de l'homme avec celui des magiciens dont la création utilise la terre comme élément originel, comme le fait le *Jezira* (56).

« Les magiciens et les enchanteurs d'Égypte, qui créaient des créatures, connaissaient, par des démons ou par tout autre art, l'ordre de la Merkaba (c'est-à-dire du monde céleste et du trône de Dieu) et enlevaient la poussière sous les pieds de l'ordre qui convenait à leur idée et créaient ce qu'ils voulaient. Mais les savants dont il est dit : « Un tel créa un homme, etc », connaissaient le secret de la Merkaba et enlevèrent de la poussière sous les pieds des animaux dans la Merkaba et prononcèrent au-dessus le nom de Dieu et il fut créé. C'est de cette manière que Micha (57) fit aussi le veau d'or qui savait danser. Il avait, comme tout Israël lors de la fuite d'Égypte, vu la Merkaba au bord de la mer de roseaux. Mais tandis que les autres Israélites ne concentraient pas leur sens sur cette vision, il le fit (le verset HL 6 : 12 le mentionne). Lorsque le taureau se déplaça (58) à gauche dans la Merkaba, il enleva vite de la poussière sous ses pieds et la conserva jusqu'à une bonne occasion. Et ainsi les magiciens dans l'Inde et les pays arabes font, à partir d'hommes, des animaux en conjurant un démon qui leur apporte de la poussière de l'ordre leur correspondant et la transmet au magicien. Il la donne à l'homme mélangée à de l'eau, sur quoi celui-ci est aussitôt métamorphosé. Et notre maître Saadia connaît de telles pratiques, qui sont efficaces grâce aux anges ou au nom ».

5

Les représentations évoquées dans le chapitre précédent sont, de façon différente, celles qui, plus tard, lors du développement de prescriptions strictes au sujet du Golem, ont servi de modèles ; processus qui, si je le comprends bien, représente un rite décisif qui signifie lui-même la puissance de l'adepte dans l'expérience extatique du Golem vivant. Ces cercles transforment la légende en un objet d'expérience mystique et rien n'indique dans les formules conservées qu'il s'agisse là d'autre chose que d'une expérience mystique. Dans aucune source le Golem, ainsi créé, ne pénètre dans la vie réelle ou en obtient une fonction. Le motif du valet magique ou Famulus est inconnu (59) dans tous ces textes et n'apparaît que beaucoup plus tard, nous le verrons, lors de la remétamorphose de la figure en objet de légendes kabbalistiques.

Nous possédons de telles indications sur la naissance du Golem surtout dans quatre textes, dont je veux rapporter et aimerais discuter les points essentiels. La prescription la plus formelle est donnée par Elasar de Worms à la fin de son commentaire du *Jezira* ([60]).

Son ordre est conservé sous une forme remaniée en beaucoup de manuscrits sous le titre *pe'ullath ha-jezira*, ce qui devrait signifier plutôt « Pratique ou emploi pratique du livre *Jezira* », que (ce qui serait aussi possible) : « Pratique de la création d'un Golem » ([61]). Ici, comme dans les autres textes, manquent les tables complètes qui avaient été données par Elasar, tables des combinaisons de l'alphabet auxquelles on s'est toujours référé. Dans la première moitié du XVIIe siècle, le kabbaliste Naftali ben Jacob Bacharach de Francfort, avait eu pour la première fois le courage de publier imprimé le texte de cette instruction sous une forme retouchée, et il explique d'une manière prudente que son instruction est trop complète pour être exposée ([62]) à une profanation par quelque chose d'indigne.

L'essentiel de la prescription de Elasar consiste en ceci : les deux ou trois adeptes qui se soumettent au rite du Golem prennent ([63]) de la terre de la montagne vierge qu'ils pétrissent dans de l'eau courante et ils forment à partir de cela un Golem. Au-dessus de cette figure ils doivent ensuite prononcer les combinaisons de l'alphabet résultant des portes du livre *Jezira*, qui ne représentent ([64]) pas dans la critique d'Elasar 231 mais 221. La particularité du procédé consiste non en ce que ces 221 combinaisons alphabétiques soient citées, mais plutôt en des réunions de ces lettres avec une consonne du Tétragramme, et celles-ci selon l'ordre de vocalisation possible des cinq voyelles principales : a e i o u, acceptées par le Hassidisme.

Il semble que tout d'abord les alphabets soient cités, dans tous les entrelacements et vocalisations du nom de Dieu ; ensuite, l'une après l'autre, les combinaisons dans lesquelles les consonnes, qui d'après le livre *Jezira* dominent chacune un membre de l'organisme humain, sont groupées avec une consonne du Tétragramme, dans toutes les vocalisations pensables des textes imprimés ; mais de nombreux manuscrits donnent aussi des ordres précis sur la « délivrance » de ces ensembles de voyelles. Il s'agit donc, d'un côté de récitatifs magiques, de l'autre de récitatifs sévères tendant à la méditation et de nature strictement formaliste. Un certain principe d'ordre dans la suite des alphabets évoque un être masculin, un autre évoque un être féminin ; la transformation rétrograde du Golem vivant en poussière est accompagnée du renversement de ces ordres ([65]). On ne fait aucunement allusion dans ces préceptes à l'idée qu'il y aurait une pause, pendant laquelle le Golem existerait en dehors de la sphère des méditations, entre l'acte de vivification et celui de la transformation rétrograde, qui sont tous deux accompagnés des méditations indiquées. Ce caractère du rite de la création du Golem est tout à fait clair dans les développements du pseudo-Saadia. Les mots du livre *Jezira* (II, 4) : « Ainsi se ferme le cercle (*galgal*) devant et derrière », sont interprétés par lui-même comme des instructions. Ils ne disent rien sur la manière dont la création fut faite par Dieu, mais comment l'adepte doit procéder lorsqu'il se met à la création du Golem ([66]).

« On fait un cercle tout autour de la créature et on marche autour de ce cercle et on cite les 221 alphabets de la façon dont ils sont indiqués (apparemment l'auteur pense à des tableaux comme ils se trouvent en fait chez Elasar de Worms) et plusieurs déclarent que le créateur a mis de la force dans les lettres de façon que l'homme crée une créature de terre vierge, la modèle et l'enterre dans la terre et fasse un cercle et une sphère autour de la créature et prononce l'alphabet à chaque fois qu'il en fait le tour. Ainsi doit-il faire 442 (autre version : 462) fois. S'il marche en avant, la créature se lève vivante devant lui à cause de la force qui est inhérente à la récitation des lettres. Mais s'il veut détruire ce qu'il a créé, il recule dans le cercle en récitant les mêmes alphabets à l'envers. Alors la créature s'effondre d'elle-même par terre et meurt.

Et ainsi arriva-t-il à R. I. B. E. (c'est-à-dire Rabbi Ismaël ben Elischa ([67]) et à ses élèves qui s'occupaient du livre *Jezira* et se trompèrent de direction de marche et reculèrent jusqu'à ce qu'ils s'enfoncent eux-mêmes dans la terre jusqu'au nombril. Ils ne pouvaient plus en sortir et criaient. Alors leur maître les entendit et dit : récitez les lettres des alphabets et marchez en avant au lieu de reculer comme vous l'avez fait jusqu'alors. Ainsi firent-ils et ils furent délivrés. »

Il me semble important que le Golem soit d'abord enterré dans la terre et en ressorte ensuite. Cela pourrait évidemment symboliser la renaissance, qui était déjà liée au rite vers 1200, et pourrait très bien convenir à la nature de l'entité en tant que rite de l'initiation. Le Golem est enterré avant sa Palingénésie.

Evidemment, cette interprétation n'est pas nécessaire et ce détail n'apparaît qu'à cet endroit (d'après ce que je sais). Le fait que la terre, à partir de laquelle le Golem est créé, soit vierge (non travaillée) constitue un parallèle à la création d'Adam, qui lui aussi fut créé à partir de la terre vierge. Dans le manuscrit munichois du pseudo-Saadia ce passage est suivi aussitôt d'un deuxième précepte qui n'est pas imprimé ([68]).

Ici, nous avons d'autres indications plus précises sur le genre et l'ordre de la récitation des combinaisons du nom de Dieu et des différentes suites de voyelles. Comme introduction il ajoute : « Prends de la poussière d'une montagne, de la terre vierge et répands-en dans toute la maison et lave ton corps. De cette poussière pure fais un Golem, la créature que tu veux créer et animer, et au-dessus de chaque membre prononce la consonne qui lui est attribuée dans le livre *Jezira* et combine-les avec les consonnes et les voyelles du nom de Dieu ». La marche autour du cercle doit être comme une « ronde enfantine » et à l'inversion de cette ronde, le Golem revient à son état primitif sans vie.

Il est déjà indirectement visible dans ces préceptes que ces faits touchent à l'extase. La récitation de ces combinaisons, se suivant à un certain rythme et variant toujours régulièrement selon certaines harmonies vocaliques, change naturellement un état d'âme et semble le vouloir. Cela devient clair dans un texte conservé dans plusieurs manuscrits au sujet d'une telle création du Golem, texte appartenant au plus tard au XIVe siècle mais qui est peut-être plus ancien ([69]). Ici aussi les préceptes techniques sur les passages par les 231 portes sont donnés. Voici ce qui en est dit : « Il doit prendre de la terre pure de la sorte la plus fine et commencer ces combinaisons jusqu'à ce qu'il reçoive le souffle de l'inspiration (*shefa' ha-chochma*) et il doit réciter vite ces combinaisons et tourner le plus vite possible la roue (des combinaisons) et cette pratique amène le saint Esprit (c'est-à-dire l'inspiration extatique). Ce n'est qu'alors (dans un tel état d'âme) qu'il doit se mettre à la réalisation (technique) de la création du Golem ». Ces préceptes ne nient pas le rapport avec les pratiques de Yoga propagées dans le Judaïsme spécialement par Abraham Aboulafia : « Prends ensuite un bol d'eau pure et une petite cuiller, remplis-la de terre — mais il doit savoir exactement le poids de la terre avant de la remuer, ainsi que la mesure de la cuiller avec laquelle il doit mesurer (les deux ne sont pas indiqués par écrit !). Quand il l'a rempli, il doit le verser et souffler lentement au-dessus de l'eau. Pendant qu'il commence à souffler la première cuillerée de terre il doit prononcer une consonne du nom à haute voix et d'un seul trait jusqu'à ne plus pouvoir respirer. Mais il doit à ce moment-là tourner son visage vers en bas. Et ainsi doit-il former tous les membres entiers à partir des combinaisons qui forment les parties de la tête d'une manière ordonnée jusqu'à ce qu'une figure en naisse ». Mais il serait interdit de répéter cela plusieurs fois. Le sens propre de la chose est plutôt d'« entrer en communion avec son grand nom ». Le rapport de tout cela avec la Kabbale d'Aboulafia (ou ses sources) est évident.

Conformément à une telle conception de la nature extatique de l'aspect du Golem, un important auteur espagnol anonyme du début du XIVe siècle explique le processus non comme quelque chose de corporellement réel mais comme une « création spirituelle » (*jezira machschabhtilh*) : Abraham serait « presque arrivé au stade où il aurait été en état de créer des créatures spirituelles précieuses et aurait pour cela appelé (70) son précieux livre « Livre de la création ». Aboulafia lui-même, l'excellent représentant d'une Kabbale extatique au XIIIe siècle, me semble impliquer, avec une remarque dédaigneuse, une conception semblable de la création du Golem, comme un événement purement mystique. Il stigmatise le fou présent quelque part, « qui médite sur le livre *Jezira* pour créer un veau; car ceux qui font cela sont eux-mêmes des veaux (71) ».

Du reste, la conscience de l'insuffisance des procédés transmis par écrit est reconnaissable à différentes reprises dans la tradition ultérieure. Ce que, par exemple, Naftali Bacharach a laissé de côté dans ses communications sur le procédé, n'est pas mentionné. Par des parallèles entre la Kabbale pratique et les écrits d'Aboulafia, on conviendrait peut-être qu'il pourrait s'agir de l'intonation des combinaisons des lettres, d'une technique de la respiration ou de mouvements de la tête et de la main, qui doivent accompagner l'acte unique. Un célèbre kabbaliste de Jérusalem, au XVIIIe siècle, Chajim Joseph David Asoulai, qui dispose des excellentes traditions du XVIIe siècle provenant de l'école des kabbalistes de Jérusalem, affirma au Rabbi Jacob Baruch, de Livourne (vraisemblablement oralement) que, dans la magie, « les combinaisons physiques des lettres ne suffisent pas telles qu'elles s'imposent à la vue (72) ».

Nous apprenons avant tout deux choses par ces témoignages sur la pratique du Golem :

1) Elle est, comme on l'a déjà mentionné, sans but pratique. Même là où l'exposé touche à la limite entre un événement spirituel (qui constitue certainement une expérience commune aux adeptes) et une manifestation naturelle du Golem, sa « production » n'a d'autre but que de prouver la puissance du Saint Nom. A l'intérieur de telles frontières

subsiste l'affirmation (dans le commentaire du *Jezira* par le pseudo-Saadia) indiquant s'il est interprété exactement (II, 5) : « J'ai entendu dire que Ibn Ezra créa une telle créature devant Rabbenu Tam et dit : Voyez ce que Dieu a mis (en puissance) dans les saintes lettres, et il dit (à Rabbenu Tam) : Recule (73), et il retomba en son état primitif (terre sans vie) ».

Cet exposé ne mène qu'à une consécration à moitié légendaire du célèbre et légendaire talmudiste français Rabbenu Tam (c'est-à-dire : R. Jacob ben Me'ir, petit-fils de Raschi mort en 1171), par le philosophe Abraham ibn Zera, qui s'est promené dans toute l'Europe occidentale au milieu du siècle et que le Hassidisme français a toujours reconnu comme une grande autorité religieuse (74). Ici aussi la créature, aussitôt créée, est déjà réduite à rien, elle a une fonction de nature spirituelle, remplie de la consécration du talmudiste.

2) La création du Golem a ses dangers, elle est, comme tout ce qui est créé avec grandeur, très dangereuse — mais ces dangers ne viennent pas du Golem, des forces qui sortent de lui, mais de l'homme lui-même. Ce n'est pas la production de la créature sous une forme naturelle qui développe des forces dangereuses, mais la tension provoquée chez l'auteur de ce processus est dangereuse. Des erreurs dans l'application du procédé ne mènent pas à une dégénérescence du Golem mais directement à une destruction de son créateur. Le danger du Golem lui-même, dans les légendes postérieures, est une profonde transformation de la conception primitive, pour qui le parallèle entre Adam et le Golem était nettement présent, nous l'avons vu, sans que pourtant cet élément tellurique constitue une source réelle de dangers (75). Toujours est-il que les dangers auxquels est exposé le créateur de Golem, tels que le texte du pseudo-Saadia les décrit, ne sont pas tout à fait sans rapport avec cet élément. S'il emploie mal la recette, l'homme retournera à son élément et sera à nouveau aspiré par la terre.

Une autre question ne trouve ici aucune réponse précise : il s'agit de la faculté de parler du Golem, que le talmudiste Rabha ne peut donner à « son homme ». Ce manque de parole n'est plus, dans ce rite postérieur, aussi essentiel qu'on (76) l'a souvent admis. Il ne s'est pas maintenu et il est évident que les deux conceptions circulent également dans le cercle du Hassidisme allemand. Nous ne savons pas où est né (77) le motif de cette faculté de parler, apparue dans la création du

Golem de Ben Sira. L'auréole de légende qui entoure Ben Sira est bien plus ancienne que le XIIe siècle, quoique le rapport avec la création du Golem ne soit alors que constaté. Il est possible que le motif soit déjà apparu en Italie. De toutes façons, les deux créations du Golem de Rabha et de Ben Sira forment deux possibilités, à l'intérieur de ce même domaine, offertes aux discussions des kabbalistes à ce sujet.

Le Pseudo-Saadia va plus loin dans l'expression du rang d'un tel Golem. Il dit que de la récitation des alphabets du livre *Jezira* provient la force que Dieu y a mise pour créer une telle créature et sa vitalité (*chijjuth*) et lui donner ([78]) une âme (*neschama*). Aucune autre source de la littérature kabbalistique ne va aussi loin. La différence significative entre l'élément pneumatique de l'âme et l'élément purement vital implique au moins que le Golem pouvait beaucoup plus que se mouvoir tout droit; il est ainsi associé au Golem de Ben Sira, peignant au mur le signal de la mort de Dieu.

Elasar de Worms représente ici une attitude plus prudente que les autres sources que nous possédons, issues de la même école de Juda le Pieux. Dans son explication d'un vieil hymne des gnostiques de la Merkaba, il dit nettement du verset : « reconnaissance et parole chez le vivant éternel », que lorsque l'homme possède la vraie connaissance (*da'ath*, aussi Gnose), par laquelle il peut créer une nouvelle créature avec le livre de *Jezira*, il ne peut lui donner ([79]) la parole avec le nom de Dieu. C'est aussi (avec une importante restriction) l'opinion du *Bahir* dans la deuxième moitié du XIIe siècle. On y raconte (§ 136) l'histoire de Rabha (du Talmud), mais avec le supplément suivant : « Rabha envoya l'homme à Rabbi Zera. Il parla avec lui et il ne répondit pas. Mais s'il n'y avait pas eu les péchés il aurait répondu. Et par quoi aurait-il pu répondre ? Par son âme. Mais l'homme a-t-il donc une âme qu'il pourrait transmettre (à une telle créature) ? Oui, car il est dit dans Gen. 2 : 7 : Il insuffla dans son nez un souffle de vie — ainsi l'homme a-t-il un souffle de vie (avec lequel il pourrait donner aussi la parole) ([80]), s'il n'y avait pas les péchés par lesquels l'âme n'est plus pure ; et cette impureté est la séparation entre les justes et Dieu. Ainsi est-il dit aussi (Psaume 8 : 6) : Tu ne lui laisseras qu'un peu manquer de Dieu ([81]) ». Des êtres sans péchés seraient donc capables de transmettre l'âme de vie à un tel Golem, avec la faculté de la parole. Le Golem est donc sans parole, non pas d'après sa nature mais seulement dans les conditions présentes où l'âme des pieux n'est plus pure. A la différence de ces perspectives peut-être eschatologiques, à un autre stade de la conception du *Bahir* au sujet du Golem, Isaac l'Aveugle (vers 1200) se contente de constater que le Golem était sans parole, parce que Rabha ne pouvait lui donner de *ruach* ([82]). A quelle force spirituelle l'auteur pense-t-il ? C'est là une question. Il est possible que ce soit dans le sens de *pneuma*, une âme plus élevée.

Vers 1400 un kabbaliste dit même, en une variante de la déclaration de Elasar de Worms, que bien qu'un tel Golem ait une forme vivante, il est toujours mort, car son créateur ne peut lui donner ni connaissance de Dieu ni parole. « Mais Dieu a gravé ([83]) dans l'homme (véritable) le sceau *'emeth* ». Pour beaucoup de kabbalistes la faculté de parler et la raison vont ensemble, dans le sens de la représentation philosophique de l'*anima rationalis*. Ainsi Bachja ben Ascher (1291) dit de la création du Golem de Rabha : « Il pourrait bien donner à sa créature une âme de mouvement, mais non pas l'âme raisonnable d'où vient la parole ([84]) ». Cela correspond à l'opinion prédominante chez les kabbalistes, pour qui, en général, la parole est la plus haute faculté, ou bien, selon J. G. Hamann, « mère de la raison et de la révélation ».

Mais il n'a pas manqué de kabbalistes qui ont séparé ces deux facultés, et précisément en ce qui concerne le Golem. Dans un texte intitulé : « Substance des choses d'après lesquelles les maîtres de la Merkaba agissaient », qui appartient au milieu du XIIIe siècle ([85]), nous trouvons cette idée représentée en Espagne : « Quand les Rabbis disent : Celui qui n'a pas d'enfant est comme un mort, on pense ainsi : Comme un Golem (une matière sans vie) sans forme. C'est pourquoi les images que l'on peint au mur sont de cette façon, car bien qu'elles aient la forme de l'homme, elles ne s'appellent pourtant que *zelem*, image (ici dans le sens de l'image donnée par l'ombre, dérivé de *zel*, ombre) et figure. C'est pourquoi lorsque Rabha créait un tel homme, par la force des combinaisons de lettres il créait une telle figure, ayant la forme de l'homme, mais il ne pouvait lui donner la *demuth*, une véritable ressemblance avec l'homme. Car il est possible que l'homme crée avec l'aide de forces puissantes un homme qui parle, mais non pas un homme qui puisse se reproduire et qui ait la raison. Aucune créature créée ne le peut, seul Dieu peut le faire. » Nous avons donc ici le contraire de l'opinion de Bachja et de tant d'autres : le Golem a la parole, mais ni raison ni instinct sexuel ([86]).

Parmi les kabbalistes postérieurs, deux éminentes autorités ont, chacune à leur manière, donné leur opinion sur le type de vitalité prêté au Golem. Me'ir ibn Gabbai pense, vers 1530, qu'un tel homme produit magiquement n'a pas d'âme spirituelle (*ruach*) car il est (là l'auteur fait encore appel au passage du Talmud) sans parole. Mais il a bien le degré le plus inférieur d'âme (*nephesch*), puisqu'il peut se remuer et possède de la vitalité ([87]). Moïse Cordovero voit autrement la question. D'après lui ([88]) une telle « créature neuve » (Cordovero, comme tous les kabbalistes « sefardistes » du XVIe siècle, évite le terme « Golem » qui semble s'être embourgeoisé chez les juifs allemands et polonais) ne possède pas d'âme et même aucun de ses trois degrés : ni *nephesch*, ni *ruach*, ni *neschama*, mais elle a une vitalité particulière : *chijjuth*, que Cordovero désigne comme l'âme animale. Il s'étonne que les hommes soient alors capables de donner, en vertu des alphabets du livre *Jezira*, une âme d'un de ces trois degrés à une telle créature. D'après lui, cela est impossible. Bien plus, selon lui, si les adeptes ramassent la terre et si une créature ayant la forme d'un homme en naît par la vertu du livre *Jezira*, alors toutes ses parties (comme tout être créé) aspirent à aller vers le haut, vers leur origine et leur patrie dans le monde supérieur, d'où tout ce qui est tellurique provient ou a son image première. En face de ces éléments-là brille une lumière qui est conforme à son rang élémentaire spécifique : naturellement ni *nephesch*, ni *ruach* ni *neschama*, mais une simple vitalité pure, qui, par suite du type particulier des éléments présents ici, se place au-dessus du rang de l'animal et se rapproche plus de la source de la lumière que de l'animal. D'un autre côté, un tel Golem ne meurt pas au sens propre, comme meurt l'animal, mais il retourne simplement à son élément : la terre. Rabbi Zera n'avait pas besoin de le tuer dans la nouvelle talmudique, car ses éléments se dissolvent par eux-mêmes. D'où le fait que celui qui « tue » un Golem n'est pas condamnable et ne transgresse aucun commandement de la Tora.

Ici nous trouvons donc une faculté spécifiquement tellurique, qui n'est éveillée que par la magie mais n'abandonne pas la sphère des forces élémentaires. Ce qui fut dit au commencement de ce développement sur l'âme tellurique d'Adam qui venait de la terre, apparaît en fait aussi dans ce Golem kabbalistique Si Adam possède, en tant que Golem (comme nous l'avons vu), une certaine faculté de vue élémentaire (si ce n'est raisonnable), l'homme doit lui procurer, en tant que créateur du Golem, une faculté plus ou moins parente ou, comme le dit Cordovero : des lumières qui brillent dans les éléments. Chez les kabbalistes, les éléments telluriques et magiques se réunissent dans le développement de cette figure du Golem, d'une manière spécifique. La spéculation purement théorique des kabbalistes sur le sens et l'essence d'une telle création du Golem prépare ainsi ce développement, ou bien se déroule parallèlement, et lors du retour du domaine purement mystique dans celui de la légende kabbalistique, le Golem cache de nouveau d'extraordinaires forces telluriques et peut les amener à s'extérioriser.

6

Les kabbalistes de Safed au XVIe siècle ne parlent d'une telle création du Golem que de la manière dont on discute théoriquement d'un événement passé déjà depuis longtemps. Ils ne prennent jamais directement part à l'exécution (défendue en partie par eux-mêmes) des recettes telles qu'elles sont communiquées ici et là ([89]). Dans un des écrits du Commentaire de Cordovero au livre *Jezira*, on trouve à la fin (comme chapitre supplémentaire) un traité qui parle des anciens auteurs traitant de la création d'un homme par le livre *Jezira*, mais il précise, au début, « que personnne ne pense qu'une telle faculté puisse exister et atteindre une efficacité pratique par ce livre. Car il n'en est point ici; bien plus, les sources magiques sont taries et la Kabbale n'en parle pas ([90]) ». L'opinion de Joseph Aschkenasi est aussi caractéristique; venu de Prague et Poznan à Safed, il parle dans son traité fulminant contre les philosophes juifs, de la création du Golem comme de quelque chose connu de la tradition, et non comme quelque chose de pratique. Il emploie le terme habituel des juifs allemands, Golem : « Nous trouvons (c'est-à-dire dans les anciens textes) que l'homme peut faire un Golem qui reçoit l'âme animale par la puissance de sa parole (c'est-à-dire celle du Maître), mais lui donner la véritable âme (*neschama*) n'est pas de la puissance de l'homme, car elle vient de la parole de Dieu ([91]) ».

Au contraire, dans le Judaïsme allemand et polonais, la représentation du Golem retombe à nouveau dans le légendaire. Tandis qu'aux XIIe et XIIIe siècles de telles légendes, on l'a vu, se rapportent surtout aux personnages de l'antiquité juive, des personnages contemporains et célèbres du monde juif deviennent, dans les développements postérieurs, des créateurs de Golem. Lorsque le peuple reçut les anciennes tables et lorsque les récits dépassèrent le rituel discuté ici, la conception elle-même se transforma lorsque l'idée pénétra dans des couches en partie ignorantes. Le Golem devient à nouveau un être indépendant et reçoit aussi pour la première fois des fonctions sans but. Des motifs d'autres idées se retrouvent là avec ceux du Golem.

La première trace que nous possédions sur ce nouveau développement, est particulièrement étrange. Elle appartient à la tradition ésotérique et nous est transmise par un célèbre Rabbi espagnol de la première moitié du XIVe siècle. Nissim Girondi, de Barcelone, fait cette remarque au sujet du passage du Talmud sur Rabha (92) : « Les savants d'Allemagne, qui ont presque journellement affaire avec les choses de la démonologie, se précipitent sur ce passage. Ils persévèrent dans l'idée que cela (c'est-à-dire : la naissance semblable d'un homme) doit se produire précisément dans un tonneau ». Dans tous les exposés que nous possédons, il n'est nulle part question de prendre pour un tel tonneau la coupe d'eau et de terre, que nous avons rencontrée plus haut dans l'une des recettes. Je ne le crois pas ; je comprends autrement l'accentuation particulière de l'expression « précisément dans un récipient » ; il s'agit d'un récipient tout à fait fermé, d'une fiole donc, dans laquelle un tel homme magique peut être fait. Et cela est en effet très étrange : on voit apparaître ici, longtemps avant Paracelse, un élément de l'idée de l'homunculus et de l'alchimie intervenant dans le Golem. Nissim Girondi avait à Barcelone des contacts avec d'éminents savants d'Allemagne, c'est un rapporteur en qui l'on peut avoir confiance. Son témoignage prouve donc que quelque chose de ce genre a été transmis par quelques Hassidistes allemands. Avons-nous donc ici, dans le cercle juif, une forme précoce de cette idée d'homunculus, qui a trouvé son fondement classique dans la fameuse recette de Paracelse ?

S'agit-il, dans l'homunculus de Paracelse, si nous devons suivre la définition de Jacoby : « du développement de l'embryon d'une manière artificielle dans laquelle l'urine, le sperme et le sang représentent la *materia prima* comme support matériel de l'âme ([93]) »? Le Juif ignore un tel emploi du sperme humain, à partir de la *putrefactio* d'où l'homunculus commence à se former après quarante jours. On en reste toujours aux éléments de la terre et de l'eau, et les formes tardives ne racontent que la fabrication d'un Golem à partir d'argile ou de glaise. Je n'ai pu constater vraiment la trace de telles recettes d'homunculus avant Paracelse. ([94]) La description de la pratique à des autorités de ce temps-là, comme au médecin et mystique Arnaldus de Villanova, intervint longtemps après Paracelse et semble elle-même de nature fabuleuse. Je ne suis en aucun cas certain que les significations de l'homunculus comme symbole de la renaissance après la mort, ou comme forme embryonnaire de la pierre, soient très conformes à la manière dont elles ont été rapportées tout récemment par Gray ([95]). Mais si elles le sont, alors on pourrait voir ici un rapport plus profond avec la symbolique du Golem, dont nous connaissons déjà l'enfouissement dans la terre comme *materia prima* et sa résurrection ultérieure ([96]).

Homunculi signifient aussi chez Paracelse des figures semblables au Golem, en cire, en terre ou en poix, qui sont utilisées par les magiciens de la magie noire. Dans une union de ces deux moments de l'emploi de la parole se réalise la matérialisation, suivant la légende de l'homunculus comme serviteur démoniaque de l'homme, telle qu'elle semble apparaître d'abord au XVIIe siècle, dans quelques récits transmis. Parallèlement, mais plus tôt, une métamorphose semblable du motif s'est insinuée du côté juif. Le Golem comme serviteur magique de son créateur n'apparaît dans aucune tradition ancienne. Ce n'est que lorsque les héros du cercle du Hassidisme allemand, qui ont développé la théorie du Golem et son rite, sont devenus (tard dans le Moyen Age) des objets de la légende populaire, que cette idée paraît être justifiée, à partir du XVe ou du XVIe siècle. Le plus ancien témoignage se trouve dans un manuscrit de la première moitié du XVIe siècle, qui transmet, entre autres, des légendes sur ce cercle du Hassidisme allemand, nées beaucoup plus tôt que l'écrit de ce codex. A partir de là, Brüll a transmis la légende que Samuel le Pieux (le père déjà légendaire de Juda le Pieux, la figure centrale de ce cercle) « a créé un Golem, qui ne pouvait cependant pas parler, mais qui l'accompagna et le servit ([97]) pendant ses longues années de voyages à travers l'Allemagne et la France. »

Au XVIe siècle des légendes de ce type connurent une grande popularité chez les Juifs allemands. Vers 1625, Joseph Salomon Delmedigo nous dit, après avoir donné l'histoire de Ibn Esra mentionnée plus haut : « On raconte aussi sur Salomon ibn Gabirol (le célèbre poète et philosophe du XIe siècle) qu'il créa une femme qui le servit. Lorsqu'on le dénonça au gouvernement (sans doute pour magie), il prouva qu'elle n'était pas une vraie créature mais se composait de morceaux de bois et de charnières et elle revint à ses éléments premiers. Il y a encore beaucoup de légendes de la sorte, qui se trouvent dans toutes les bouches et particulièrement en Allemagne » ([98]). Cela correspond à l'exposé (imprimé en 1614) de Samuel Friedrich Brenz, selon lequel les Juifs auraient un sortilège, « qui est nommé *Hamor Golim* ; ils font une image de Laymen, semblable à un homme, lui sifflent ou lui grommellent aux oreilles quelques lamentations, tant et si bien qu'elle s'en va ([99]) ».

Nous sommes loin du rite du Golem dont on a parlé dans le passage précédent. « On trouve des influences d'un autre domaine de la création artificielle de l'homme, celui de l'homme-automate. Le motif de la décomposition de la créature en éléments fait nettement allusion à un certain mécanisme de la forme du Golem, qui est sensiblement étranger à la version traditionnelle du Golem. De même, le motif du Golem-valet provient du cercle des légendes d'automates. Les sources en sont certainement les légendes d'automates du Moyen Age, très répandues. » Des récits comme des passages de Lucien, « L'ami des mensonges » (d'où Gœthe a tiré son apprenti-sorcier), réapparaisssent ([100]). On trouve dans une tout autre direction les formes tardives du Golem (mentionnées d'abord en Pologne à partir du XVIIe siècle), dans lesquelles sont réunis les anciens éléments, la nouvelle conception du serviteur et un autre élément nouveau : le danger du Golem pour le monde ambiant. Des témoignages sur des Juifs, dans la littérature allemande savante, sont déjà manifestes au XVIIe siècle, et dans la littérature hébraïque au XVIIIe siècle seulement. Les deux renvoient, comme nous l'avons dit, à la Pologne et en particulier aux légendes, devenues courantes vers 1600, sur le Rabbi Elija Baalschem ([101]), mort en 1583. Ses descendants racontent (par une tradition de famille) à leurs enfants presque les mêmes choses que les judéo-chrétiens ont entendues des Juifs allemands deux générations plus tôt. Johann Wülfer écrit en 1675 qu'il y aurait en Pologne d'excellents maîtres constructeurs, qui pouvaient ([102]) fabriquer avec le nom de Dieu des *famuli* muets en glaise ». Mais il n'aurait pas pu trouver de témoins oculaires pour cette chose dont il a entendu parler de plusieurs côtés. Christoph Arnold, qui cite déjà en 1674 le rabbin Elija de Pologne comme le plus vieux témoin ([103]), est plus précis : « Ils fabriquent, après certaines prières et quelques jours de jeûne, la forme d'un homme en glaise et lorsqu'ils prononcent au-dessus de lui le *schem hamephorasch*, la figure s'anime et, quoiqu'elle ne sache pas parler, elle comprend pourtant ce qu'on lui dit ou lui commande et elle fait toutes sortes de travaux à la maison chez les Juifs polonais ; mais elle ne doit pas sortir de la maison ([104]). Sur le front de la figure ils écrivent : *emeth*, Vérité. Mais une telle figure pousse chaque jour, et, comme elle est au début très petite, elle devient finalement plus grande que les habitants de la maison. Afin de lui enlever sa force, que tous redoutent dans la maison, ils effacent rapidement la première lettre *aleph* du mot *emeth* sur son front, afin que seul le mot *meth* (il est mort) reste. Le Golem tombe en un tas, là où cela se passe, et redevient glaise ou argile... Ils racontent qu'un certain Baal Schem en Pologne, du nom de R. Elija, aurait fait un Golem qui aurait atteint une telle hauteur que le Rabbi ne pouvait plus effacer la lettre *e* de son front. Alors il eut l'idée de commander au Golem de lui enlever ses bottes ; il pensait ainsi pouvoir effacer la lettre du front lorsque le Golem se baisserait ; ainsi en fut-il, mais comme le Golem redevint de l'argile, tout son poids tomba sur le Rabbi assis sur le banc et l'étouffa. »

Zwi Aschkenasi, un disciple de ce R. Elija, raconte quelque chose de semblable à son fils Jacob Emden, vers 1700, comme il le mentionne dans son autobiographie ([105]) et dans d'autres passages de ses œuvres. Il aurait créé un homme qui était sans parole et lui servait de valet. « Lorsque le Rabbi vit que la créature créée de ses mains devenait toujours plus grande et plus forte par suite du nom écrit sur du parchemin et qui était attaché à son front, il eut peur que le Golem ne fasse des dégâts et des méfaits (dans un exposé parallèle du même auteur il est dit : il pourrait détruire le monde) ([106]). Alors, il se décida rapidement à déchirer le parchemin sur lequel se trouvait le nom de Dieu. Alors la créature tomba en mottes de terre, fit encore du mal à son maître et lui griffa le visage. » La seule différence est donc que, dans une version, le créateur du Golem survit et dans l'autre, il y laisse sa vie.

Le récit d'un autre contemporain est encore plus précis. Il écrit vers 1682 que ces êtres « ont accompli toutes sortes d'occupations humaines, à part des discours, et sont allés où on les a envoyés, même pour un long trajet, par exemple pour porter des lettres ou des messages, et cela a duré quinze jours ; mais après ces deux semaines, si on ne leur a pas enlevé aussitôt du front le morceau de parchemin, ils ont causé de graves dommages au corps, aux biens ou à la vie de leur maître ou des siens ([107]) ». Ici, on a donc deux choses nouvelles : d'abord la restriction du service à quinze jours, que je n'ai trouvée jusqu'à maintenant dans aucune source juive mais qui peut bien être authentique. Il est étrange que ce nombre de quinze jours soit pour Paracelse la période qui s'écoule entre l'introduction du sperme dans la cornue et la formation de l'homunculus. Mais les dangers du Golem, qui apparaissent dans toutes ces variantes, sont importants ; il possède soudain des forces extraordinaires, il pousse au-delà de toute mesure, dérange le monde et provoque un grand désordre. Il semble que ce soit la force du nom de Dieu qui le rende capable de tout cela. Mais c'est au moins autant la force de l'élément tellurique, mise en mouvement et appelée par le Nom, qui apparaît ici dans des puissances aveugles et destructrices, si cet élément est tenu par le Saint Nom et n'arrive pas à s'extérioriser. Les anciennes conceptions ne connaissent pas cet élément secret qui accompagne la figure. La magie qui se tourne vers la terre évoque en elle quelque chose de chaotique. Il se passe aussi le contraire, comme chez Adam. Si Adam est réduit de l'état de Golem géant à une taille normale, ce Golem se languit de la loi de la terre agissant en lui, peut-être la forme originale d'Adam.

Nous avons ainsi atteint la forme de cette représentation du Golem que j'ai montrée dans la version de Jacob Grimm, au début de ces considérations. Peu de temps avant l'époque de Grimm, juste avant la deuxième moitié du XVIIIe siècle, la version de la légende polonaise sur le Rabbi Chelmer dut parvenir à Prague, et s'appliquer à une figure beaucoup plus célèbre du monde juif, le « grand Rabbi Loew » de Prague (environ 1520 à 1609). Je crois invraisemblable qu'elle se soit construite indépendamment de cette légende. Dans la tradition de Prague du début au XIXe siècle, elle fut reliée aux caractères de la liturgie du vendredi soir à Prague. Ainsi, le Rabbi Loew doit avoir fait un Golem qui servait son maître toute la semaine, pour tous les travaux possibles ; mais comme toutes les créatures se reposent le jour du Sabbat, le Rabbi aurait retransformé chaque fois le Golem en glaise avant l'entrée du Sabbat, en enlevant le nom de Dieu qui l'animait. Le Rabbi avait pourtant oublié d'enlever le « Schem ». La communauté était déjà rassemblée pour le culte dans la Synagogue et avait déjà récité le Psaume du Sabbat, nº 92, lorsque le Golem commença à crier d'une force extraordinaire, à secouer les maisons et à menacer de tout détruire. Le Rabbi Lœw fut appelé ; le crépuscule n'était pas encore terminé et le Sabbat n'avait pas encore exactement commencé. Alors, il se précipita contre le Golem furieux et lui enleva le « Schem » et le Golem tomba par terre. Mais le Rabbi ordonna de chanter une deuxième fois le Psaume du Sabbat, et cela resta depuis une pratique de « l'ancienne nouvelle école » de Prague ([108]). Mais le Rabbi n'aurait pas ressuscité le Golem et aurait enterré ses restes dans le grenier de l'ancienne Synagogue où ils reposent encore maintenant. Un des successeurs les plus importants du Rabbi Lœw, le Rabbi Ezechiel Landau, serait monté une fois, après plusieurs jours de jeûne, voir les restes du Golem, mais aurait interdit à toutes les générations futures qu'un mortel entreprenne encore de monter dans ce grenier.

Beaucoup de légendes juives de l'Est sur les créations du Golem furent largement propagées au XIVᵉ siècle et jusqu'à nos jours, par des rabbins et mystiques plus ou moins célèbres. Elles n'ont plus d'importance pour notre analyse et relèvent souvent plutôt des « belles-lettres » ([109]). Encore plus étrange est le témoignage personnel de la plus célèbre autorité rabbinique du Judaïsme « litauique », le « Gaon de Wilna », le Rabbi Elija (mort en 1797) qui raconte à son élève R. Chaim, le fondateur de la célèbre Université Talmudique de Woloschin, qu'il commença, en effet, âgé à peine de 13 ans, à créer un Golem. « Alors que j'étais en train de le faire, une forme passa au-dessus de ma tête et je cessai de le faire, car je me disais : « Vraisemblablement le ciel m'en empêchera à cause de ma jeunesse ([110]) ». La nature du phénomène qui menace le Rabbi Elija n'est pas exposée dans le texte. L'explication de Held, selon laquelle il aurait été le sosie du Rabbi et que ce phénomène l'aurait menacé, est profonde mais peu claire ([111]). Mais les explications modernes que donnent les romans, récits, essais et drames peuvent être examinées là où il s'agit de comprendre ce que la tradition juive a fait du Golem avant le XIXᵉ siècle. En tant que symbole de l'âme et comme celui du peuple juif, il a une signification qui pourra faire découvrir quelque chose d'important dans tous ces domaines. La tâche de l'historien se termine là où celle du psychologue commence.

NOTES

(1) Voir Beate Rosenfeld, *Die Golemsage und ihre Verwertung in der deutschen Literatur*, Breslau 1934, qui est informé de ces différentes données.

(2) D'après Rosenfeld, p. 41.

(3) Menachem Azaria Fano *'Assarah Ma'amaroth*, Venise 1597, dans *ma' amar 'em Kol chaj*, II, § 33.

(4) *De opificio mundi* § 137.

(5) Ainsi dans une source inconnue du *Midrasch ha-gadol* sur la Genèse, éd. M. Margolioth (Jérusalem 1947), p. 78.

(6) *Bereschith rabba*, éd. Theodor, p. 126.

(7) Cf. Louis Ginzberg, *Legends of the Jews*, vol. v (1925), p. 72 ; Max Förster, *Adams Erschaffung und Namengebung*, « Archiv für Religionswissenschaft », vol. XI, 1908 (p. 477-529).

(8) *Sanhedrin* 38 b.

(9) *Bereschith rabba* 24, § 2, éd. Theodor, p. 230. *Ibid.* 14, § 8, éd. Theodor, p. 132, on peut même lire à Genèse 2, 7 : « Il posa (Adam), comme le Golem parti de la terre et atteignant le ciel, et lui donna une âme. »

(10) Dans *Jalkut Schim'oni* de la Genèse, § 34.

(11) Dans l'*Alphabet des Ben Sira.* éd. Steinschneider, 1858, 23 a.

(12) *Bereschith rabba*, 22, § 7, éd. Theodor, p. 213. Cependant les sources apparemment juives de la gnose de Baruch (ophitique) donnaient beaucoup plus tôt l'explication selon laquelle Eve fut créée de la même façon qu'Adam, mais séparée de lui. Voir Hippolyte, V, 26.

(13) Richard Lipsius, *Der Gnostizismus* (Liepzig 1860), col. 76. Le rapport avec l'hébraïque *'adama* se trouve encore chez W. Scholz, *Dokumente der Gnosis* (1909), p. 24. Tandis que, par exemple, Leisegang y voit seulement un rapport avec l'Eden biblique.

(14) *Pirke rabbi Elieser*, chapitre 12.

(15) Une fois de plus, on trouve la même chose chez Hippolyte, X, 15 « la psyché d'Eden que Justin appelle aussi la terre ».

(16) Le texte du traité chez N. Brüll, *Jahrbücher für judische Geschichte und Literatur*, IX (1889), p. 16. Voir aussi le passage du *Midrasch ha-ne'elam* dans le *Zohar chadash* (1885), 16 b, d'après lequel le Ciel, la Terre et l'Eau furent es ouvriers de Dieu ; toutefois ils n'arrivèrent pas à donner une âme à Adam « jusqu'à ce que les deux, Dieu et la Terre, se lient pour le faire ». Dieu ne s'adresse pas aux Anges, mais à la Terre, en s'écriant : « Faisons un homme ». Et aussitôt la Terre créa le Golem (c'est-à-dire le corps d'Adam). Pour l'explication du traité nous trouvons un parallèle qui relève d'un Midrasch d'origine inconnue, dans *Jalkut Schim 'oni*, § 41, où Dieu conclut un traité avec Adam pour les 70 années de la vie de David (qui les lui avait cédées pour les 1000 années de vie qui lui appartenaient) et il le signa Métatron (l'écrivain et l'archiviste du ciel).

(17) *Sanhedrin* 65 b. La dernière partie est répétée 67 b, et le procédé est mentionné comme permis et distingué de la magie interdite. La cause de ce procédé n'est pas indiquée.

(18) *Berachoth* 55 a.

(19) De même Blau, *Altjüdisches Zauberwesen* (Budapest 1898), p. 122, où cependant l'important parallèle de la « grande *Hechaloth* », chap. IX, est resté inconnu.

([20]) *Midrasch tehillim* du Psaume 3, éd. S. Buber, 17 a. Le traducteur, R. Elazar, appartient au IIIe siècle. Il convient de se reporter à ce sujet au chapitre II.

([21]) D'après mon article « Jezirabuch » dans *Encyclopaedia Judaica*, vol. IX (1932), col. 104-111.

([22]) Comme Laz. Goldschmidt, *Das Buch der Schöpfung* (1894), p. 84, le déclare, et reprenant son exemple, plusieurs traducteurs récents.

([23]) Johann Friedrich von Meyer, *Das Buch Jezira* (Leipzig, 1830), p. 24.

([24]) Cette interprétation n'était pas seulement en vogue dans l'ésotérisme juif de cette époque, mais elle se trouve dans la tradition savante de Raschi (mort en 1103 à Troyes), qui est beaucoup plus ancienne que ses commentaires concernant l'histoire du Talmud sur les « hommes » de Rabha.

([25]) Cette insistance sur les contemplations des objets par Abraham manque dans plusieurs anciens textes, par exemple dans celui de Saadia.

([26]) Ce « forma » (*we-zar*) se trouve dans le texte à la fin des commentaires de Juda ben Barsilai, éd. Halberstam, 266, mais ne se trouve pas à la page 99 (sans doute à la suite d'un erreur). Saadia aussi ne l'emploie pas (éd. Lambert, p. 104), tout comme dans les autres interprétations des ordres du verbe. Dans le texte du livre, la forme valable a la signification de « créa ». Juda ben Barsilai se donne la peine de rendre de façon artistique la signification des deux verbes. Il combinait les lettres et la création s'accomplissait par l'action de Dieu et par celle d'Abraham. D'après lui, ils avaient une signification différente chez Abraham et chez Dieu, mais dans le texte aucune raison ne le motive.

([27]) Commentaire concernant le livre *Jezira*, éd. Halberstam, p. 100 et 268. Ce texte se trouve au British Museum, de l'écriture de Jezira. Voir le catalogue de Margoliouth, n° 600 (vol. II, p. 197).

([28]) Le mot *Zafah* possède toujours, dans le texte hébreu des plus anciens ouvrages ésotériques, datant de l'époque du Talmud, une signification essentielle et profonde, bien qu'elle soit d'ordre visionnaire et contemplatif.

([29]) Ainsi chez Elasar de Worms, *Chochmath ha-Nephesch* (1876), 5 d, qui concluait du verset qu'Abraham et Sem, le fils de Noé (non Sarah), s'étaient occupés du livre *Jezira*. De même, à la fin du texte non-imprimé du Pseudo-Saadia au *Jezira* (Ms.Münich 40, 77 a), on peut lire : « Ainsi que quelqu'un démontre sa force aux hommes, ainsi Abraham le fit en créant des personnes, *nephaschoth*, pour démontrer la puissance de Dieu, qui s'est servie de la force créatrice des lettres.

([30]) *Bereschith rabba*, 39, § 14, éd. Theodor, p. 378-379, et les parallèles notés. Le passage sur la création de la mouche se trouve déjà dans le *Sifre* tannaïtique au Deut. 6 : 5, éd. Finkelstein, p. 54.

([31]) *Sanhedrin* 67 b.

([32]) H. Graetz, *Gnostizismus und Judentum* (1846), p. 110-115. H. J. Schoeps, *Theologie und Geschichte des Judenchristentums* (1949), p. 207, prend une attitude très réservée à l'égard de ces dispositions.

([33]) *Homilia* II, § 26, Rehm, p. 46.

([34]) Jacoby, dans « Handwörterbuch des deutschen Aberglaubens », vol. IV, col. 289, montre que ces images apocryphes ont des parallèles curieux ; cela a été prouvé par des légendes très répandues concernant l'enfance de Jésus, et où l'on trouve l'histoire de sa création d'oiseaux qui se sont ensuite envolés. Oskar Dähnhardt, *Natursagen*, vol. II (Sagen zum Neuen Testament), 1909, p. 71-76, a recueilli le riche matériel de ces images, qui remontent jusqu'au IIe siècle. Dans les études médiévales, arabes et juives, de ce motif, paraissent des éléments magiques, tout à fait comme dans la création du Golem. D'après le *Toledoth Jeschu* hébreu, Jésus prouva sa prétention à être le fils de Dieu, en créant des oiseaux d'argile, en prononçant le nom de Dieu sur eux ; sur quoi ils s'animèrent, se levèrent et s'envolèrent dans le ciel.

([35]) D'abord dans les Commentaires du *Jezira* par Elasar de Worms et ceux du Pseudo-Saadia qui sont du même milieu. Cf. *Leschonenu*, vol VI (Jérusalem 1935), p. 40. Tishby a relevé dans la même revue, vol. XII (1944), p. 50-51, un passage dans la traduction paraphrasée du livre de Juda Halevi, *Kuzari*, IV, 25, datant sans doute du XIIe siècle, qui peut expliquer le passage concernant le nouveau langage du Golem. On mentionne dans le livre *Jezira* que si l'homme possédait la puissance de Dieu (pour qui la pensée d'une chose sur nous et elle-même sont identiques), il pourrait provoquer, par sa parole, la création du corps (*gelamim*), et la Puissance de Dieu pendant la création, ce qui est totalement impossible. L'emploi du Golem avec la signification de corps est courant au XIIe et XIIIe siècle. Cependant, le contexte curieux de ce passage présume que Tishby aurait pu amplifier l'interprétation de ce texte dans le langage des Hassidistes. Comme ces cercles lisaient le *Kuzari*, justement dans la traduction traditionnelle de Juda ibn Tibbon, de 1167, cette explication semble assez improbable.

(36) Voir surtout *Zohar* I, 36 b, 56 a.

(37) R. Me'ir dans *Bereschith rabba* 20, § 12, éd. Theodor, p. 196. C'est à cette thèse appartenant à l'ésotérisme juif que semble se rapporter la célèbre interprétation spirituelle d'Origène que plus tard Jérome a attaquée et selon laquelle les « vêtements de peau » étaient précisément le corps matériel. Cette thèse se retrouve fréquemment dans la littérature kabbalistique.

(38) Je me réfère brièvement au passage de Ginzberg, *Legends of the Jews*, vol. V, 1925, p. 210.

(39) Ces lignes appartiennent à un autre passage du Talmud (*Berachoth* 63 b), tous justement placés à cet endroit.

(40) Georges Vajda, *Juda ben Nissim ibn Malka, Philosophe juif marocain*, Paris, 1954, p. 171. Vajda croit que cela s'est passé au début de l'étude, ce qu'on ne peut conclure avec certitude du texte. Peut-être cette information se rapporte-t-elle plutôt à une intuition.

(41) « Neue *Pessikta* », dans *Beth ha-Midrasch*, de Jellinek, vol. VI (1877), p. 36-37. Le texte doit être confirmé à plusieurs endroits.

(42) Dans Jellinek on peut lire ירמיה, ce qui est sans doute une falsification de ר׳חייא, Jérémie (ce qui est d'ailleurs assez facile à expliquer).

(43) Ed. Steinschneider, *Magazin für die Wissenschaft des Judentums*, 1892, p. 83. Voir également par rapport à la tradition mentionnée ici sur l'étude du Jezira par Abraham, le passage tout à fait identique d'Elasar de Worms, *Sefer Rokeach* (*hilchoth chassiduth*) que donne Ginzberg, *Legends*.

(44) D'après la tradition juive du début du Moyen Age, Ben Sira est le fils du Prophète, ce qu'on pense devoir conclure du fait que les noms de Sira et de Jirmijahu (271) possèdent la même valeur numérique.

(45) Mss. *Sefer gematrioth* imprimé chez Abraham Epstein, *Beiträge zur jüdischen Altertumskunde* (Vienne 1887), p. 122-123.

(46) Targum et Midrasch concernant Genèse 4 : 26. Voir à ce sujet Ginzberg, *Legends of the Jews*, vol. V, p. 151, où il y a de nombreuses indications.

(47) Mss. Halberstam 444 (New-Yorker Jewish Theological Seminary), 7 b., et Mss. Florence, Laurentiana, Pl. II, Cod. 41, 200. Le Mss. Halberstam ou sa copie est la source de la traduction latine dans *De arte cabalistica*, éd. 1603, col. 759.

(48) « Dieu est la Vérité ». Dans la rédaction du livre kabbaliste *Peli'ah* (vers 1350), ce changement important à transformé le texte primitif (*'emeth* seulement). Voir à ce propos l'édition de Koretz 1784, 36 a.

(49) Dans un manuscrit du *Sefer nizzachon* appartenant à une bibliothèque romaine dont j'ai lu une copie par Adolf Posnanski à Jérusalem, ce récit est présenté comme la tradition du Rabbi Juda le Pieux. Ginzberg, *Legends*, I, p. 122 et V, p. 150, présente un texte identique datant de la soi-disant chronique du Jerachme'el an, dans laquelle Enoch prend six mottes de terre, les mélange, les façonne et crée de la poussière et du limon une figure humaine.

(50) Voir Konrad Müller, *Die Golemsage und die Sage von der lebenden Statue*, dans les « Mitteilungen der Schlesischen Gesellschaft für Volkskunde », vol. XX (1919), p. 1 à 40 qui comprennent aussi peu d'anciennes traditions du Golem que Hans Ludwig Held dans son livre *Das Gespenst des Golem, eine Stu-*

die aus der hebraïschen Mystik (Munich 1927), où l'on trouve aux pages 104-116 des informations concernant les statues vivantes. Le livre de Held a été écrit également avec beaucoup de sympathie pour ce sujet, mais il remplace à tous les endroits significatifs la connaissance de la littérature hébraïque, qu'il ne possède pas, par des méditations mystiques qui ne sont pas du tout justifiées.

(51) *Schir ha-schirim rabba* 7 : 9. De même in *Zohar* II, 175 a.

(52) *Im Ra'ja mehemna* III, 277 b, on dit à propos de la famille de bâtisseurs de tours de Babylone, que Samuel et Lilith descendirent de leurs statues qu'ils vénéraient, partirent grâce à elles et furent ainsi des dieux. Dans le Tikkun, n° 66 du *Tikkune Zohar* il est cependant écrit (975) qu'ils avaient mis à la bouche de ces statues le *schem mephorasch*, et elles auraient parlé.

(53) *Megillath 'Achima'az*, éd. B. Klar (Jérusalem 1944), p. 17 et 27-28. Trad. allemande par M. J. Bin-Gorion, *Der Born Judas*, vol. VI, « Kabbalistische Geschichten », p. 98-102.

(54) *Pirke, Rabbi 'Eliezer*, chap. 45.

(55) Deux comptes rendus de la Genizah du Caire ont été publiés par L. Ginzberg, l'un dans le *Ha-goren*, vol. IX (1923), p. 65, jusqu'à la page 66 ; l'autre dans *Ginze Schechter*, vol. 1 (1928), p. 243. Ils sont conformes au texte employé par l'auteur du *Sepher ha-Chajjim* traduit précédemment. Saul Lieberman, *Yemenite Midrashim* (en hébreu, Jérusalem 1940), p. 17-18, a découvert le premier que ce Midrasch est la source de l'allusion étrange, jusque-là incompréhensible, du discours du restaurateur du veau d'or au *Koran*, Sourate 20 : 95.

(56) Je traduis d'après le Mss. Munich 207, 10 d/11 a (de l'année 1268) et Cambridge Add. 643 1, 9 a. Güdemann, *Geschichte des Erziehungswesens und der Cultur der Juden*, vol. I (1880), p. 169, a supprimé tout le passage concernant le veau d'or.

(57) C'est-à-dire l'Ephraïmite idolâtre mentionné dans Jud. 17, à qui le midrasch attribue la fabrication du veau d'or.

(58) Ceci vient de Ezéch. 1, 10, où le Taureau, dans la Merkaba, regarde à gauche.

(59) Après une étude minutieuse des sources il convient de reprendre ce qui a été dit sur la première attestation de cette représentation dans le Pseudo-Saadia, « Eranos Jarbuch » XIX, p. 151, note 29.

(60) Seulement dans l'édition complète de Przemysl 1888, 15 a, avec les tables de combinaison.

(61) Mss. British Museum, Margol. 752, 66 a, Cambridge Univ. Libr. Add. 647, 18 a/b ; Jerusalem Univ. Libr. 8°, 330, 248. Voir à ce sujet mon catalogue des codices à Jérusalem, *Kitbe Jad be-Kabbala* (1930), p. 75.

(62) *'Emek ha-Melech*, Amsterdam 1648, 10 c /d. Ce passage entièrement traduit de l'original en latin dans les extraits de Knorr von Rosenroth dans sa *Kabbala denudata*, t. II (en fait, le 3e tome de l'œuvre complète) : *Liber Sohar restitutus* (Sulzbach 1684), p. 220-221.

(63) La terre vierge de la montagne demande aussi à Elasar une explication magique du nom de Dieu, qui se compose de 72 lettres, dans son *Sepher ha-Schem*, Mss. Munich, 81, 127 b. J'ai trouvé un matériel à peu près identique dans *Jahrbuch für Jüdische Volkskunde*, II (1925), p. 381, dans le texte médiéval magique mentionné par Marmorstein. Il s'agit de l'épreuve imposée à une femme suspectée d'adultère. B. Rosenfeld, *Die Golemsage*, reprend les sujets appartenant à cette anecdote (y compris l'égaré de mon article sur le « Golem » dans l' « Encyclopedia Judaica » (VII) 1931. B. Rosenfeld précise, p. 11, que cet exemple se rapporte quelque part à la force de la Terre et à la mère Vierge d'Adam, qui se trouve déjà chez les Pères de l'Église et aussi dans la littérature médiévale, en particulier dans le Haut Moyen Age allemand (Köhler, dans « Germania », vol. VII, p. 476 ss.). Ce propos pourrait avoir été présenté par les kabbalistes allemands et ensuite attribué au Golem.

(64) Saadia a corrigé « 231 portes », ce qui est exact au point de vue de la combinaison ; les Hassidistes allemands réunissent d'une façon très compliquée les

« 221 portes » dans le texte, comme en témoignent les tables d'Elasar de Worms.

(65) Ainsi dans le commentaire qui se rapporte au chapitre 2, 5 d.

(66) J'ai employé, outre le texte de la première édition du Livre *Jezira* (Mantoue 1562) contenant les commentaires, le Pseudo-Saadia du British Museum, nº 754 dans le *Catalogue of the Hebrew Manuscripts* de Margoliouth, comme le manuscrit hébr. de Munich Nº 40.

(67) C'est le héros légendaire de la Gnose Merkaba. Dans le manuscrit du British Museum se trouve, cependant, une autre abréviation : R. Z. Ce qui veut dire un « nommé » Rabbi Zadok. J'ignore de qui il s'agit.

(68) Manuscrit 40, 55 b.

(69) Munich, manuscrit 341, 183 b ; Cambridge, Add. 647, 18 b (dans le manuscrit on trouve trois recettes concernant le Golem).

(70) Ainsi dans le *sche'eloth ha-saken* § 97, manuscrit d'Oxford, Neubauer, numéro 2396, 53 a.

(71) *Ner 'elohim* d'Aboulafia, mentionné dans mon livre *Major Trends in Jewish Mysticism* (1946), p. 384.

(72) Dans les notes complémentaires de Jacob Baruch à l'édition du *Scha'ar ha-Cheschek* (Livourne 1790) 37 a, par Jochanan Allemanno. C'est à cela que se rapporte l'observation identique qui se trouve à Prague dans l'exposé romanesque des légendes sur le Golem du « grand Rabbi Loew ». Cette version inventée librement sur les événements essentiels et des fonctions nouvelles du Golem comme combattant les erreurs des meurtres rituels, a été composée il y a environ cinquante ans et a été publiée en hébreu à partir d'un manuscrit apocryphe de la bibliothèque de Metz, 1909, *Wundertaten des Rabbi Lœw mit dem Golem*, par Juda Rosenberg (l'auteur?). La langue et le contenu font beaucoup penser à un auteur hassidiste qui écrivit après les procès pour meurtres rituels des années 1880 et 1890 et qui avait une formation de kabbaliste et en outre des talents littéraires (ce qui est assez rare dans ces milieux). Le livre de Chajim Bloch, *Der Prager Golem* (Berlin 1920), est une étude allemande de ce texte, dont le caractère tout à fait moderne a échappé à l'auteur qui a étudié le texte. Il a des mérites mais manque tout à fait d'esprit critique. Le jugement de Held ne témoigne pas non plus d'esprit critique. Dans ces traités il s'agit de « die uns einzig überlieferten authentischen Urkunden » (*Gespenst des Golem*, p. 95). Il se sentait sans doute très attiré par l'observation du texte de Bloch (p. 59), qui se rapporte très étroitement à sa propre interprétation du Golem, comme le sosie de l'homme. Certains tenaient le Golem pour « le fantôme de Rabbi Loew ». Dans le texte hébreu, rien de semblable ne peut être relevé à propos de cette phrase. Celle-ci a été écrite de mémoire par des auteurs comme Meyrink et Held! Or, vers la fin de ce livre en hébreu, se trouvent 19 « opinions apocryphes de Rabbi Lœw sur la nature du Golem », qui, même si elles ont été découvertes il y a cinquante ans, s'abandonnent au sentiment kabbalistique aussi bien qu'à la fantaisie de leur auteur. Il y est écrit au § 17 (voir *nifl'oth Maharal 'im ha-Golem*, Pyotrkow 1909, p. 73) : « Il est impossible d'étudier les lettres du livre *Jezira* telles qu'elles ont été imprimées et de créer avec elles un homme ou un être vivant ; celui qui apprend seulement les combinaisons dans le livre, n'arrive pas à créer quelque chose. En premier lieu, en raison des nombreuses corruptions du texte, de ses erreurs ; en second lieu parce que l'essentiel s'y trouve exprimé d'une façon spontanée et personnelle. Tout d'abord, l'homme doit savoir quelle est l'illumination de chaque lettre, alors il saura tout naturellement la force matérielle contenue dans chaque lettre. Tout cela peut être étudié, mais lorsque quelqu'un s'est livré à une telle considération, tout dépend de son intelligence et de sa dévotion. S'il le mérite, il recevra l'inspiration par laquelle il peut composer les lettres et les combiner afin de créer une créature dans le monde matériel. Même s'il écrivait les combinaisons, son compagnon, qui en prendrait connaissance, ne pourrait les utiliser s'il ne comprenait pas, par sa propre intelligence et sa concentration d'esprit, ce qui est nécessaire. Sinon tout resterait pour lui comme un corps sans âme. A cet égard, Bezalel possédait la plus

grande connaissance et il avait été porté par la qualité de son esprit à créer un homme ou un être vivant. Il connaissait les véritables interprétations des lettres avec lesquelles le ciel et la terre ont été créés.

(73) Le contenu de ce passage prouve très nettement qu'il ne s'agit pas d'un rappel du Golem, mais de Rabbenu Tam qui avait pris part au rituel. On ne raconte cela que pour illustrer le retour pendant la destruction du Golem.

(74) Les idées mystiques d'Abraham Ibn Esra étaient apparemment plus claires pour eux que pour nous, en tous cas elles n'étaient pas pour eux en contraste avec ses autres tendances grammaticales, exégétiques et théologiques. Un commentaire d'Ibn Ezra au sujet du livre *Jezira* fut encore présenté en 1270 par Abraham Aboulafia et fut caractérisé par lui comme « philosophique et en partie mystique ».

(75) Rien ne se rapporte à une puissance si destructrice du Golem dans le passage du *Midrasch ha-Ne'elam* dans le *Zohar chadasch* (1885, 21 c), où il est écrit à propos de Genèse 6 : 11 : « Par cela, on veut signifier le Golem qui abime tout et qui fait tout périr. » Ici le Golem est employé pour désigner « l'homme impie, sans âme », ainsi que dans le passage qui se trouve dans le *Zohar* I, 121 a et qui appartient au même *Midrasch ha-Ne'elam*. « Rabbi Isaac a dit : « Quiconque pèche, doit être un Golem et non un homme. Ce qui veut dire : quelqu'un qui ne respecte pas son âme sacrée et dont l'attitude est celle d'un animal. » Cette âme sacrée est la partie divine, ceci en opposition avec la partie seulement vitale. Ce langage possède cependant une relation avec la terminologie des Hassidistes. En effet, Joseph Gikatilla écrit déjà aux environs de 1274 dans le *Ginnath 'Egos* (Hanau 1615), 33 c (qui a été composé peu de temps avant le *Midrasch ha-Ne'elam*) : « le corps, avec l'esprit vital habitant en lui et qui s'appelle « nefesch », par la force duquel le corps peut se mouvoir, se nomme Golem ». Comme de coutume, et précisément dans le langage philosophique, Golem désigne seulement le corps. Cet emploi du terme « Golem » pourrait avoir été influencé par la langue des Hassidistes allemands. Voir à ce sujet mes développements ultérieurs dans le texte sur la question de l'âme dans le Golem.

(76) Je l'ai aussi admis dans mon article de l'*Encyclopaedia Judaica*, mentionné dans la note 63.

(77) Par suite d'une faute d'impression curieuse le Golem de Ben Sira a été rapproché du Haj ibn Jaktan d'Avicenne (en hébreu : Ben Sina), qui a été décrit dans le célèbre poème philosophique d'Ibn Tofeil comme une espèce de Golem philosophique créé par *generatio aequivoca*. Dans Isaac ibn Latif, *'Iggereth Teschubha* (*Kobez al jad*, I, p. 48), le nom de Ibn Sira a été mal imprimé par suite d'une erreur et Ben Sira a été considéré comme le Créateur de Jechiel ben 'Uriel, c'est-à-dire Haj Ibn Jaktan. A. Epstein a commis l'erreur (*Beiträge zur jüdischen Altertumskunde* (1887), p. 124) et en est venu à présenter des combinaisons erronées sur le Golem de Ben Sira.

(78) D'après *Jezira* II, 5 ainsi que tous les manuscrits du British Museum.

(79) Manuscrit de Munich, Hebr 346, mentionné dans mon livre *Reschith ha-Kabbala* (1948), p. 231.

(80) A ce propos voir mon explication de ce passage dans la traduction complète du livre *Bahir* (1923), p. 150.

(81) Cette interprétation de la parole du Psaume sur le manque de capacité de donner le pouvoir au Golem se trouve également dans un texte des Hassidistes allemands. J'ai publié ce texte ; voir la note 79.

(82). Dans son commentaire du *Jezira*, manuscrit de Leyde, Warner 24, 224 b.

(83) Simon ben Samuel, *hadrath kodesch* (imprimé sous le titre *'adam sikhli* à Thiengen, en 1560). L'auteur emploie le terme « Golem », mais en même temps le langage philosophique de la parole comme matière, en contraste avec la forme vitale déjà mentionnée, semble s'y mêler. Dans les dernières lignes de Genèse 2, 7 sur le souffle de vie, l'auteur relève le mot *chotam*, sceau. Quant à la langue du « Golem », voir ci-dessus la note 75.

(84) Dans le commentaire sur la Tora de Bachja, Gen. 2, 7 (Venise 1544,

11 d), de même dans son *Kad ha-Kemach*, éd. Ch. Breit, vol. II, 103 b.

(85) Manuscrit 838 du Jewish Theological Seminary de New York, 35 b.

(86) Jusqu'ici je n'ai trouvé cette image identique dans aucun texte kabbalistique. Et, ce qu'il y a encore de plus intéressant, c'est qu'elle se retrouve aussi dans les opinions sur le Golem mentionnées à la note 72, d'un auteur moderne qui la met dans la bouche de « Rabbi Loew » de Prague. Il est écrit au § 9 : « Il fallait que le Golem fût créé pour la femme sans pouvoir se multiplier et sans instinct sexuel. Car s'il avait eu cet instinct, même seulement dans la proportions des animaux, qui ont beaucoup moins d'instinct sexuel que les hommes, nous aurions eu de grandes difficultés avec lui, parce qu'aucune femme n'aurait pu se protéger contre lui ». Il n'est pas étonnant que ce motif ait joué un rôle important dans les développements littéraires de la légende.

(87) Ibn Gabbaj, *'Abhodath ha-Kodesch*, Partie II, § 31.

(88) Dans son *Pardess Rimmonim*, ch. XXIV, § 10. De là proviennent les opinions d'Abraham Asoulai sur ce sujet, dans son *Chessed le-'Abraham*, IV, § 30, en 1630 environ.

(89) Ainsi chez Abraham Galante (1570 environ), qui, dans son commentaire *Sohore chammah* du *Zohar* I, 67 b, donne une méthode qui, dans ses détails techniques, s'écarte beaucoup des anciennes recettes. Le texte du *Zohar* lui-même connaît, en effet, le principe de l'influence destructrice du renversement de l'alphabet, qui a été souvent mentionnée dans la littérature des kabbalistes.

(90) Ainsi dans le manuscrit qu'Hirschensohn a décrit en 1887 dans le numéro 31 de la première collection de la Revue de Jérusalem, *ha-Zwi*, sur une feuille imprimée séparément (nº 27 de sa liste de manuscrits).

(91) Voir à ce propos *Tarbiz*, vol. 28 (1958-59), p. 68.

(92) Dans son *Chidduschim* à *Sanhedrin*, 65 b.

(93) Dans le *Handwörterbuch des deutschen Aberglauben*, vol. IV (1932), col. 286 ss. Held a discuté dans « Das Gespenst des Golem », aux pages 118 et 123, deux procédés de Paracelse, l'un concernant l'Homunculus et l'autre la Palingenèse, qui en effet semblent être très apparentés, tous les deux étant issus du *De natura rerum*. Les propos audacieux que Paracelse soutient sur les dons de ses Homunculi n'apparaissent pas dans le sens de la représentation du Golem.

(94) Jacoby a présenté dans le « Handwörterbuch » une monographie de l'Homunculus qui devait paraître dans les *Archives de l'Institut grand-ducal de Luxembourg, section des sciences naturelles*, nouvelle série, tome XII. Malheureusement cette monographie n'a jamais paru, et à l'endroit indiqué se trouve seulement un résumé inférieur à l'article du « Handwörterbuch ».

(95) Ronald Gray, *Goethe the Alchimist* (Cambridge, 1952), p. 205-220, surtout p. 206 à 208. Voir aussi à ce sujet C. G. Jung, *Paracelsica* (1942), p. 94, sur la personnalisation de l'« Aquaster » paracelsique de l'Homunculus.

(96) Ce contact prématuré du Golem avec le motif de l'Homunculus aurait été attesté encore plus fortement, si dans le Pseudo-Saadia sur Jez. II, 4. le mot « créature » (qui a été créé par magie) avait vraiment été expliqué par la glose « homunculus ». Mais cela ne se trouve ni dans les manuscrits que j'ai pu comparer, ni dans l'édition princeps de 1562, 956 (bien que B. Rosenfeld le cite dans ce livre, p. 18.

(97) « Jahrbücher für jüdische Geschichte und Literatur », Bd. 9 (1889), p. 27.

(98) Delmedigo, *Mazreph la-Chochmah* (Odessa 1865), 10 a.

(99) Voir Rosenfeld, p. 39, où également « Hamor Golim » est exactement interprété comme une traduction hébraïque (d'un ignorant) de l'expression juive « leimener Golem » qui à cette époque (comme de nos jours encore) constituait une injure appartenant au langage familier Yiddisch, dans le sens de « monstre ».

([100]) Rosenfeld, *op. cit.*, p. 17. Voir aussi la fin de note 108.

([101]) Le surnom prouve déjà qu'il est très important à titre de Kabbale pratique (magie). Je cite Baalschem : celui qui possède la maîtrise du nom de Dieu et qui sait l'employer. Dans le *Scha'ar ha-Jichudim*, Lemberg 1855, 32 b, il est désigné : R. Elija, *Baalschem Tob*.

([102]) Wülfer dans ses « animadversiones » à propos de *Theriaca Judaica* (Hanovre 1675), p. 69, de Sal. Zevi Uffenhausen.

([103]) Une lettre Joh. Christoph Wagenseil à la fin de son *Sota hoc est Liber Mischnicus de uxore adulterii suspecta* (Altdorf 1674), p. 1198-1199. J'ai employé pour la traduction du texte allemand en partie la traduction de Schudt dans ses *Jüdischen Merckwürdigkeiten* (Francfort a. M. 1714), deuxième partie, Livre VI, p. 206 ss, qui, d'après B. Rosenfeld, p. 39, provient de « Monatlichen Unterredungen von allerhand Büchern », vol. 1 (1689), p. 145. Schudt a quelque peu abrégé. Le principal passage original se présente comme suit :

« Hunc [scil. Golem] post certas preces ac jejunia aliquot dierum, secundum praecepta Cabbalistica (quae hic recensere nimis longum foret) ex... limo fingunt... Quamvis sermone careat, sermonicantes tamen, ac mandata eorundemi satis intelligit ; pro famulo enim communi in aedibus suis Judaei Polonic, utuntur ut quosvis labores peragat, sed e domo egredi haud licet. In fronte istius nomen scribitur nomen divinum *emeth*... Hominem hujusque modi, Judaeum quempiam in Polonia fuisse ferunt, cui nomen fuit Elias Baal Schem... Is, inquam, ancillatorem suum in tantam altitudinem excrevisse intelligens, ut frontem ejus non amplius liceret esse perfricanti ; hanc excogitavit fraudem ut servus dominem suum excalcearet... [et dominus] literam Aleph in fronte digito deleret. Dictum, factum. Sed homo luteus, in rudem materiam cito resolutus, corruente mole sua quae insanum excreverat, dominum in scamno sedentem humi prostravit ut fatis ac luto pressum caput non erigeret. »

([104]) Cette remarque finale manque chez Schudt. Elle n'a pas d'autres parallèles dans d'autres traductions. Elle semble confondre le Golem avec un esprit domestique. Pour cette raison, elle a pénétré dans le texte de Jacob Grimm.

([105]) Jakob Emden, *Megillath Sepher* (Varsovie 1896), p. 4.

([106]) Dans les Responsen II, N° 82, d'Emden. La même anecdote, bien qu'autrement formulée, se trouve encore une fois dans la critique du Zohar par Emden, *Mithpachath Sepharim* (Altona 1769), 45 a. (il est indiqué page 35, ce qui est faux).

([107]) Johann Schmidt, *Feuriger Drachen Gifft und wütiger Ottern Gall* (Cobourg 1682), cité chez Schudt. Le passage entier de Schudt se trouve aussi chez Held, p. 67-69.

([108]) Voir aussi à ce propos le passage sur le Midrash mentionné note 9, qui aurait rencontré une interprétation semblable. On a beaucoup écrit sur cette légende de Rabbi Loew, elle a retenu de nombreux poètes. Ce n'est qu'en 1837 que son authenticité a été prouvée, lorsque Berthold Auerbach l'a employée. Que le « Wunder des R. Löw mit dem Golem », par Juda Rosenberg, ne présente pas de légendes populaires, mais une littérature moderne à tendance apologétique, cela a déjà été mis en relief précédemment (note 72). Voir aussi à ce propos Nathan Grün, « Der hohe Rabbi Löw und sein Sagenkreis (Prague 1885) n° 33-38. Plus tard, on racontait en Bohême que la ballade de l'apprenti sorcier de Gœthe remontait à une visite de Gœthe à l'école « Altneuschul » de Prague. Voir à ce propos M. H. Friedlander, *Beiträge zur Geschichte der Juden in Mähren*, Brünn 1876, p. 16. Friedländer y parle d'une tradition « bien connue ». Je n'ai pas pu vérifier si cela est exact.

([109]) On trouve chez B. Rosenfeld, aux pages 23-25, de semblables sujets, qui font partie des collections de l'Institut scientifique juif de Wilna (actuellement à New York).

([110]) Dans l'introduction de R. Chajim au commentaire du Gaon de Wilna, *Sifra de Zeni'utha*, une partie du *Zohar*, éd. Wilna 1819.

([111]) Held, *Gespenst des Golem*, p. 155-161.

Petite Bibliothèque Payot / nouvelle présentation

Sigmund Freud
Cinq leçons sur la psychanalyse, *suivi de* Contribution à l'histoire du mouvement psychanalytique

Marthe Robert
La Révolution psychanalytique. La vie et l'œuvre de Freud

John Kenneth Galbraith
La crise économique de 1929

Blandine Barret-Kriegel
L'État et les esclaves

Gérard Mendel
Pour décoloniser l'enfant

Johan Huizinga
L'automne du Moyen Age

Paul Diel
Le symbolisme dans la mythologie grecque

Jean-Paul Aron
Le mangeur du XIXe siècle

Sigmund Freud
Totem et tabou

Léon Chertok
L'hypnose

Sigmund Freud
Psychopathologie de la vie quotidienne

G. G. Scholem
La Kabbale et sa symbolique

IMPRIMERIE SEPC À SAINT-AMAND (CHER)
ISBN 2-228-88195-3
DÉPÔT LÉGAL : MAI 1989. N° D'IMPRESSION : 717
Imprimé en France